社会主义核心价值体系
融入大中小学思政课一体化研究

忻 平 陈新汉 邱仁富 主编

上海大学出版社

·上海·

图书在版编目(CIP)数据

社会主义核心价值体系融入大中小学思政课一体化研究/忻平,陈新汉,邱仁富主编.—上海:上海大学出版社,2023.12
ISBN 978-7-5671-4904-5

Ⅰ.①社… Ⅱ.①忻… ②陈… ③邱… Ⅲ.①高等学校—思想政治教育—教学研究—中国②政治课—教学研究—中小学 Ⅳ.① G641 ② G633.202

中国国家版本馆 CIP 数据核字(2023)第 250151 号

责任编辑　王悦生
封面设计　柯国富
技术编辑　金　鑫　钱宇坤

社会主义核心价值体系融入大中小学思政课一体化研究

忻　平　陈新汉　邱仁富　主编
上海大学出版社出版发行
(上海市上大路99号　邮政编码200444)
(https://www.shupress.cn　发行热线 021-66135112)
出版人　戴骏豪

*

南京展望文化发展有限公司排版
上海华业装潢印刷厂有限公司印刷　　各地新华书店经销
开本 710 mm × 1000 mm　1/16　印张 14.75　字数 234 千
2024年1月第1版　2024年1月第1次印刷
ISBN 978-7-5671-4904-5/G·3592　定价 66.00 元

版权所有　侵权必究
如发现本书有印装质量问题请与印刷厂质量科联系
联系电话: 021-56475919

前言 FOREWORD

在"百年变局"中引导大学生站稳中国的价值立场

时代是出卷人，我们是答卷人，人民是阅卷人。党的十八大以来，以习近平同志为核心的党中央，坚持用马克思主义观察时代、把握时代、引领时代，在坚持和平与发展是时代主题的基础上，提出了当今世界正处于百年未有之大变局的重大判断。习近平总书记在多种场合中论述百年未有之大变局。2017年2月，习近平总书记在国家安全工作座谈会上的重要讲话中指出："认清国家安全形势，维护国家安全，要立足国际秩序大变局来把握规律，立足防范风险的大前提来统筹，立足我国发展重要战略机遇期大背景来谋划。"[①]2017年8月，习近平总书记在庆祝中国人民解放军建军90周年大会上的重要讲话中指出："历史车轮滚滚向前。今天的世界，国际形势正发生前所未有之大变局；今天的中国，中国特色社会主义正全面向前推进。实现中华民族伟大复兴的中国梦，我们面临难得机遇，具备坚实基础，拥有无比信心。同时，我们必须清醒看到，前进道路从来不会是一片坦途，必然会面对各种重大挑战、重大风险、重大阻力、重大矛盾，必须进行具有许多新的历史特

---

① 《习近平谈治国理政》第2卷，外文出版社2017年版，第382页。

点的伟大斗争。"①2017年12月,习近平在接见2017年度驻外使节工作会议与会使节时的重要讲话中指出:"放眼世界,我们面对的是百年未有之大变局。新世纪以来一大批新兴市场国家和发展中国家快速发展,世界多极化加速发展,国际格局日趋均衡,国际潮流大势不可逆转。"②等等,习近平"百年变局"的重大判断,为我国经济社会发展提供时代背景和战略思考,也为当代中国青年成长更好地把握时代脉搏提供思想引领,推动社会主义核心价值体系融入大中小学思政课建设,要深刻把握"百年变局"给当代中国青年带来的深刻影响,引导广大青年站稳中国的价值立场。

"百年变局"给广大青年出了"考题",如何答题,这就需要青年体现时代担当,在奋斗中交出优异答卷。面对国际国内形势的深刻变革,特别是新冠肺炎疫情发生以来全球经济社会的深刻变革,甚至有的国家和地区出现局部动荡和不安等局势,广大青年要站稳政治立场和价值立场,学会用马克思主义观察时代,做好自己的事情,在各自岗位上敢于担当、埋头苦干,展现时代的担当作为。当前,最重要的是需要青年自觉担当起推动中华民族伟大复兴的大任。"千百年来,青春的力量,青春的涌动,青春的创造,始终是推动中华民族勇毅前行、屹立于世界民族之林的磅礴力量!"③实现中华民族伟大复兴是近代以来中国人民为之奋斗的历史主题,贯穿于中国共产党百年奋斗历程。中华民族伟大复兴进入关键阶段,需要青年敢于走在时代前列,发挥青春的力量,自觉投入到新时代坚持和发展中国特色社会主义道路的实践中去,自觉担当起推动社会进步发展的重任,自觉担当其争当时代潮流的先锋的使命。

"百年变局"中要站稳政治立场就必须要站稳价值立场。价值立场是一个政党区别于其他政党的重要标志。"中国共产党自一九二一年成立以来,始终把为中国人民谋幸福、为中华民族谋复兴作为自己的初心使命,始终

---

① 《习近平谈治国理政》第2卷,外文出版社2017年版,第415页。
② 《习近平接见2017年度驻外使节工作会议与会使节并发表重要讲话》,中华人民共和国中央人民政府,http://www.gov.cn/xinwen/2017-12/28/content_5251251.htm。
③ 习近平:《在庆祝中国共产主义青年团成立100周年大会上的讲话》,《人民日报》2022年5月11日。

坚持共产主义理想和社会主义信念，团结带领全国各族人民为争取民族独立、人民解放和实现国家富强、人民幸福而不懈奋斗，已经走过一百年光辉历程。"①全心全意为人民服务，为中国人民谋幸福、为中华民族谋复兴，彰显出中国共产党人的政治立场和价值立场。党中央提出社会主义核心价值体系，既是对社会主义本质的深刻认识，又是对我们党的价值立场的集中表达。2006年中央提出社会主义核心价值体系，尔后至上升到党的治国理政的战略高度，进一步强化了价值观念在社会治理中的重要地位。2011年10月，党的十七届六中全会通过的《中共中央关于深化文化体制改革、推动社会主义文化大发展大繁荣若干重大问题的决定》中明确指出："社会主义核心价值体系是兴国之魂，是社会主义先进文化的精髓，决定着中国特色社会主义发展方向。"党的十八大报告进一步强调这一重要论断，"社会主义核心价值体系是兴国之魂，决定着中国特色社会主义发展方向"②。党中央把社会主义核心价值体系上升到中华民族伟大复兴的战略高度来认识，表明党在治国理政过程中越来越重视价值观建设，越来越注重价值观在当代中国精神世界重构中的作用。主要体现在两个层面：一是把握了中国共产党治国理政的意识形态内核，认识到党治国理政最重要的是牢牢把握意识形态的发展方向，把握价值观导向。长期以来，中西方意识形态之争，社会主义与资本主义的较量，深层次地涉及价值观的较量（抑或说，归根到底是价值观的较量），即坚持为大多数人奋斗还是坚持为少数人奋斗，坚持以人民为中心还是坚持以少数人为中心，坚持人民共建共享还是坚持人民共建少数人共享等，其背后都凸显了坚持什么样的价值观异同。二是把握了人心向背的根本性问题。中国共产党作为长期执政的大党，始终坚持不忘初心、牢记使命，坚持以人民为中心的价值导向，这是区别于其他政党最鲜明的价值导向，因此，推动核心价值体系上升为国家战略，是坚持和发展中国特色社会主义的应有之义。

"当今世界正处于百年未有之大变局，我们党领导的伟大斗争、伟大工

---

① 《中共中央关于党的百年奋斗重大成就和历史经验的决议》，《人民日报》2021年11月17日。
② 胡锦涛：《坚定不移沿着中国特色社会主义道路前进　为全面建成小康社会而奋斗——在中国共产党第十八次全国代表大会上的报告》，北京：人民出版社2012年版，第31页。

程、伟大事业、伟大梦想正在如火如荼进行，改革发展稳定任务艰巨繁重，我们面临着难得的历史机遇，也面临着一系列重大风险考验。胜利实现我们党确定的目标任务，必须发扬斗争精神，增强斗争本领。"[1]立足"百年变局"，包括大学生在内的中国青年是中国社会未来发展的关键力量，他们坚持什么样的价值观念，坚守什么样的价值立场，直接关系到中国未来社会的发展。党的十八大以来，党中央进一步强化社会主义核心价值体系建设，在这个基础上提炼出社会主义核心价值观。党的十九大进一步把社会主义核心价值体系纳入"十四个坚持"，作为习近平新时代中国特色社会主义思想的重要内容。党的二十大报告强调要用社会主义核心价值观铸魂育人，推动把社会主义核心价值观融入法治建设、融入社会发展、融入日常生活，为做好社会主义核心价值观的培育和践行提供根本遵循。习近平总书记指出："我们要大力培育和弘扬社会主义核心价值体系和核心价值观，加快构建充分反映中国特色、民族特性、时代特征的价值体系，努力抢占价值体系的制高点。而在核心价值体系和核心价值观中，道德价值具有十分重要的作用。"[2]为此，推动社会主义核心价值体系融入大中小学思政课教学，既是丰富思政课的教学内容，更是引导广大学生认识外部世界、了解中国社会发展，树立正确价值观的内在需要。培养学生形成正确的价值立场，坚定听党话、跟党走，坚定走中国特色社会主义的信心和决心。

---

[1] 2019年9月3日，习近平在中央党校（国家行政学院）中青年干部培训班开班式上的讲话。
[2]《习近平关于社会主义文化建设论述摘编》，中央文献出版社2017年版，第105—106页。

目录

第一章 社会主义核心价值体系融入大中小学思政课一体化的方式与特点 … 1

第一节 社会主义核心价值体系融入大中小学思政课一体化的主要方式 … 1

一、"感受性融入":社会主义核心价值体系融入小学思政课一体化的最基本方式 … 2

二、"知识性融入":社会主义核心价值体系融入中学思政课一体化的重要方式 … 5

三、"问题式融入":社会主义核心价值体系融入大学思政课一体化的有效方式 … 7

第二节 大中小学学生接受价值观教育的特点和规律研究 … 8

一、作为一种主体性的接受理论 … 9

二、大中小学生接受价值观的主要特点 … 11

三、大中小学生接受价值观观念的主要规律 … 16

第二章 社会主义核心价值体系的理论基础研究 … 20

第一节 价值、价值观念和社会价值观念 … 20

一、价值和价值形态世界 … 20

二、评价活动与价值意识、价值观念 ··· 24
　　三、社会评价活动和社会价值观念 ·· 26
　　四、社会价值观念的功能 ··· 30
第二节　核心价值体系和核心价值观 ··· 32
　　一、作为价值体系的上层建筑和其中的核心价值体系 ····················· 33
　　二、核心价值观及其与价值观的异同 ··· 37
　　三、核心价值体系与核心价值观的关系 ······································ 39
　　四、核心价值体系对社会主流价值观念形成的意义 ······················· 41
　　五、社会主义核心价值体系的自觉是意识形态反思的必然 ·············· 44
第三节　社会主义核心价值体系与国民融合的认同、共识机制 ······ 48
　　一、社会主义核心价值体系与国民融合的认同机制 ······················· 48
　　二、社会主义核心价值体系与国民融合的共识机制 ······················· 52
　　三、社会主义核心价值体系与国民融合中认同与共识的相互转化
　　　 ·· 54
　　四、核心价值体系的认同与共识是社会主体意志表达 ··················· 58
第四节　社会主义核心价值体系与国民融合中的信仰 ···················· 60
　　一、信念与信仰 ·· 60
　　二、信仰是社会基本价值观念在主体意识中的积淀 ······················· 62
　　三、认同和共识环节中的信仰意蕴及其作用 ······························· 63
　　四、关于核心价值体系中信仰的一元与多样、一元与多元 ············ 66

第三章　社会主义核心价值体系融入小学教育研究 ················ 69
第一节　社会主义核心价值体系融入小学教育的必要性 ···················· 70
　　一、社会主义核心价值体系教育是小学德育的重要内容 ················· 70
　　二、社会主义核心价值体系融入小学教育适合小学生的
　　　 发展规律 ··· 71
第二节　社会主义核心价值体系融入小学教育的现状及分析 ········· 73

一、问卷调查结果的概括说明 ………………………………… 74
　　二、问卷调查的现状与分析 …………………………………… 81
第三节　推动社会主义核心价值体系融入小学教育的
　　　　路径与方式 ………………………………………………… 94
　　一、在系统规划中全学科融入 ………………………………… 95
　　二、创新实践方式的全过程融入 ……………………………… 97
　　三、构建学校、家庭、社会"三位一体"的立体化教育网络的
　　　　全方位融入 ………………………………………………… 98
　　四、积极借鉴国外优秀的教育经验 …………………………… 99

第四章　社会主义核心价值体系融入中学教育研究 …………… 103
第一节　社会主义核心价值体系融入中学教育的条件 ………… 103
　　一、社会转型对价值观学习提出新要求的回应 ……………… 104
　　二、中学生身心发展规律的需要 ……………………………… 105
第二节　中学生与教材融入价值观的现状与分析 ……………… 107
　　一、中学生价值观的调查 ……………………………………… 107
　　二、中学教材融入价值观的调查 ……………………………… 109
第三节　核心价值观教育的区域设计——以上海市浦东新区
　　　　为例 ………………………………………………………… 112
　　一、项目设计及推进简述 ……………………………………… 113
　　二、研究成效简述 ……………………………………………… 118
第四节　核心价值体系融入中学教育的校本实践 ……………… 120
　　一、高中理科教学中融入核心价值观教育的实践探索 ……… 121
　　二、中学校园文化建设中融入核心价值观教育的实践探索 … 130
　　三、初中班级文化建设中融入核心价值观教育的实践探索 … 145

第五章　社会主义核心价值体系问题式融入大学本科教育研究 ………… 161

第一节　社会主义核心价值体系问题式融入的实践和理论基础 …………… 161
一、社会主义核心价值体系问题式融入的问题逻辑基础 ……… 162
二、从"是什么"到"应如何"：社会主义核心价值体系的明理践行 ………… 164
三、社会主义核心价值体系问题反馈式融入模式 ……………… 164

第二节　建立问题体系使社会主义核心价值体系系统进课程 …… 166
一、建立社会主义核心价值体系融入大学本科教育问题体系 …… 166
二、兼顾知、情、意，将第三层次问题设计和解答得有血有肉 …… 168

第三节　开展问题解析式教学使社会主义核心价值体系生动进课堂 ………… 168
一、根据问答逻辑释疑解惑 …………………………… 169
二、"项链模式"教学 ………………………………… 170
三、在注重问题反馈中激发学生提出问题 ……………… 172

第四节　学生问题与问题体系对接使社会主义核心价值体系有效进头脑 ………… 173
一、多渠道采集和组织解答学生问题 …………………… 173
二、学生问题与问题体系的对接 ………………………… 175

第五节　明理和践行相结合使社会主义核心价值体系外化为自觉行为 ………… 177
一、社会主义核心价值体系融入大学本科教育的明理践行机制 ………… 178
二、围绕主渠道使社会主义核心价值体系整体融入大学本科教育 ……………………………………… 180

第六章 社会主义核心价值体系融入思政课一体化的多媒体支撑 …… 182

第一节 社会主义核心价值体系优质教育教学资源研发 …… 182
一、教育信息资源与数字化教学资源 …… 183
二、积件思想与社会主义核心价值体系优质教学资源 …… 185
三、社会主义核心价值体系积件式优质教学资源的研发 …… 188
四、社会主义核心价值体系积件式数字化教学软件系统的应用模式 …… 194

第二节 社会主义核心价值体系融入思政课建设的数据集成和模式建构 …… 197
一、建造基于数据挖掘技术的社会主义核心价值体系数据集成中心系统 …… 197
二、社会主义核心价值观数据集成中心系统的技术路径 …… 201
三、社会主义核心价值体系数据集成中心系统的运行模式 …… 205

结束语 …… 210

附录一 社会主义核心价值观学生问卷（低年级问卷）…… 212

附录二 社会主义核心价值观学生问卷（高年级问卷）…… 218

后记 …… 224

第一章

社会主义核心价值体系融入大中小学思政课一体化的方式与特点

社会主义核心价值体系融入大中小学思政课一体化须体现整体性特征。作为体系，社会主义核心价值体系是一个整体，其内容不能割裂。社会主义核心价值体系融入大中小学思政课一体化的过程必须结合德育教育的具体课程，但又要保持自身内容既不游离又不淹没于其中。因此，社会主义核心价值体系融入国民教育的过程中，不能是其内容由局部逐渐扩展为全局的过程。

第一节 社会主义核心价值体系融入大中小学思政课一体化的主要方式

如何推进动社会主义核心价值体系融入大中小学思政课一体化建设，这是推动思政课建设面临的重大课题。中央文件《关于在各级各类学校中推动培育和践行社会主义核心价值观长效机制建设的意见》指出："坚持系统规划，整体推进，不断完善培育和践行社会主义核心价值观的顶层设计；坚持分类指导，重点突破，形成可示范可引领可推广的工作动力系统、激励机制和实践模式；坚持落细落小落实，形成广大师生日常行为准则，增强自觉奉行和践行能力；坚持继承创新，善于运用青少年喜闻乐见的方式，推进理念创新、方法创新，注重总结凝练基层创新的经验和智慧，增强工作针对性实效性。"[①] 该文件明确提出推动社会主义核心价值体系融入教育教学、融入社会实践、融入文化育人、融入制度建设,要深入融入各级各类学校、各个阶段的融入形态问题,从而为社会主义核心价值观融入思政课一体化提供重要载体。

一、"感受性融入":社会主义核心价值体系融入小学思政课一体化的最基本方式

感受性(qualia)是当代心灵哲学、心理学比较关注的问题,也是物理主义和反物理主义争论的重要话题。感受性是主体与外部之间建构起来的一种意识关系。根据大中小学学段的特点,针对小学采用感受性融入。

如何理解感受性的主要内涵?作为意识的重要部分,丹尼特把"我们的现象分为三个部分:(1)对'外部'世界的经验,比如景象、声音、气味、光滑与粗糙的感觉、冷热的感觉,以及肢体位置的感觉;(2)对纯'内在'世界的经验,如幻想的形象、白日做梦与自言自语时的内部景象及声音、回忆、聪明的主意、突然的直感;(3)对情绪(emotion)与感受(affect)的经验(感受是心理学家喜欢的一个怪词),包括:身体方面的疼、痛、痒、饥饿'感';介于身体与心理之间的情绪风暴,比如怒、喜、恨、窘、欲、惊;身体成分最弱的感受,比如骄傲、焦虑、悔恨、嘲讽、悲伤、敬畏和冷静"[②]。丹尼特这种区分表征人的感受性至少可以归结为三个层次:外部世界经验的感受性、内部世界经验的感受性和情感、情绪的感受性。作为一种外部世界经验的感受性,指称主体对外部世界的意识关系,是主体对已认识到的对象性的产物。人如何认识外部世界,外部世界如何影响人等一系列问题,即人与外部世界的关系问题。作为外部世界的感受,主要体现在主体对自然物的感觉,以及主体受到外部作用形成的感受和体验,如冷、暖、气味等。作为一般意义上感受性特征之一,直接地依赖于主体的感官,"在某种

[①] 教育部文件:《关于在各级各类学校中推动培育和践行社会主义核心价值观长效机制建设的意见》,教党〔2014〕40号。
[②] 〔美〕丹尼特:《意识的解释》,苏德超等译,北京理工大学出版社2008年版,第56页。

方式上,内在世界的确依赖于感官来源"①。社会主义核心价值体系以感受性方式融入思政课,主要是针对小学学段的学生而言的。培育和践行社会主义核心价值观要从小学阶段就要开始。2014年5月30日,习近平在北京市海淀区民族小学主持召开座谈会时的讲话时指出:"任何一个思想观念,要在全社会树立起来并长期发挥作用,就要从少年儿童抓起。"②主要是要做到"记住要求、心有榜样、从小做起、接受帮助"③。从习近平的讲话中可以看出,小学阶段的培育和践行,强调基本内容熟记熟背、学习英雄人物和美好事物,从自己做起、从身边做起、从小事做起等,这些方式基本上都可以概括为感受性层面,即社会主义核心价值观融入小学阶段,要从感受性融入着手。

以"感受性融入",主要指称社会主义核心价值体系融入小学阶段而言的。根据小学生的心理接受特点和规律,根据皮亚杰的认知理论和现实调研资料,我们发现,感受性融入对小学生接受社会主义核心价值体系是一个行之有效的方式。以感受性融入为主的社会主义核心价值体系融入小学阶段,就是以社会主义核心价值体系内容的整体性有机植入小学生容易接受、喜爱接触、具有新鲜感的对象作为载体里面,在小学生的感性体验中使小学生明了什么叫社会主义核心价值体系及其基本内容的感性形式的呈现,明了社会主义核心价值观中的基本的诚信、友善的感性形式,从而在感性融入中不断培育社会主义核心价值观。主要体现在以下几个方面:

第一,以小学生容易接受、喜爱接触、具有新鲜感的对象作为载体,把社会主义核心价值体系的基本精神融入这些对象中去,让小学生在感性体验中逐渐了解社会主义核心价值体系的基本精神、基本理念、基本要求。小学生对外部世界时常充满好奇心,具有较强烈的探索之心,把社会主义核心价值体系融入小学生容易接触、喜爱接触,而且具有新鲜感的对象中去,在

---

① 〔美〕丹尼特:《意识的解释》,苏德超等译,北京理工大学出版社2008年版,第56页。
② 习近平:《从小积极培育和践行社会主义核心价值观——在北京市海淀区民族小学主持召开座谈会时的讲话》,《新华网》,http://www.xinhuanet.com/politics/2014-05/30/c.1110944180.htm。
③ 习近平:《从小积极培育和践行社会主义核心价值观——在北京市海淀区民族小学主持召开座谈会时的讲话》,《新华网》,http://www.xinhuanet.com/politics/2014-05/30/c.1110944180.htm。

探索对象的好奇、新鲜感的过程中把握社会主义核心价值观的精神和总体要求。一般来说，小学生的体验有两种形式：一是现实世界的体验，通过参考各种实体的对象，诸如博物馆、纪念馆、生活馆、科技馆等，通过现实的感官体验来获得某种价值观念，在这个感官体验中了解社会主义核心价值体系的精神。二是虚拟世界的体验，小学生对虚拟世界充满着更加梦幻的想象，他们对一切新鲜事物有着种种好奇。通过虚拟平台，进言之，要发挥各种虚拟平台、智能平台，使小学生在体验平台的过程中获得价值体验和价值观念的认识。

第二，以小学生的日常生活规范为抓手，把社会主义核心价值体系融入小学生的日常学习和日常生活规范之中，通过简易操作的践行方式来体验社会主义核心价值体系的基本规范。通过升国旗等各种学校仪式的践行来感悟社会主义核心价值体系的基本规范，以家训、家规、家风的践行来体现社会主义核心价值体系的基本规范。从而明确讲诚信、守信用、尊老爱幼等价值观念，通过小学生的日常行为规范体现出来，从家规家风体现出来。因此，社会主义核心价值体系的感受性融入，实质上就是把社会主义核心价值体系的内容和精神融入小学生的日常行为规范之中，融入家庭家规家风之中，小学生在践行行为规范、家风家规中逐渐形成对社会主义核心价值观的认识和认同。

第三，以小学教材为重要支撑，不断探索社会主义核心价值体系融入中小学教材的有效途径。社会主义核心价值观的感受性融入，教材融入是关键性的一环。社会主义核心价值体系融入小学教学，有两种思路：一是依照传统教材修改的思路，把社会主义核心价值体系的主要内容嵌入到相关教材中去，核心是思想品德课程的教材，其他课程的教材体系如涉及价值观念，把社会主义核心价值体系放入进去；二是从价值观念育人的整体性高度来看，社会主义核心价值体系融入小学教材，不仅仅是融入思想品德课的教材，而是涉及德、智、体、美、劳等领域的教材。从学生感受性的角度看，尤其要重视艺术类教材的融入，探索社会主义核心价值体系融入美术、音乐、体育等教材中去。不妨以美术教材为例，美育是美术学科育人的重要表征，是陶冶情操、推动中小学生心灵成长的重要载体。2015年9月，国务院专门针对美育出台文件《关于全面加强和改进学校美育工作的意见》，进一步强化美术学科在育人价值方面独特的作用。发现美、培育美、提升美的意识和审美的能力、创造美的能力一直以来是国家教育改革的重要内容之一。国家一直非常重视美术育人的独特价值，1996年6月出台的《中共中央国务院关于深化教育改革，全面推进素质教育的决定》指出："美育不仅能陶冶情操、提高素养，而且有助于开发智力，对于促进学生全面发展具有不可替代的作用。要尽快改变学校美育工作薄弱的状况，将美育融入学校教育全过程。"[1]这里强调美育的主要功能不仅能陶冶情操、提高素养、开发智力等，还包括增强学生的美感体验，培养学生欣赏美和创造美的能力。美术独特育人价值之一在于培养学生养成美的德行。美与德相统一，康德认为，"真正的德行只能是根植于原则之上。这些原则不是思辨的规律而是一种感觉的意识，它就活在每个人的心中。它就是对人性之美和价值的感觉，这样说就概括了它的全部"[2]。社会主义核心价值体系不仅要展现美术自身的人性之美和价值的感觉，更要体现这个时代的人性之美和价值感，让小学生在美术活动过程中体会到社会主义核心价值体系呈现的价值感、价值之美。

总之，社会主义核心价值体系感受性融入，既要挖掘感受性融入的基本特性，又要抓住小学生接触感、体验感的特征，不断建构如何使小学生接受、乐于体验且有感触的各种物质性和非物质性体验，不断创造条件从小培养小学生的社会主义核心价值体系，引导小学生从小养成践行社会主义核心价值体系的习惯。只有这样，才能为中学阶段的学习奠定基础，为社会主义核心价值体系融入中学阶段的教育创造良好条件。

二、"知识性融入"：社会主义核心价值体系融入中学思政课一体化的重要方式

如果说社会主义核心价值体系的"感受性融入"主要是针对小学阶段

---

[1] 《中共中央国务院关于深化教育改革，全面推进素质教育的决定》，中国教育部网站，http://www.moe.edu.cn/publicfiles/business/htmlfiles/moe/moe_177/200407/2478.html，1999-06-13。

[2] 康德：《论优美感和崇高感》，何兆武译，商务印书馆2012年版，第11页。

的教育而言，那么，社会主义核心价值体系的"知识性融入"则主要针对中学阶段的教育而言。"感受性融入"强调的是学生体验、可接触，非常强调感性认识，重视学生的感觉，重点在于把握社会主义核心价值观的基本精神，把握基本的价值规范和价值要求；"知识性融入"则在此基础上进一步深化对社会主义核心价值观知识的理解和把握，对社会主义核心价值观经典论述的精准理解和把握，强调系统的知识理论教育。因此，由"感受性融入"到"知识性融入"体现着由浅入深、层层递进的螺旋式上升过程。

社会主义核心价值体系的"知识性融入"要坚持以问题为导向，强化问题意识，即要把社会主义核心价值体系的基本问题讲清楚。社会主义核心价值体系从整体的角度去融入，关键在于解决一些基本问题。"知识性融入"要讲清楚"是什么"的问题，就社会主义核心价值体系而言，要讲清楚：什么是社会主义？什么是社会主义核心价值体系？社会主义与社会主义核心价值体系是什么关系？社会主义是否必然会形成社会主义核心价值体系？这一系列问题要在"知识性融入"的过程中说清楚。推动社会主义核心价值体系"知识性融入"必须要把握以下几点：

第一，把社会主义核心价值体系与教育目标有机地结合起来。教育目标就是培养什么人的问题。我国是社会主义国家，决定了当代中国国民教育的性质，也决定了当代中国国民教育的根本目标，即培养德、智、体、美等全面发展的社会主义事业的合格建设者和接班人。把社会主义核心价值体系与教育目标有机地结合起来就是要贯彻党的教育方针，把社会主义核心价值体系的基本内容作为衡量受教育者是否符合社会主义教育的标准，是否是社会主义现代化的合格建设者和接班人的标准，作为衡量各级各类教育机构是否坚持正确办学方向的重要内容。

第二，把社会主义核心价值体系与教育内容有机地结合起来。首先要把社会主义核心价值体系贯穿于国民素质教育之中。素质教育中的"素质"包括很多内容，其中思想道德素质是最重要的素质。其次，要把社会主义核心价值体系贯穿于国民思想政治教育之中。在我国目前的中学教育内容体系中，把社会主义核心价值体系的基本内容贯穿到思想品德的内容之中。最后，还要把社会主义核心价值体系贯穿于国民教育的其他学科之中。学校所开设的各门学科各门专业，都承担着传承科学知识、塑造健康人格、提高思想道德素质的责任，因此都要自觉地肩负起建设社会主义核心价值体系的任务。

第三，把社会主义核心价值体系与校园文化建设有机地结合起来。社会主义核心价值体系代表着我国社会的主导文化。校园是国民教育特定环境中形成的微观文化形态，坚持社会主义核心价值体系在校园文化中主要体现在其应居于校园文化的主导地位，同时使校园文化在其指导下的相对独立、丰富多样的态势。这就要构建"一元主导、和谐共生"的校园文化氛围。

第四，把社会主义核心价值体系与教育方法有机地结合起来。方法总是与内容联系在一起的。这里的方法创新至少意味着两个层面的转换：首先是由灌输式为主的方法转换为侧重主体建构的民主方法，要强调人本教育理念，注重发挥教育对象在自身素质建构中的主体性、选择性作用，鼓励反思与追问，倡导独立思考，立足于建设和培育，尤其要强调教学过程中的问题意识，把问题意识贯穿在整个教学过程之中。其次是要由单一整齐的方法向丰富多元的方法转换，强调根据中学生的接受能力，施行不同的教育方法、构建不同的实践方案，从而形成思想政治教育丰富多元的方法群。

社会主义核心价值体系"知识性融入"要讲清楚"是什么"的问题，从而让中学生群体了解和掌握社会主义核心价值体系的基本知识体系和基本内容。通过经典的案例、经典故事来呈现社会主义核心价值体系的主要内容，为进一步深入研究"为什么"的问题奠定基础。因为"是什么"的背后蕴藏着"为什么"的深刻逻辑。

三、"问题式融入"：社会主义核心价值体系融入大学思政课一体化的有效方式

问题是人类基于已知追问未知世界的一种存在方式，是对未知的可知性和不可知性的一种目标导向。"一个时代的迫切问题，有着和任何在内容上有根据的因而也是合理的问题共同的命运；主要的困难不是答案，而是问

题。因此，真正的批判要分析的不是答案，而是问题。"① 这就表明问题在社会发展中具有举足轻重的作用。

"问题式融入"主要指称社会主义核心价值体系融入大学生阶段，它是基于中学阶段讲"是什么"的基础上，深入分析"为什么"和"怎么办"的问题。当代大学生有着强烈的时代感和社会责任感，对当代社会发展过程中的热点问题、社会重大问题等给予高度的关注。"问题式融入"正好满足这个阶段的大学生成长的认知需要和反思问题的需要，符合大学生创新思维培养的需要。

社会主义核心价值体系融入大学生阶段，必须展示社会主义核心价值体系本身的理论魅力。这就要求不仅要研究社会主义核心价值体系的内在逻辑，展示其理论魅力；而且要求从教育学的角度，即结合学生的需要和接受规律，来研究社会主义核心价值体系的内在逻辑，展示其教育过程中的理论魅力，同时，在抓住社会热点问题、社会重大问题等的诠释中展现理论的魅力。理论问题和来自学生的问题是社会主义核心价值体系在教育过程中展示其理论魅力的关键点。努力在对社会主义核心价值体系以"问题式融入"研究的基础上，通过问题更充分展现社会主义核心价值体系的理论魅力，通过社会主义核心价值体系的内在逻辑联系和学生需要的关联研究，建构社会主义核心价值体系融入国民教育的有效机制、建构培育社会主义核心价值体系的长效机制。

第二节 大中小学学生接受价值观教育的特点和规律研究

在研究学生接受特点和规律的基础上探索融入路径和方法，不仅为社会主义核心价值体系融入国民教育，而且针对德育课程教学提供前提成果，这对优化德育教育具有重要意义。将社会主义核心价值体系融入国民教育全过

---

① 《马克思恩格斯全集》第1卷，人民出版社1995年版，第203页。

程，使其成为学校道德教育的一条主线，这更加明确了青少年思想政治教育的核心架构，为青少年道德发展确立了中心与内核。

中小学学生接受社会主义核心价值体系需要了解和把握他们的接受特点和接受规律，了解不同阶段的学生群体的接受特点，以及接受的一般性规律等。社会主义核心价值体系作为一种社会价值观念，如何从价值观念的角度把握不同阶段学生群体的接受特点，对提升社会主义核心价值观融入国民教育取得实效具有重要的意义和价值。

一、作为一种主体性的接受理论

接受活动是一项古老的人类社会历史现象，没有接受活动，人类的创造性活动就失去了必要条件。早在中国古代，著名教育家孔子等就在教育中考虑到学生的接受特点；而对"接受"进行系统研究的则是西方人文学者。20世纪以来，"接受""接受者""受众""接受过程""接受效果""接受史"等术语在哲学释义学、认识论、接受美学、传播学等学科的文献之中频频出现。从此以后，关于接受问题的研究呈多向展开的发展趋势，不同的学科、专业以不同的视角研究"接受"这一古老的新问题。

接受主体对事物容纳、认可、认同，是主体对对象的一种心理认可和认同，是主体通过感性感知或理性分析的结果，它与主体的需要密切相关。接受理论认为，接受理论是通过以接受者为中心的理念、传播主体与接受主体的双向互动、教育环境的有效配合以及接受中介的纽带作用的充分发挥，实现"知—受—化"的过程。接受者要知道传播者倡导什么，要接受的是什么，即"知"；通过对传播者提供的信息的感知，经过理性的权衡和验证，产生对"知"的认同，即"受"，从而进一步内化的过程。经过"知—受—化"这样一个接受链，接受者完成了从反映、选择、整合、内化到外化践行的接受过程。

接受作为一种理论，接受理论是以现象学和解释学为基础，在美学里面研究起步比较早，"接受美学"（Reception Aesthetics），以文本为中心转向以读者为中心的理论，接受美学非常强调读者的主体性。比较有代表性的是H. R. 姚斯，在《接受美学与接受理论》中认为："只有当作品的延续不再从生产主体思考，而从消费主体方面思考，即从作者与公众相联系的方面思考时，才能写出一部文学和艺术的历史。"①接受美学强调读者在文本阅读中不仅是一个学习的过程，还是一个创造的过程。姚斯指出："在作者、作品与读者的三角关系中，读者绝不仅仅是被动的部分，或者仅仅作出一种反应，相反，它自身就是历史的一个能动的构成。一部文学作品的历史生命，如果没有接受者积极的参与是不可思议的。因为只有通过读者的传递过程，作品才进入一种连续性变化的经验视野之中。"②

总的来说，接受通过对主体的能力、需要、认知等方面，体现主体的价值需要和价值目标。主体接受什么、愿意接受什么、应该接受什么、现实接受什么等一系列的问题都与主体的意愿和需要相关联。由此，接受作为一种主体选择，深层次地体现人类学特性，体现以下几个特征：

其一，接受本质上是一种主体行为。接受是主体对对象的接纳，但是这个接纳不是随意的，是根据主体的需要来决定的。马克思说人们奋斗所争取的一切都同他们的利益有关，接受也就跟他们的需要有关。人民创造历史，不是随心所欲地创造历史，而是根据主体的实践需要和实践目的去创造历史。接受作为一种主体行为，自然而然受到主体的价值需要所决定，即美学理论中的创造中心发生转移，是以读者为中心的转向。人们的接受程度受制于主体需要，任何强制性的接受从根本上说，是难以取得效果的。

其二，接受是一种行为表征，既跟主体的意愿和需要密切相关，又跟主体的"习性"密切相关。R.C.霍拉勃在《接受美学与接受理论》中认为，"诗既是读者的功能也是艺术家的功能……艺术成为一个'模糊的客体'，其结构与认识决定于接受者或观察家，以及生产者"③。接受取决于接受者本身。主体应该接受什么、不该接受什么、如何接受等问题的呈现，其实与主体的习性密切相关，也就与地方性知识密切相关。不同地区、不同地域的主体接

---

① 〔德〕H. R. 姚斯、〔美〕R. C. 霍拉勃：《接受美学与接受理论》，周宁、金元浦译，辽宁人民出版社1987年版，第339页。
② 〔德〕H. R. 姚斯、〔美〕R. C. 霍拉勃：《接受美学与接受理论》，周宁、金元浦译，辽宁人民出版社1987年版，第24页。
③ 〔德〕H. R. 姚斯、〔美〕R. C. 霍拉勃：《接受美学与接受理论》，周宁、金元浦译，辽宁人民出版社1987年版，第5页。

受外部事物的方式和过程不尽相同，甚至有一定的差异性。不同的年龄阶段和学历层次，主体的接受方式和接受能力也存在一定的差异性。因而，接受离不开人的习性、生活习惯、思维方式等因素。

其三，接受是主客体之间建构起来的一种关系。接受作为一种关系，是主体和对象之间的关系。接受涉及主体与对象之间的关系，当对象通过主体化之后，体现主体的需要，这种的接受性就比较好，即接受要考虑对象性问题。在这个基础上建构起来的价值关系，就是使接受本身得到比较好的效果。这就要把握中小学生对对象的理解和把握，理解对象性问题，从而为如何把握社会主义核心价值体系提供一种视角。

二、大中小学生接受价值观的主要特点

在当今全球化和网络化时代，在市场经济条件下，了解当代小学、中学、大学本科学生及研究生接受社会主义核心价值体系的特点和规律至关重要。学生问题集中反映了学生成长成才的需要，从学生问题出发能更好地了解学生接受的特点和规律，创新融入路径和方法。以学生为本，通过学生提出的问题关注学生需要，以了解各层次学生接受特点及规律为起点，创新社会主义核心价值体系有效融入国民教育全过程的路径和方法。

以社会主义核心价值体系融入教育的"接受主体"——大中小学生为研究对象，从学生成长成才的需要出发，通过对当代大中小学生认知水平、生理心理特点及思想行为表现等的分层分析，紧密联系当前全球化、网络化和市场化等社会发展新形势、新挑战，准确把握大中小学生在不同阶段的成长发展规律，探索分层次、分类型、分阶段的融入教育模式，提炼当前不同年龄阶段的学生对社会主义核心价值体系的接受特点及基本规律，从而为探寻分层分类分阶段的融入方法和途径提供科学依据。

大中小学生在接受外部事物，认同外部观念方面有着不同的特点，这就形成小学阶段、中学阶段、大学阶段、研究生阶段不同教育阶段的接受特点。

（一）小学阶段接受社会主义核心价值体系的主要特点

小学生接受教育多以感受的形式，这是最根本的特点。小学生基本上处

于"具体运演阶段",他们主要借助具体事物做出一定程度的推理。在价值观念方面而言,小学生接受社会主义核心价值观主要是通过具体的事物来了解社会主义核心价值体系。主要表现出以下几个特点:

一是通过榜样来学习社会主义核心价值体系。小学生通过崇尚榜样,通过榜样的感染来了解社会主义核心价值观。从心理学的角度看,小学生的观念成长具有对榜样有着某种"依恋"的特点。艾里克森认为,依恋型可以分为安全依恋型和不安全依恋型[①]。小学生通过对榜样的心理"依恋"外化为行为,就是模仿。榜样的力量是无穷的。因而,小学生善于模仿、效仿英雄人物、榜样人物。"心有榜样,就是要学习英雄人物、先进人物、美好事物,在学习中养成好的思想品德追求。我国历史上有很多少年英雄的故事,在中国共产党领导人民进行的革命、建设、改革事业中也涌现了大批少年英雄,他们中不少人的名字同学们可能都听说过。过去电影《红孩子》、《小兵张嘎》、《鸡毛信》、《英雄小八路》、《草原英雄小姐妹》等说的就是一些少年英雄的故事。"[②]这为小学生接受社会主义核心价值体系打开一扇窗户。

二是通过"顺应"来接受社会主义核心价值体系。让·皮亚杰提出"顺应"(accommodation)这个概念,"就是对儿童已有的图式进行修改或重新建构,以使新的信息得到更为全面的理解"[③]。小学生在成长阶段,受到家庭环境的影响比较大,如家训家规家风等影响,小学生对社会主义核心价值观的记忆性了解,未必能理解,但是,有着了解和接受社会基本规范的意愿和愿望。小学阶段接受社会主义核心价值体系,通过顺应,记住要求,但不一定理解,掌握基本要求之后逐渐加深认识和领悟。习近平强调:"记住要求,就是要把社会主义核心价值观的基本内容熟记熟背,让它们融化在心灵里、铭刻在脑子中。由于大家还在学习阶段,社会阅历不多,对社会主义核心价值观的涵义不一定能理解得很深,但只要牢记在心,随着自己年龄、知识、

---

① 〔美〕查理德·格里格、菲利普·津巴多:《心理学与生活》(第16版),王垒等译,人民邮电出版社2003年版,第306页。
② 习近平:《从小积极培育和践行社会主义核心价值观——在北京市海淀区民族小学主持召开座谈会时的讲话》,《新华网》,http://www.xinhuanet.com/politics/2014-05/30/c.1110944180.htm。
③ 〔美〕查理德·格里格、菲利普·津巴多:《心理学与生活》(第16版),王垒等译,人民邮电出版社2003年版,第294页。

阅历不断增长，会明白得更多、更深、更透。在成长过程中，要结合学习和生活等实践，不断想想所记住的这些要求，不断加深理解。古往今来，大凡很有作为的人，都是在少年时代就能够严格要求自己。"①

三是通过感受性体验来了解社会主义核心价值体系。小学生接受外部事物对体验充满依赖，由于小学生的抽象思维、形式思维还没有发展起来，他们对直观、感官、体验充满依赖。通过体验来接受社会主义核心价值观，是小学阶段的一个重要特点。诸如通过升国旗仪式、入队仪式、红领巾仪式等仪式接受社会主义核心价值体系。

（二）中学阶段接受社会主义核心价值观的主要特点

在感性认识的基础之上，中学生逐渐形成了一定的理性思维和推理能力。小学生进入中学后就发展到"形式运演阶段"，能不借助具体事物进行推理。中学生接受教育有了对知识体系的理性需求，这一特点决定了他们接受社会主义核心价值体系，首先要弄清楚作为一种知识形态的社会主义核心价值体系是什么样子的，在这个基础之上才去思考认同、信仰等问题。因而，中学阶段接受社会主义核心价值体系的主要特点体现在以下几个方面：

一是中学生通过对知识的系统学习来接受社会主义核心价值体系。中学阶段是系统学习知识的重要阶段，在小学感性认识的基础之上，对知识体系的了解成为获得价值观念的途径。中学阶段学生对知识体系具有一定的理性需求，了解这个东西是什么、这个东西如何等。中学生接受社会主义核心价值体系主要是依靠作为一种知识的价值观念，在系统学习过程中了解社会主义核心价值观的基本内容、基本观点和看法。诸如中学生通过经典故事、经典案例接受社会主义核心价值观。经典故事、经典案例是了解和接受社会主义核心价值体系的主要载体，中学生在成长的过程中通过了解和学习社会主义核心价值体系的经典故事、经典案例来接受其价值观念。

二是在青春期的"同伴意识"中接受社会主义核心价值体系。中学阶

---

① 习近平：《从小积极培育和践行社会主义核心价值观——在北京市海淀区民族小学主持召开座谈会时的讲话》，《新华网》，http://www.xinhuanet.com/politics/2014-05/30/c.1110944180.htm。

段是学生青春成长的阶段,这个阶段的学生从小学阶段的"依恋"型中游离出来,逐渐形成同类聚在一起的社会关系。"在与同伴的交往中,青少年逐渐确定他们发展中的身份的社会因素,决定他们要成为哪种类型的人,以及要发展哪种关系。"[①]"同伴成了越来越重要的社会支持来源。"[②]由于青春期,中学生对原有的社会关系(包含家庭关系)有一种游离感,即不想被束缚;一旦脱离了这个关系群,又依赖于同伴的支持。为此,这个阶段的学生接受社会主义核心价值体系往往是通过接受群体的观念来了解和认同的。因而,群体意识如何,在很大程度上影响青年人的价值观念和价值认同。

三是中学生在各种社会活动体验中接受社会主义核心价值体系。社会体验、社会活动是中学生接触外部事物、了解外部事物的窗口。中学生了解外部事物,在很大程度上也与亲身体验密切相关,这一点与小学生类似,但不同之处在于,中学生作为体验者,其对对象的认识深度和感悟不同。中学生在博物馆、纪念馆等文化载体体验中领悟到社会主义核心价值体系的价值内涵和价值追求。而且,中学生通过参与社会活动来获得价值观念的认同,比如志愿服务等。尤其值得重视的是,在网络化时代,中学生的网络活动越来越频繁,网络成为他们在虚拟网络体验中接受和认同价值观念的重要载体。中学生的价值观念形成和发展的网络性倾向日益明显,虚拟体验、网络交往等伴随中学生价值观念的成长。

(三)大学阶段接受社会主义核心价值观的主要特点

大学阶段是中小学阶段的延续,从价值观念的角度来看,这是一个螺旋式上升的过程,而不是一个断裂的过程。在大学阶段培育社会主义核心价值体系,要充分把握大学生的成长特征和思维特征。上大学的年龄已经理智成熟。大学本科生不仅要知道"是什么",更要知道"为什么",研究生则以研究性学习为主。大学阶段接受社会主义核心价值体系既传承原来的接受特

---

① 〔美〕查理德·格里格、菲利普·津巴多:《心理学与生活》(第16版),王垒等译,人民邮电出版社2003年版,第311页。
② 〔美〕查理德·格里格、菲利普·津巴多:《心理学与生活》(第16版),王垒等译,人民邮电出版社2003年版,第311页。

点，如在知识体系中把握价值观念，在理性推理中了解价值观念，甚至还包括在感性认识中了解价值观念等特点；还具有尤为值得关注的以下几个特点：

一是在"知其所以然"的基础上接受社会主义核心价值体系。中学阶段学生对知识体系的掌握主要是围绕"是什么"，通过经典故事、经典案例等把握社会主义核心价值观。然而，随着大学阶段的理性思维能力、独立思考能力的不断提升，他们不满足知道事物"是什么"，还想探究"是什么"背后的"为什么"，"怎么办"，即从对知识体系的掌握到探索知识形成背后的为什么、怎么办。中学阶段"虽知其然，而未必知其所以然也"，但大学阶段则需要"知其然知其所以然"。因而，大学阶段，大学生更主要的在于在"知其所以然"的基础上接受社会主义核心价值观，只有在了解为什么的基础上才会从内心接受和认同社会主义核心价值体系。

二是在多元价值观念的"慎独"和自我反思中接受社会主义核心价值体系。在全球化时代，大学生的思想活动能及时跟上时代的步伐，能了解世界各种活跃的思潮，而且其独立性、多变性等特征，使得大学生洞察各种价值观念，选择价值观念问题上更加复杂化，在多元价值观念中选择更依赖于自身的理性思考，在慎独中接受社会主义核心价值体系。进言之，面对大学校园环境存在的形形色色的价值思潮，在比较、选择中接受某种价值观念，在通过独立思考后接受某种价值观念，甚至是在自我反思、自我批判的过程中认同某种价值观念。因而，简单的、机械的传播，是难以令人信服的。毕竟，从小学到大学，大学生自身已形成一定的价值观念，他们对社会、人际关系有自己的看法，在先入为主的价值观念面前，大学生唯有通过自我反思、自我批判的过程认同和接受某种价值观念。

三是在社会实践中体验和接受社会主义核心价值体系。大学生的社会化程度比中小学生要高，他们有更多的机会了解和接触社会，有更多的机会参与社会实践、了解社会的真实状况。大学生在各种社会兼职、实习以及参与各种社会调查、基地研习的过程中对社会主义核心价值观有着不同程度的理解。

四是在参与研究的过程中接受社会主义核心价值体系。研究生是大学生阶段的高级阶段，主要通过参与社会主义核心价值体系的研究过程接受社会主义核心价值体系的基本立场、观点。研究生参与社会主义核心价值体系研究，是从更高层面来全面、整体地把握社会主义核心价值体系，对社会主义核心价值体系的内在性的东西有着自身的理解，因而能更好地了解和接受社会主义核心价值体系。

三、大中小学生接受价值观观念的主要规律

总体来说，人们接受一种价值观念总是基于其实践需要，以及对科学观念的相信和认同，在这个过程中可以总结出一些规律性的东西。大中小学生尽管在年龄阶段上有一定的差异性，但从认识规律的角度看，他们接受社会主义核心价值体系体现以下几个方面的规律性：

（一）大中小学生接受价值观念与其思想观念的接受能力相统一

价值观念本质上说是主体的价值观念，是主体在实践过程中形成的价值观念。大中小学生在接受价值观念的过程中与其接受能力相统一，不能超越学生在特定阶段的接受能力、思想观念形成的水平等。对大中小学生而言，他们的认识就是他们的世界，对价值观念的接受不能超越他们的认识能力和接受能力。一种价值观念唯有与学生的思想观念的认识能力和接受能力相统一，才能起到效果，拔苗助长不利于学生对价值观念的接受。因此，不同的年龄阶段就接受相应阶段的价值观念，避免诸如小学时候讲共产主义理想，到了研究生阶段才讲基本的道德规范。这就违背了学生的思想观念接受的规律。

（二）大中小学生接受价值观念是理性选择与经验总结相统一

大中小学生接受价值观教育既可以在实践的基础上、通过感觉器官来直接获得经验和认识，也可以通过概念、判断、推理来获得对于事物本质的普遍性认识。列宁指出："从生动的直观到抽象的思维，并从抽象的思维到实践，这就是认识真理、认识客观实在的辩证途径。"[①]认识运动是一个从实践到认识再到实践再到认识循环往复的过程，每经历一次实践、认识的过程，

---

① 《列宁全集》第55卷，人民出版社1990年版，第142页。

都使得之前的实践和认识推进到一定程度。当我们实践之后，形成对事物的现象、片面、外部联系的感性认识；经过多次丰富的感性材料大量累积整理，借助抽象思维，并且去粗取精、去伪存真，由此及彼、由表及里，形成对于事物的本质、全体、内部联系的概念把握，再使用判断、推理等方法，得出合乎逻辑的理性认识；这些理性认识还需要回到改造世界的实践中去，只有将原初的这些认识、理论应用到同一客观过程的实践，并得到预想的目的或者大体上变为事实，那么这些认识和理论才得到了检验，才可被认为是相对符合客观事实的真理。为什么是相对的呢？"客观过程的发展是充满着矛盾和斗争的发展，人的认识运动的发展也是充满着矛盾和斗争的发展……社会实践中的发生、发展和消灭的过程是无穷的，人的认识的发生、发展和消灭的过程也是无穷的……客观现实世界的变化运动永远没有完结，人们在实践中对于真理的认识也就永远没有完结。"①这是基于马克思主义"全部社会生活在本质上是实践的"②以更加翔实的扩展，始终围绕"实践、认识、再实践、再认识"的循环往复的认识过程，回归社会生活的本质即实践的论调。

（三）大中小学生接受价值观念是教育与自我教育相统一

教育者本身是受教育者，教育者和受教育者是内在统一的。从教的过程来说，教育者是教的主体、学生是被教的对象；从学的过程来说，学生是学的主体，也就是自我教育的主体。教学相长，体现了教育与自我教育相统一的规律，正是这两者的相互联系、相互作用推动着大中小学生接受价值观教育的整个过程。列宁在《怎么办？》一文中指出："工人本来也不可能有社会民主主义的意识。这种意识只能从外面灌输进去，各国的历史都证明：工人阶级单靠自己本身的力量，只能形成工联主义的意识。"③对大中小学生进行价值观教育，要坚决反对自发论，坚持正面引导教育，用科学的理论武装人。在采用理论灌输方式时，要提高教育者的理论水平、业务水平、人格魅力，要以准确的、生动的、多样的、活泼的、幽默的、易记的方式灌输，要

---

① 《毛泽东选集》第1卷，人民出版社第1991年版，第295—296页。
② 《马克思恩格斯选集》第1卷，人民出版社2012年版，第139页。
③ 《列宁专题文集：论无产阶级政党》，人民出版社2009年版，第76页。

讲究方法、注意手段、明确目的，使得灌输过程声情并茂、寓教于乐，做到润物细无声。

对于受教育者而言，自我教育过程中，"我"既是自我教育实现的主体，又是自我教育的对象，把"我"当作教育对象进行教育，是一个高阶段的教育过程。但接受价值观教育的过程恰恰又是自我教育实现的过程。受教育者只有充分调动自己的主观能动性，愿意接受新的价值观念，并自觉使多元的价值观念经过思维的碰撞达到内化的效果，融入自身的价值体系并成为自身价值体系的重要组成部分。没有自我教育这一个过程，教育者所传达的价值观教育就无法被受教育者所接受，那就无法实现教育的目的。从这个层面上来讲，没有自我教育就没有教育成功的可能性。但光有自我教育却没有教育的引导，那就不会有自我教育的确立和定位，教育也就失去了它的意义；并且"主导思想的强弱，马克思主义意识形态主导者素质的高低，就成为制约马克思主义意识形态接收效果的关键性因素"①。由此可见，教育和自我教育是在相互作用中相辅相成且相得益彰的两个有机关联的因素，两者统一起来，共同构成大中小学生接受价值观教育不可或缺的两个重要组成部分。

（四）大中小学生接受价值观念是个体价值与社会价值的矛盾统一

个体的存在和发展是社会发展的基础。个体在满足自己生活需要的实践过程中必然会形成一定的价值观念，这种观念与社会的价值观念未必完全统一，并保持一定的张力。大中小学生接受价值观念，既是主体选择的结果，又是社会发展的必然。个体的价值观念的选择与群体的价值观念既是相适应的过程，又是保留一定的张力，甚至是不相适应的过程。个体性认识与群体性认识保持一定的张力，本质上受群体意识所制约。"我们要进入的时代，千真万确将是一个群体的时代。"②个人处在一定的群体中，就会表现出一种共同的、暂时的但又相对稳定且鲜明的普遍特性，即所谓"集体心理"。"当他们成为群体中一员的时候，他们的感情、思维和行为与他们单独一个人的时候迥然不同。他们在群体中的思维观念或者感情，在他们单独一个人的时

---

① 赵继伟：《马克思主义意识形态接受论》，武汉大学出版社2009年版，第129页。
② 〔法〕勒庞：《乌合之众：大众心理研究》，戴光年译，武汉出版社2012年版，第Ⅳ页。

候是绝无可能出现的,即使出现,也绝不会形成具体的行动。"①个人总是处在一定的社会关系之中,大中小学生学习的过程、接受教育的过程就是使其成为一个成熟的社会人,那他就不可避免地将自己放入一定的群体中,接受一定的价值观教育、学会一定的生活技能、成为一定程度上成熟的社会人。这种一定的价值观教育是在社会中接受到的、习得的,是被有目的性、有方向性地主导的,具有群体性的特点。然而,作为个体的存在,个体形成的价值观念和价值诉求又不完全囿于群体价值观念的约束,具有超越群体价值的诉求和冲动,这正是社会进步的重要动力。因此,他们之间总是既相适应,又保持一定的张力。

---

① 〔法〕勒庞:《乌合之众:大众心理研究》,戴光年译,武汉出版社2012年版,第7页

第二章

社会主义核心价值体系的理论基础研究

没有实践的理论是空洞的,社会主义核心价值体系融入国民教育的关键一环在于实践。然而,没有理论的实践是盲目的,因此社会主义核心价值观基础理论研究中的理论指导问题成为题中应有之意。必须在理论上搞清楚作为社会主义核心价值体系基础的价值、价值形态世界以及怎么通过评价活动和社会评价活动来形成价值意识、价值观念、社会价值观念,搞清楚核心价值体系与核心价值观双重关系的深刻内涵,搞清楚核心价值体系与国民融合的认同和共识机制及其认同和共识环节中的信仰机制,就成为本章的研究重点。

第一节 价值、价值观念和社会价值观念

人类生活在物理形态世界和价值形态世界之中,价值在本质上就是人所构建的"为我而存在的关系"。价值观念和社会观念,在个体主体,群体或社会主体通过评价活动和社会评价活动形成共同的价值意识后积淀形成,是我们理解核心价值体系的基本理论前提。

一、价值和价值形态世界

"为我关系说",这是马克思在实践的基础上所提出的:"凡是有某种关系

存在的地方，这种关系都是为我而存在的；动物不对什么东西发生'关系'，而且根本没有关系。"①黑格尔哲学中的"关系"被马克思赋予了新的意义，建立在实践基础上的"关系"，并不是说动物与世界上其他事物之间彼此隔绝"根本没有关系"；而是说，动物与世界上其他事物之间的相互作用不是建立在实践基础上的，从而是自然界自身的事情。

正是在这种构建"为我关系"的过程中，人"作用于他自身之外的自然，并在改造自然时，也就同时改变他自身的自然"②。主体主要以自身的活动为主要途径，将自身从自然界中分离出来，当主体将自身作为占有对象和客体区别开来的时候，也就是人在实践中将自然界作为满足自己需求特别是活动对象的占有的时候，主体和客体构成了一切社会活动的两极。两者同时产生、相互作用，在一定条件下相互转化，即"主体客体化与客体主体化"③。在主客体相互作用中，主体为了自身的生存和发展产生满足的需要，并且依据现实状态不断地产生新的需要。主客体根据需要关系存在。价值就是客体属性满足主体需要的一种现实效应，在本质上体现"为我关系"的价值，就"成为人自己的本质力量的现实"④。

自从人猿揖别，主体"为我关系"的构建中，在个体、群体和社会三个层面上创造了丰富多彩的价值。不同层面之间呈现出无限多样性价值的相互作用关系，三个层面之间又相互作用。数目无限的价值在相互作用中"存在着真正的和真实的价值质性，它们展示出一个具有特殊关系和联系的特有对象区域"，在这些价值之间"也就存在着一个秩序（Ordnung）和一个等级秩序（Rang-ordnung），它完全独立于一个在其中显现出来的善业世界的此在，……而且对它们的经验来说是'先天的'（a priori）"⑤。这个以价值为其中要素构成的价值形态世界，是一个体系。价值形态世界不仅不是无限多样价值简单相加，而是"具有特殊关系和联系的特有对象区域"；价值形态世

---

① 《马克思恩格斯全集》第3卷，人民出版社1960年版，第34页。
② 《马克思恩格斯全集》第23卷，人民出版社1972年版，第202页。
③ 李德顺：《价值论》（第2版），中国人民大学出版社2007年版，第62页。
④ 《马克思恩格斯全集》第3卷，人民出版社2002年版，第304页。
⑤ 舍勒：《质料的价值伦理学与善业伦理学或目的伦理学》，《现代西方价值哲学经典：心灵主义路向》，冯平主编，北京师范大学出版社2009年版，第210页。

界离不开人创造价值的活动,但又"完全独立于"任何一个具体的创造价值活动的个体,对于创造价值的个体经验来说"是'先天的'"。

价值形态世界具有非自然属性特征。关于两者之间的不同,黑格尔曾经用以下的话来概括:"在自然界里真是'太阳下面没有新的东西'",而"只有在'精神'领域的那些变化之中,才有新的东西发生"。自然界的变化是前后因果关系的串联,原因是结果的根据,而结果作为原因又称为新结果的根据,因而"不论它们种类如此的庞杂,都永远只是表现为一种周而复始的循环"①。黑格尔所谓的"'精神'领域"就是指作为历史展开的人类社会,而人类社会是与价值形态世界内在地联系在一起的,之所以"有新的东西发生",就在于具有"一种达到'尽善尽美'的冲动",然而它"全然是一种不肯定的东西"②。

马克思将这种由"达到'尽善尽美'的冲动"引起的活动与构建"为我关系"的生产活动联系起来:"动物的生产是片面的,而人的生产是全面的","动物只生产自身,而人再生产整个自然界"。而价值形态世界就是由这个再生产出来的"整个自然界"与人类社会联系在一起的。价值形态世界之所以"有新的东西发生"就在于在构建"为我关系"活动中,作为主体的人,既"按照任何一个种的尺度来进行生产",又"处处把内在的尺度运用于对象",从而"按照美的规律来构造"③。

价值是物质范畴,价值形态世界和其他范畴共同组成了人类的物质世界。物质世界具有无限性的特征,此无限性意味着作为物质世界运动形式的时间和空间是无限的,而且在存在形态上是无限多样的。价值形态世界表征为物质世界存在形态无限多样性的一个方面,对物质世界无限多样性的逻辑补充。然而,以人类居住的地球为中心的价值形态世界,毕竟是浩瀚宇宙中十分渺小的"诺亚方舟","整个银河(或称星云)共有九万光年这么宽";"宇宙间大约有一千亿像这样的银河系,而每一个银河系都包含一千亿左右的星球";但是,"我们也不要太强调这些数字的重要性,只要你在手中握着

---

① 〔德〕黑格尔:《历史哲学》,王造时译,上海书店出版社1999年版,第56页。
② 〔德〕黑格尔:《历史哲学》,王造时译,上海书店出版社1999年版,第57页。
③ 《马克思恩格斯选集》第1卷,人民出版社1995年版,第46页。

一块石头就够了"①。由于这个"你"与"物质的最高的精华——思维着的精神"②是联系在一起的,于是手中的这块石头所在的那个价值形态世界就在宇宙中散发着璀璨的光芒。

人类自始存于地球上并形成了"为我关系"后,就面临着物理形态世界和价值形态世界两类世界的存在。人类的生存和发展既离不开物理形态世界,也离不开价值形态世界。实物和场的形态存在组成了物理形态世界的一般特征。实物是由"具有一切聚集态的宏观物体(气体、液体、晶体)以及构成它们的粒子(原子核、原子、分子、离子、大分子)"组成。场指的是"物理场,即相互作用场",包括"电磁场、引力场"等。实物与场有着不可分割的联系,"任何实物粒子都不能脱离有关的场而独立存在";甚至实物粒子本身就呈现为"波-粒二象性",对此物理学家用了一种在经典物理学视域中似乎是逻辑上矛盾的名称"粒子波"或"粒子场"来描述之③。

无限多样性的物理实在构成了物理形态世界。唯物主义者对"物理形态世界是构建物质世界的一个组成部分"毫无疑义。然而,虽然物理形态世界是物质世界的一部分,但是这并不意味着物理形态世界就等同于物质世界。在科学史上曾有人把构成物理形态世界的物理与构成实物的基本粒子等同起来,并进一步把基本粒子与物质等同起来,以至于在19世纪末物理场发现后,"原子非物质化,物质消失了",于是在物理学界里出现了"现代物理学危机"。从"现代物理学危机"所得出的方法论启示是,不能把具体的物理实在,即使把物理场包括在内,等同于物质,只能从列宁所说的"物质的唯一'特性'"即"客观实在性"来理解物质。我们把实践活动、人类社会、价值、价值形态世界等都理解为属于物质范畴,由此的一个逻辑结论就是不能把物理形态世界与物质世界等同。

物质世界包含由价值构成的价值形态和由物理构成的物理形态。物理形态世界和价值形态世界是物质世界形态无限多样性中的两种形态。这是"世

---

① 〔挪威〕乔斯坦·贾德:《苏菲的世界》,萧宝森译,作家出版社1996年版,第565—574页。
② 《马克思恩格斯选集》第4卷,人民出版社1995年版,第279页。
③ F.卡歇:《物理学原理》(下册),汤毓骏译,上海教育出版社1984年版,第375—376页。

界的真正的统一性在于它的物质性"①命题的题中应有之义。从某种意义上说，物理形态世界先于价值形态世界，前者的存在不依赖于后者的存在。价值形态世界产生后，对于作为主体的人而言，物理形态世界，或作为现实形态的物理形态世界，就与价值形态世界不可分离地联结在一起了②。

二、评价活动与价值意识、价值观念

人类生活在物理形态与价值形态相互交融的世界之中，认识活动作为主体在实践基础上对于周围世界的反映活动，就必然包括认知活动和评价活动。主体通过认知活动对物理形态世界中的事物进行反映，又通过评价活动对价值形态世界中的事物进行反映。

在评价活动中，主体关于价值意识的形成是基于自身的需要和利益，反映客体及其属性对于主体需要所具有的意义。评价活动有两个基本环节：一是主体选择评价标准。主体衡量客体的意义，通过衡量客体被主体意识到了的主体需要，是主体评价活动的标准。主体选择评价标准的实质，就是选择用何种主体需要，使之与客体属性相联系，用由此形成的价值关系作为反映对象。二是主客体之间的价值关系反映到主体意识上，这是经过主体选择的结果。与认知活动用概念、判断、推理等思维形式对客体信息予以整合相对应，在评价活动中，主体对价值信息的整合，通过包括规范、价值判断和评价推理等一系列思维形式，于是"价值在意识中便显示出来"③了。

依据主客体之间的内在关系，评价活动的主体性原则是主体本身对客体对于主体所具有的意义的评价。主体性原则表明，"评价活动总是从主体出发，总是从满足主体需要与否的角度来看待客体对于主体所具有的意义"，因此，"每个人、每个群体，都以自己的方式进行评价"④。评价活动的主体性原则所体现的个体差异性并不意味着评价活动是不确定的。经过评价活动中

---

① 《马克思恩格斯选集》第3卷，人民出版社1995年版，第383页。
② 有关这方面的论述，请阅陈新汉：《论价值形态世界》，《江汉论坛》2015年第11期。
③ 〔捷〕弗·布罗日克：《价值与评价》，李志林、盛宗范译，知识出版社1989年版，第89页。
④ 冯契：《人的自由和真善美》，华东师范大学出版社1996年版，第66—67页。

特有思维形式的整合，主体就形成了关于评价对象的价值意识。从哲学基本问题的角度来理解，意识是对存在的反映，这对于价值意识来说也是如此。价值意识就是主体在评价活动中关于对象的意识。与人们在对物理形态世界的认知活动中会形成关于物理形态事物的意识一样，人们在对价值形态世界的评价活动中形成关于价值形态事物的意识。价值的本质是"为我关系"，这就决定了价值意识总是一种"为我的"意识，无论是感性的价值意识还是理性的价值意识，都是从"我"出发，并围绕着"我"这个核心来旋转的。这就说明了，"价值意识本质上是一种实践意识"[①]。

主体在评价活动中，价值观念通过"逻辑的式"形式积淀，主体意识在实践中形成的价值意识不断反复。价值观念是主体关于主客体之间一类价值关系的基本观念，由于"亿万次的重复"，因而对于主体而言，就"有着先入之见的巩固性和公理的性质"[②]。价值意识作为评价活动所获得的认识成果，是关于价值形态世界的观念反映；价值观念作为价值意识的积淀是价值意识中的一部分。在理性认识的基础上，价值观念经过了长期的积淀后积累形成，并具有更抽象的内容、更稳定的形态和更坚固的结构。

由于主体中的价值观念是价值意识活动积淀的结果，经过了一个较长时期的过程，于是主体中的价值观念往往处于两种状态，即自在状态和自为状态。处于自在状态中的价值观念，并没有为主体清楚地意识到，往往处于潜意识之中；处于自为状态的价值观念，则为主体清楚地意识到，从而处于显意识之中。处于潜意识之中的价值观念是由处于显意识之中的价值观念转化而来的；处于潜意识之中的价值观念在一定的条件下还可以再次转化为处于显意识之中的价值观念。无论是处于自在状态的价值观念还是处于自为状态的价值观念，都构成了意识中深层的心理结构。

评价活动作为反映活动，必须要把握主客体之间的价值关系，价值观念就是呈现并凝聚在主体意识中的一类价值关系；但评价活动又是以评价标准的选择为中介的、从而是体现着主体性原则的反映活动，因而主体的好

---

① 李德顺、马俊峰：《价值论原理》，陕西人民出版社2002年版，第198页。
② 列宁：《黑格尔〈逻辑学〉一书摘要》，《列宁全集》第55卷，人民出版社1990年版，第186页。

或恶、爱或憎、赞成或反对是价值观念的体现,从而总体体现着主体的价值追求和价值取向。"每个时代都有每个时代的精神,每个时代都有每个时代的价值观念"①,于是,价值观念就进一步成为主体进行评价活动的自觉或不自觉标准,并且以形成实践目的的要素形式在推动和指导实践活动中发挥作用。

主体在社会生活中扮演多重社会角色、从事多方面活动。社会角色的背后是主体在各种活动领域中所承担的众多社会关系,融多重角色于一体的主体必然具有多方面领域的价值观念,从而形成了主体的价值观念体系。主体价值观念体系内容的丰富性取决于主体活动的丰富性。多种价值观念有可能相互矛盾,甚至相互冲突。但主体活动的丰富性在本质上总是围绕着主体的生存和发展展开的,这就说明了主体价值观念体系内容的丰富性不是离散的,而总是从主体的生存和发展为原点而发散出来的。一个主体拥有内在统一的价值观念体系,其中融合了众多价值观念。任何一个主体在长期的社会生活中总会形成自己区别于其他主体的价值观念体系。在整个价值观念体系中总有一类价值观念占主导乃至核心地位。人们往往用这类价值观念来表征整个价值观念体系,这类价值观念就称为主体的基本价值观念。

三、社会评价活动和社会价值观念

价值意识的主体既可以是个体也可以是群体。但个体无论怎样表现自己的存在,都要与他人发生关系,社会或社会群体就成为个体存在的普遍形式。人群集合在一起成为社会群体,必须具有三个要素:一是共同行动,使若干个人与另外的人们区别开来,出现若干个人在其他人眼中的界限;二是相互作用,实现了通过人与人之间沟通和操作所形成的相互吸引;三是时间持续,使人们之间的相互作用以过程的形式体现为一个群体的观念和整体行动。社会群体就是在共同活动基础上持续地进行相互作用的若干个人的有机集合体②。

---

① 习近平:《青年要自觉践行社会主义核心价值观》(2014年5月4日),《十八大以来重要文献选编》(中),中央文献出版社2016年版,第3页。
② 陈新汉:《民众评价论》,上海人民出版社2004年版,第6—9页。

根据我们的论题,可将社会群体划分为两大类:一是有形社会群体。社会群体内基于某种共同需要从而形成某种共同利益和情感的众多个体,通过一定的形式组织起来并发生协调的行动。如工厂、农庄、学校、政党等。二是无形社会群体。社会群体内基于某种共同需要从而形成某种共同利益和情感的众多个体,然而未通过一定的形式组织起来。如民族、失业者群体等;为某一社会事件而激发在互联网中所形成的网络群体,等等。

马克思指出:"社会——不管其形态如何——究竟是什么呢?是人们交互活动的产物。"①相对范围内彼此发生联系和关系的人群集合体构成了社会。因此,群体是一个小社会,社会是一个大群体,人类社会就是一个范围最大的群体。从历史上看,一个相对完整的社会总与"共同的经济生活"以及与之相应的经济基础相联系,而"共同的经济生活"是一个民族形成的"最主要的标志"②,因而总与建立在民族基础上的国家联系在一起,这就是人们通常说的民族国家。

社会群体或社会总会形成自己的价值意识,社会价值意识与社会评价活动联系在一起。社会评价活动就是以社会群体为主体的评价活动,具体地说,就是社会群体主体从自身需要出发,用自身利益作为标准从而体现着社会群体主体意志所进行的评价活动。社会评价活动有两种:一是权威评价活动,二是民众评价活动。

其一,权威评价活动。有形社会群体内部总具有纵向和横向的组织结构,从而形成层层相叠的与权力相联系的权威系统。权威机构处于社会群体内组织结构金字塔的塔尖,是社会群体的权威中心。权威机构由于其所处的位置,一般总能集中地代表社会群体主体的需要、利益,体现着社会群体主体的意志,因此以权威机构为主体的评价活动是社会评价活动的一种现实类型。权威机构是社会群体的一种自觉组织形式,因而总能自觉地进行评价活动。即社会评价活动的自觉性通过权威评价活动的自觉性体现。

权威评价活动一般通过两种活动来贯彻其评价意见:一是赏罚措施。对

---

① 《马克思恩格斯选集》第4卷,人民出版社1995年版,第532页。
② 冯契:《哲学大辞典》,上海辞书出版社2001年版,第1004页。

于能遵循、维护或贯彻、实施评价结论的，给予奖赏，反之给予惩罚。权威评价活动的结论在群体内贯彻或落实的过程就是权威评价活动所形成的价值评价在民众中发挥和施加影响的过程。二是宣传舆论。权威机构通过运用各种宣传工具和手段制造舆论，将外在评论输入个体内在，并形成众多个体一致倾向性意见。权威评价结论在通过宣传舆论中得到贯彻或落实的过程，就是权威评价活动所形成的价值评价在民众中发挥和施加影响的过程。

其二，民众评价活动。无形社会群体不具有一定的组织结构，评价活动中的主体意志就不可能通过权威机构体现出来；有形群体在评价活动中的主体意志可以通过权威机构体现出来，也可以不通过权威机构体现出来，尤其在权威机构不能有效地体现群体主体意志的情况下，可以把民众评价活动理解为不通过权威机构而体现社会群体主体意志的评价活动。在民众评价活动中，众多个体从各自的利益出发对共同感兴趣的"普遍事务"发表意见，由于在一个社会群体内，因而总与社会群体主体的需要、利益发生一定程度的联系，于是就在一定程度上表达着社会群体主体的意见。从表面上看，各种意见林林总总、纷繁杂乱；但社会群体主体的意见作为"绝对的普遍性、实体性的东西和真实的东西"[1]也就在其中实现了。民众表达意见的杂乱性体现了评价活动的自发性。

民众评价活动必然对所属社会群体的权威机构发生作用：一是民众评价活动及其结论往往会使权威机构以内在认同的方式予以接受。"天视自我民视，天听自我民听"[2]，民众评价活动一般能较为真实地表达社会群体的意志。权威机构在社会群体中所处的位置使它注意到自己是站在社会群体主体的立场上来进行评价活动的，因而往往能自觉地意识到自己与民众评价活动的一致，从而对民众评价活动予以认同。二是民众评价活动及其结论往往会以外在强制的方式使权威机构予以接受。权威机构与所属群体之间的差别导致两者间的评价活动及其结论不能等同。然而，民众评价活动往往会通过强制力量，例如通过舆论活动陈述利害，向有关方面施加压力等，从而使权威机构

---

[1] 〔德〕黑格尔：《法哲学原理》，范扬、张企泰译，商务印书馆1982年版，第332页。
[2] 〔德〕黑格尔：《法哲学原理》，范扬、张企泰译，商务印书馆1982年版，第333页。

改变对民众评价活动及其结论的态度。

社会价值意识是在权威评价活动和民众评价活动两者相互作用中形成的。在社会评价活动的感性阶段，尚没有形成清晰的价值意识。随着社会评价活动的深入，社会主体就能从社会价值的现象层面深入到本质层面，从而达到理性认识，由此就能形成较为清晰的价值意识。

在一个比较大的社会群体，例如一个与国家和民族相联系的社会，其社会价值意识就集中地体现在社会心理和社会意识形式中。社会心理是一种不系统的、不定型的、自发的"初级的社会意识"[①]。一定社会普遍流行的社会心理"反映着一定社会当时的现实需要，反映着社会不同阶层（集团）人们的现实需要——利益关系"[②]。社会意识形式是高水平的社会意识，是由社会有意识地经过加工、制作形成的。社会意识形式中的意识形态是"特定阶级或社会集团的根本利益的体现"[③]，在社会意识形式中起着至关重要的作用。社会心理和社会意识形式各具特色，从不同方面体现着社会的价值意识。

社会群体主体价值意识长期积淀形成了社会价值观念，其中两种类型评价活动相互作用。个体、社会价值观念体现两者分别在个体主体对主客体之间、社会群体主体对主客体之间基本的价值关系。社会价值观念相比社会群体价值意识，具有更抽象的内容、更稳定的形态和更坚固的结构。

同个体价值观念一样，作为社会价值观念往往处于两种状态，即自在状态和自为状态，前者没有为社会群体主体清楚地意识到，处于潜意识之中；后者则为社会群体主体清楚地意识到，处于显意识之中。这两种状态在一定条件下可以相互转化。在诸如与民族和国家相联系的社会中，一个大的社会群体中，自在状态的社会观念与社会心理相联系，表现为风俗习惯、民族精神或国家意识等；处于自为状态的社会价值观念则往往与社会意识形态联系在一起，表现为国家的制度、法律、道德等。

在社会生活中，一个社会群体主体面对着多方面领域的价值现象，必然具有多方面领域的价值观念，从而形成社会群体主体的价值观念体系。社会

[①] 冯契：《哲学大辞典》，上海辞书出版社2001年版，第2255页。
[②] 赵泳：《社会自我意识》，陕西人民出版社1998年版，第79页。
[③] 冯契：《哲学大辞典》，上海辞书出版社2001年版，第1817页。

群体价值观念体系的丰富性由社会群体主体活动的丰富性决定。但社会群体主体活动的丰富性在本质上总是围绕着自身的生存和发展展开的，因而社会群体价值观念体系内容的丰富性决不是离散的，而是从原点（即自身的生存和发展）发散的。任何一个社会群体主体都具有独特的寓多样性于其内的统一的价值观念体系。如前所述，"在整个价值观念体系中总有一类价值观念占主导乃至核心地位，人们往往用这类价值观念表征整个价值观念体系，这类价值观念就称为基本价值观念"。在社会价值观念体系中也是如此。社会价值观念作为社会评价活动的积淀，是与社会评价活动的两种现实类型即权威评价活动和民众评价活动及其相互作用直接地联系在一起的；但是，作为社会群体在实践活动基础上的关于价值形态世界的观念反映，从根本上说，是与如前所述的社会群体形成的三个要素即"共同活动""相互作用"和"时间持续"联系在一起的。

四、社会价值观念的功能

其一，社会价值观念是社会群体的精神"胶合剂"。这可以从两个方面来予以理解：一方面，人们彼此之间因"同样"的情感，形成同样的社会价值观念。社会价值观念体现着社会群体主体的意志。马克思说："要有同样的意志，这些多数人就要有同样的利益、同样的生活情况、同样的生存条件。"[①]意志与利益、生活情况、生存条件等相关联。对于同一社会的价值观念的认同，利益方面形成"同样"的认同最重要，人们还在生活情况和生存条件等方面形成"同样"的认同联系。意识中的认识活动和心理活动是相互作用和渗透的，人们在认识活动中因"'同样'的认同"产生"同样"亲切的情感。这种使人感到亲切的"同样"的情感就成为人们彼此凝聚的精神"胶合剂"。另一方面，人们通过价值观念寄放寄托精神灵魂。意识中深层次心理结构的价值观念升华为信仰。信仰从一定角度以浓缩的形式反映主体的基本价值观念。人是肉体和灵魂的统一，因而不仅需要有物质生活家园来藏裹身躯，还需要有作为信仰的精神生活家园来寄放灵魂。这个精神家园从人

---

① 《马克思恩格斯全集》第6卷，人民出版社1965年版，第235页。

们的物质生活的家园中发生,然后,"在云霄中固定为一个独立王国"①。于是,这个精神家园对于社会群体中的个体而言就具有外在的普遍性。群体是个体存在的普遍形式,由此,我们可以说,社会价值观念是个体价值观念的普遍形式。个体价值观念普遍形式的社会价值观念给予群体生活中的个体寻找自己的精神家园,社会价值观念就成为人们彼此凝聚的精神"胶合剂"。

其二,社会群体主体以社会价值观念作为评价标准。在社会评价活动中,社会群体主体的评价标准是自身意识到的需要或利益。社会价值观念作为价值意识的积淀,是社会群体主体意志的体现,从而也是社会群体主体需要或利益的体现;同时,社会价值观念在长时间的积淀过程中就能为社会群体中权威机构和民众普遍认可。在权威评价活动中,社会价值观念被权威机构作为评价标准使用。处于权威机构之外的民众往往从自身的需要出发,对共同关心的社会事件进行评价活动,从而使社会群体意志体现在林林总总的个体评价活动之中;但由于社会价值观念体现了社会群体主体的共同需要和利益,因而众多个体也往往会自觉或不自觉地用社会价值观念作为评价标准,从而在个体评价活动之间的相互作用中,更容易使个体主体转化为社会主体、使个体评价内容转化为社会评价内容。将社会价值观念作为权威评价活动和民众评价活动的评价标准,两者在相互作用过程中也就更容易取得一致。

其三,社会群体主体行为中的价值追求和价值取向决定于社会价值观念。在社会群体主体的认识活动和实践活动中,价值观念所内蕴的价值追求和价值取向必然会体现出来。这可从两个方面来分析之。

一方面,社会群体主体认识活动中的价值追求和价值取向取决于社会价值观念。认识活动包括认知活动和评价活动,社会群体主体的认识活动同样也包括认知活动和评价活动。主体性原则是社会评价活动的遵循依据,社会价值观念是社会群体主体的评价标准,必然通过评价活动,社会群体主体把社会价值观念中的价值追求和价值取向体现在对评价对象的好或恶、爱或憎、赞成或反对等等的价值判断上。社会群体主体的认知活动主要是揭示客

---

① 《马克思恩格斯选集》第1卷,人民出版社1995年版,第55页。

体的本质和规律，遵循着客体性原则，在直接性上并不能体现社会价值观念所内蕴的价值追求和价值取向。但是"人们对于事物的认知总是与探求事物对于人的意义相联系。一般说来，如果事物与主体毫无关系且对主体不产生任何意义，那么这事物就不可能成为认知的对象；认知活动难以持续且无意义。从这个意义上说，评价为认知指出了方向，提供了动力。"[①]如果说，社会价值观念内蕴的价值追求和价值取向是社会群体主体的评价活动的直接体现，那么，社会价值观念内蕴的价值追求和价值取向就间接地被社会群体主体的认知活动体现。换句话说，社会群体主体认识活动中的价值追求和价值取向直接或间接地为社会价值观念所决定。

另一方面，社会群体主体实践活动中的价值追求和价值取向受社会价值观念决定。通过实践意义上的行为，社会群体作为主体必然会与外部世界发生相互作用。人的实践过程结束时得到结果，这是人的实践活动与动物本能活动的一个重要区别，在这个过程开始时就"已经观念地存在着"。主体要建构"为我关系"，即创造价值，就要求"他不仅使自然物发生形式变化，同时他还在自然物中实现自己的目的"[②]。而目的的制定直接地与社会价值观念内蕴的价值追求和价值取向联系在一起，或者说，通过评价活动和认知活动的中介间接地与社会价值观念内蕴的价值追求和价值取向联系在一起。换句话说，社会群体主体实践活动中的价值追求和价值取向直接或间接地由社会价值观念决定。

第二节　核心价值体系和核心价值观

怎样理解核心价值观是理解社会主义核心价值体系的一个基础理论问题。"任何一个社会都存在多种多样的价值观念和价值取向，要把全社会意志和力量凝聚起来，必须有一套与经济基础和政治制度相适应、并能形成广

[①] 陈新汉：《评价论导论》，上海社会科学院出版社1995年版，第10页。
[②] 《马克思恩格斯全集》第23卷，人民出版社1972年版，第202页。

泛社会共识的核心价值观。"①从系统论的角度来看,上层建筑作为社会主体通过统治阶级构建的"为我之物"是一个价值体系,包括政治上层建筑和思想上层建筑,两者分别以物理形态事物为载体和以精神形态事物为载体,思想上层建筑中的核心就是核心价值体系。核心价值观作为核心价值体系的概括和提炼就成为核心价值体系中的"精神内核和根本原则"。核心价值观不同于与世界观、人生观相并列的价值观,但两者有联系。核心价值观与核心价值体系在哲学基本问题视域中是意识与物质的关系,在社会历史基本问题视域中是"中心的中心"与"中心"的关系。"历史和现实都表明,核心价值观是一个国家的重要稳定器,能否构建具有强大感召力的核心价值观,关系社会和谐稳定,关系国家长治久安。"②不能把社会主导价值观念与社会主流价值观念混淆,核心价值观对社会主流价值观念的形成具有重要意义。

一、作为价值体系的上层建筑和其中的核心价值体系

价值形态世界作为在本质上是人通过实践所构建的"为我而存在的关系",总具有结构。结构构成了体系,且结构是体系的本质规定;结构越严密、复杂,体系的有序性就越高。可以把价值形态世界中具有结构的价值事物都理解为价值体系,包括人类所构建的所有"为我关系"。

经济基础和上层建筑是马克思在《〈政治经济学批判〉序言》中分析社会形态的两个基本领域,即:"人们在自己生活的社会生产中发生一定的、必然的、不以他们的意志为转移的关系,即同他们的物质生产力的一定发展阶段相适合的生产关系。这些生产关系的总和构成社会的经济结构,即有法律的和政治的上层建筑竖立其上并有一定的社会意识形式与之相适应的现实基础。"③正是在此基础上,马克思透过"繁芜丛杂的意识形态","发现了人类历史的发展规律",即"一个民族或一个时代的一定的经济发展阶段,便构成基础,人们的国家设施、法的观点、艺术以至宗教观念,就是从这个基础上发展起来的,因而,也必须由这个基础来解释,而不是像过去那样做得相

---

① 习近平:《在十八届中央政治局第十三次集体学习时的讲话》(2014年2月24日)。
② 习近平:《在十八届中央政治局第十三次集体学习时的讲话》(2014年2月24日)。
③ 《马克思恩格斯选集》第2卷,人民出版社1995年版,第32页。

反"①,从而创立了历史唯物主义。由此可以把上层建筑理解为是一个价值体系,包括竖立在经济结构之上的"法律的和政治的上层建筑"和与现实基础相适应的"一定的社会意识形式"。我们把前者称为政治上层建筑,把后者称为思想上层建筑,前者是社会主体通过统治阶级所建构的"为我关系",体现着对于社会主体而言的以物理形态事物为载体的价值,构成了价值体系;后者是社会主体通过统治阶级所建构的"为我关系",体现着对于社会主体而言的以精神形态事物为载体的价值,构成了价值体系。

关于作为价值体系的上层建筑,马克思指出:"整个阶级在它的物质条件和相应的社会关系的基础上创造和构成这一切。"②不同的社会形态彼此之间以各自不同的占有方式具有与之相适应的上层建筑。占统治地位的"整个阶级",直接地"创造和构成"了上层建筑。统治阶级的意愿当然不能无条件地等同于社会主体的意愿,指出马克思的以下四段话对于我们理解作为价值体系的上层建筑是有意义的:

第一,"一个阶级是社会上占统治地位的物质力量,同时也是社会上占统治地位的精神力量","占统治地位的思想不过是占统治地位的物质关系在观念上的表现,不过是表现为思想的占统治地位的物质关系"③。这是历史唯物主义的基本原理。第二,由于统治阶级集"占统治地位的物质力量"和"占统治地位的精神力量"于一身,于是一定时期的统治阶级就能"被看作和被认为是社会的总代表",从而就能以"被承认为整个社会的等级"身份实现对于整个社会的"普遍统治"④,这是不容否定的历史事实。第三,在一定的历史时期,统治阶级"真正是社会的头脑和社会的心脏"⑤。统治阶级在整个社会中的地位由一定时期统治阶级的经济地位和思想地位决定,社会主体的意愿总能在一定程度上自觉或强制地被社会基本矛盾运动感受体现。正是从这个意义上,上层建筑是社会主体通过统治阶级构建的,社会主体通过

---

① 《马克思恩格斯选集》第3卷,人民出版社1995年版,第776页。
② 《马克思恩格斯选集》第1卷,人民出版社1995年版,第611页。
③ 《马克思恩格斯全集》第3卷,人民出版社1960年版,第52页。
④ 《马克思恩格斯选集》第1卷,人民出版社1995年版,第12—13页。
⑤ 《马克思恩格斯选集》第1卷,人民出版社1995年版,第13页。

统治阶级构建了政治上层建筑的价值体系,也构建了思想上层建筑的价值体系。在一定的历史条件下,统治阶级是上层建筑的执行主体,但真正的实际主体是社会主体。第四,当"生产关系或财产关系(这只是生产关系的法律用语)""由生产力的发展形式变成生产力的桎梏"时,随着"经济基础的变更,全部庞大的上层建筑也或慢或快地发生变革"[1],于是社会主体就通过"社会革命的时代"所形成的另一个阶级以"被承认为整个社会的等级"的身份,或慢或快地构建了另一个新的庞大的上层建筑价值体系。从马克思的上述语录中,我们可以理解社会主体如何使统治阶级以"整个阶级"的方式构筑上层建筑,以"整个社会的等级身份"通过上层建筑发挥着社会的"心脏"和"头脑"作用,以及上层建筑如何通过社会变革更替。由此所揭示的人民为主体的社会主体与以统治阶级为执行主体所构建的上层建筑之间关系的原理,对于本书的理解具有重要意义。

作为价值体系的上层建筑要在社会中发生作用,首先应成为能够对整个上层建筑发生作用的核心。思想上层建筑和政治上层建筑两者之间的相互关系决定了这个核心只能存在于前者之中而不能存在于后者之中。

人们的共同意识形成了政治上层建筑,即"政治上层建筑是在观念上层建筑的指导下建立起来的"[2]。因此政治上层建筑属于社会意识范畴。尽管政治上层建筑具有物理形态的载体,但从社会存在与社会意识的关系来看是"物质的附属物"。为此,恩格斯把作为政治上层建筑核心的国家看作是人类所面临的"第一个支配人的意识形态力量"[3]。由此可以把军队、警察、法庭、监狱、政府机构和政党等以及以物理形态事物为载体的政治、法律制度或设施叫作思想的"物质附属物"。

这种"物质附属物"既然以物理形态事物的具体形式呈现出来,当然与纯意识形态相区别。但是,它毕竟是附属于社会意识的。因此,思想上层建筑的以精神形态事物为载体的价值体系比政治上层建筑的以物理形态事物为载体的价值体系更为根本;相对于政治上层建筑而言,思想上层建筑具有

---

[1] 《马克思恩格斯选集》第2卷,人民出版社1995年版,第32—33页。
[2] 本书编写组:《马克思主义哲学》,高等教育出版社、人民出版社2009年版,第171页。
[3] 《马克思恩格斯选集》第4卷,人民出版社1995年版,第253页。

优先地位。政治上层建筑和思想上层建筑就相互作用。政治上层建筑一经形成，就成为一种既定的对象和现实的力量。然而，不能由此否定思想上层建筑对于政治上层建筑的优先地位。

思想上层建筑的精神价值体系中总存在着起主导作用的精神价值，这些精神价值居中心或灵魂地位、对其他精神价值起主导作用。由这些精神价值所构成的体系就称为思想上层建筑中的核心价值体系。"核"原意为包裹着种子的硬壳，处于果实的中心，是果实的生命之所在，核毁了，生命也就毁了。"核"之所以成为"生命之所在"，意味着内蕴整个生物体的"基因"。核心是譬喻的说法。核心价值体系之所以成为思想上层建筑的"生命之所在"，就意味着内蕴了思想上层建筑的"基因"，思想上层建筑就是由此而生发出来的。

由于思想上层建筑的以精神形态事物为载体的价值体系比政治上层建筑的以物理形态事物为载体的价值体系更为根本，因此思想上层建筑中的核心价值体系也就成为整个上层建筑的价值体系中的核心价值体系。思想上层建筑中的核心价值体系就可以由此简称为核心价值体系。可以说，核心价值体系内蕴着整个上层建筑的"基因"，整个上层建筑就是由此而生发出来的。其他众多价值包括思想上层建筑中其他的以精神形态事物为载体的价值和政治上层建筑的以物理形态事物为载体的价值，都是围绕着这个核心价值体系的，都是由这个核心价值体系所决定的。当然，这主要是就逻辑进程而言的；在现实进程中，"核心价值体系的形成往往是对包括上层建筑在内的意识形态自觉'反思'的产物"。

我们说，核心价值体系是整个上层建筑的核心；然后，我们又说，国家是政治上层建筑的核心，那么，核心价值体系的"核心"与国家的"核心"之间是一种怎样的关系？这两个"核心"是两个不同层次的"核心"。核心价值体系是思想上层建筑的核心，思想上层建筑对于政治上层建筑具有优先地位，而国家仅仅是政治上层建筑的核心，顺理成章地，作为整个上层建筑核心的核心价值体系就比作为政治上层建筑核心的国家更为根本。然而，国家一旦形成，就成为控制社会的机构，决定着政治上层建筑的其他部分，并在很大程度上通过影响思想上层建筑而影响着作为思想上层建筑核心的核心价值体系。

二、核心价值观及其与价值观的异同

尽管根据马克思的"人体解剖对于猴体解剖是一把钥匙"①思想,我们可以从社会主义核心价值体系的角度来理解核心价值体系是人类历史中的一个重要现象;然而我们至今尚不能用明确的概念勾勒出以前某一社会的核心价值体系。在两千多年的中国封建社会中积淀了一套社会价值观念,例如"三纲五常"和"礼义廉耻""忠孝节悌"等。这些观念在演化过程中逐渐在实际上成为中国封建社会的核心价值观。法国大革命中颁发的《人权宣言》采用18世纪的启蒙学说和自然权论,宣布"自由、财产、安全和反抗压迫是天赋不可剥夺的人权"。美国在《独立宣言》中提到了"人人生而平等,造物主赋予他们若干不可让与的权利,其中包括生存权、自由权和追求幸福的权利"。后人逐渐把这些内容凝练为"民主、自由、人权"。这些观念实际上就成为资本主义社会的核心价值观。无论是封建社会的核心价值观还是资本主义社会的核心价值观,人们对它们都有较为清晰的认识,甚至可以说是家喻户晓。

怎样理解核心价值观?"核心价值观,其实就是一种德,既是个人的德,也是一种大德,就是国家的德、社会的德。国无德不兴,人无德不立。如果一个民族、一个国家没有共同的核心价值观,莫衷一是,行无依归,那这个民族、这个国家就无法前进。这样的情形,在我国历史上,在当今世界上,都屡见不鲜。"②

有学者就社会主义核心价值观问题的提炼指出,"凝练社会主义核心价值观,必须严格遵循价值观形成的一般规律"③;社会主义核心价值观"应该是社会主义核心价值体系的精神内核和根本原则",而"不应该是社会主义核心价值体系四个方面基本内容的完整反映和全面概括"④。习近平总书记则

---

① 《马克思恩格斯选集》第2卷,人民出版社1995年版,第23页。
② 习近平:《青年要自觉践行社会主义核心价值观》(2014年5月4日),《十八大以来重要文献选编》(中),中央文献出版社2016年版,第3页。
③ 虞崇胜:《凝炼社会主义核心价值观的六大原则》,《光明日报》2012年2月20日。
④ 柯缇祖:《社会主义核心价值观研究》,《红旗文稿》2012年第2期。

言简意赅指出:"人类社会发展的历史表明,对一个民族、一个国家来说,最持久、最深层的力量是全社会共同认同的核心价值观。"由此对理解核心价值观的启示是,核心价值观作为核心价值体系的"精神内核和根本原则",是核心价值体系的核心,具有现实性的核心价值观更集中地体现了具有现实性的核心价值体系的本质属性,从而能在社会生活中发生"最持久、最深层"的作用。

搞清楚核心价值观不同于与世界观、人生观相并列的价值观,是具体理解核心价值观的题中应有之义。面对着多方面领域的价值现象,融多重角色于一身的个体必然具有多方面领域的价值观念,于是就形成了个体的价值观念体系。这个个体的价值观念体系就是人们常常说的价值观。李德顺把价值观理解为"人们对基本价值的看法或对价值问题的基本看法"[①];孙伟平把作为"关于价值观的总观点、总看法"的价值观理解为"是人们的价值信念、信仰、理想、标准和具体价值取向的综合体系","它一旦形成,就成为人们的世界观、人生观的重要组成部分"[②]。这两种说法是一致的。价值观在众多价值观念的基础上形成,同时又必然通过众多价值观念具体地体现出来,并最终对个体的行为发生影响。价值观是人们对于价值问题的根本看法,人生观是人们对于人生问题的根本看法,世界观是人们对于世界的根本看法,以表示各自的侧重点有所不同。但是,"若回到实际生活领域,根据人们的现实的思想情况看,那么可以说这三者并不是三个东西,它们是直接地联系在一起的,是内在地相通的,甚至可以说三者在本质上是同一的,是一体多面的。"[③]

然而,与核心价值体系相联系的核心价值观的主体不是个体而是社会。作为从核心价值体系中提炼和概括出来的核心价值观,其主体与核心价值体系的主体是同一的。社会主体通过统治阶级的中介,成为核心价值体系的主体,从而也就成为核心价值观的主体。由此,我们不能把以社会为主体的核心价值观与以个体为主体的价值观混淆。

---

① 李德顺、马俊峰:《价值论原理》,陕西人民出版社2002年版,第468页。
② 孙伟平:《当代中国社会价值观调研报告》,中国社会科学出版社2013年版,第2页。
③ 李德顺、马俊峰:《价值论原理》,陕西人民出版社2002年版,第469页。

核心价值观与价值观不同，但两者又内在地联系在一起。从核心价值体系提炼和概括出来的核心价值观，总会通过社会生活中的各种价值关系对生活于其中的个体发生影响，于是个体价值观中的"一种群体资格会被激活"或"被调动起来"，从而发生"自我范畴化"的变动（泰费尔）；同时，个体在价值观指导下活动，总会对作为社会价值观念的核心价值观发生或者肯定或者否定的认同关系，从而使众多个体对核心价值观形成某种肯定或否定的共识，进而必然会对作为社会主体的核心价值体系和核心价值观发生影响。

三、核心价值体系与核心价值观的关系

如何理解核心价值体系与核心价值观之间的关系？我们可以从哲学基本问题和社会历史观基本问题两个方面入手分析。

"从核心价值体系中提炼和概括核心价值观"，实际上就是从哲学基本问题的认识论视域中分析核心价值体系与核心价值观之间的关系。有某种程度上的价值，是核心价值体系对社会主体而言的。在物质与意识范畴视域中，核心价值体系属于物质范畴，而核心价值观属于意识范畴。核心价值观与核心价值体系之间的关系是意识与物质之间的关系。

我们是否可以把核心价值观也理解为物质范畴呢？核心价值观是核心价值体系的提炼和概括，从认识论的角度看，核心价值观与核心价值体系相对立是意识的范畴。这是核心价值观在"非常有限的范围内"所具有的"绝对的意义"[①]。

意识是对物质的反映，价值意识就是对价值形态世界的反映。关于核心价值体系的价值意识在主体意识中不断地反复，即经过"提炼和概括"的过程，就会以"逻辑的式"[②]的形式在主体意识中积淀为核心价值观。核心价值观以"逻辑的式"的形式体现出来，这就意味着与核心价值体系相比较，在"内容上更为抽象，在形态上更为稳定，在结构上更为坚固"。

由于没有意识到在哲学基本问题中精神价值属于物质范畴，没有意识到

---

① 《列宁选集》第2卷，人民出版社1995年版，第108页。
② 《列宁全集》第55卷，人民出版社1990年版，第186页。

作为对核心价值体系反映即经过"提炼和概括"的核心价值观与核心价值体系在哲学基本问题中分别属于两个不同的范畴，在社会主义核心价值体系研究的前几年中，有些学者把核心价值体系与核心价值观混淆起来。在社会主义核心价值体系研究的后几年中，把社会主义核心价值体系与社会主义核心价值观区分开来，对此，大家已经获得了共识。从哲学基本问题的角度，把核心价值观和核心价值体系分别归之于意识范畴和物质范畴，由此来理解它们之间的区别和联系，是有意义的。

在社会历史观基本问题的视域中，核心价值体系与核心价值观都属于社会意识范畴（注意不是都属于意识范畴），而不属于社会存在范畴，这是理解核心价值体系与核心价值观之间关系的又一个基本要点。

核心价值观和核心价值体系是社会意识的反映，不存在认识的先后问题。核心价值体系属于物质范畴，是思想上层建筑的"核心"，乃至整个上层建筑的"核心"，是其两者在"基因"上的表达；核心价值观是从核心价值体系中提炼和概括的，因此核心价值观是核心价值体系的"核心"，是核心价值体系"基因"的表达和延续。从历史的角度来理解，首先提出社会主义核心价值体系，在研究中认识到"核心""观念"的提炼，形成了社会主义核心价值观；从逻辑的角度来理解，价值观是价值体系的"核心"，社会主义核心价值体系又是从社会主义核心价值观中生发出来的，是社会主义核心价值观的具体展开。

在历史领域，不同的社会制度下，例如封建社会的核心价值观"三纲五常"，资本主义社会的核心价值观"民主、自由、人权"等，都是相应的社会制度基础上得以生发的"核心"，而作为核心价值观具体展开的核心价值体系的边界则较为模糊，往往与意识形态中的其他许多具体形式混杂在一起。这样的分析正体现了"经验的观察在任何情况下都应当根据经验来揭示社会结构和政治结构同生产的关系"所揭示的方法论原则，否则就会"带有任何神秘和思辨的色彩"[①]。

有些学者之所以把核心价值观与核心价值体系混淆，就在于他们只看到

---

① 《马克思恩格斯选集》第1卷，人民出版社1995年版，第71页。

了核心价值观与核心价值体系作为社会意识范畴同时存在于社会意识之中，而没有意识到作为对核心价值体系反映的核心价值观与核心价值体系在哲学基本问题中分属于两个不同的范畴。其实，一边要从哲学基本问题的视域来理解核心价值观与核心价值体系之间的关系，一边要从社会历史观基本问题的视域来理解核心价值观与核心价值体系之间的关系，这样就能对两者的关系予以具体地理解。具体地理解了核心价值观与核心价值体系之间的关系，也就能具体地理解我们在这里所研究的核心价值体系。

四、核心价值体系对社会主流价值观念形成的意义

核心价值体系就是一个社会的主导价值观念，但社会主导价值观念不能等同于社会主流价值观念。"核心价值观是一个民族赖以维系的精神纽带，是一个国家共同的思想道德基础。如果没有共同的核心价值观，一个民族、一个国家就会魂无定所、行无依归。"[①]

纵观历史，在一个成熟的社会形态中，总是既存在着众多社会价值观念，又存在着一个凸显于众多社会价值观念之中的社会主流价值观念。何谓社会主流价值观念？就是一个社会价值观念为社会中大多数民众或群体所不同程度地认同，从而就成为众多社会价值观念中的主流，其他社会价值观念就成为与之相对应的支流。社会主导价值观念是指一个社会的统治阶级通过思想上层建筑和政治上层建筑所倡导的，从而在意识形态中起主导作用的价值观念。社会主导价值观念可以在社会主流价值观念中凸显，社会主导价值观念完全转化为社会主流价值观念在历史上一般不大可能；社会主流价值观念也可能完全不体现社会主导价值观念。

一个社会价值观念能够在众多社会价值观念中凸显成为社会主流价值观念，一般说来，社会主流价值观念应该具有两个品格：第一，社会主流价值观念需要赢得社会中大多数人的认同。黑格尔认为：作为个体的人们"都把本身利益作为自己的目的"，而这种个体目的的特殊性"正随着它自为地发

[①] 习近平：《在问题工作座谈会上的讲话》（2014年10月15日），《十八大以来重要文献选编》（中），中央文献出版社2016年版，第133页。

展为整体而推移到普遍性"①。社会主流价值观念的基础的要符合大多数人普遍性的需要并赢得认同。第二，社会主流价值观念需要体现人文精神的时代特征。人文精神作为价值形态世界中人的存在或活动的精神，体现着对"人的类特性"生命过程的理解，其实质就是对于自由的追求。人文精神的时代特征是"一面公开树立起来的旗帜"②，正是在表征其时代特征中体现着具体时代的价值诉求。唯其如此，这个社会价值观念才能表征社会发展在特定时代的价值目标，否则就不具有作为社会主流价值观念的资格。社会主流价值观念所具有的这两个品格是内在地联系在一起的。一个时代中大多数人的利益作为时代的价值诉求，总是时代精神的重要内容；而人文精神的时代特征总表征着具体历史中社会发展的价值目标，社会发展的价值目标总是与该时代大多数人的利益和价值诉求密切地联系在一起。

社会的统治阶级总是自觉地"调节着自己时代的思想的生产和分配"，以体现出意识形态"解决社会冲突的努力"③。统治阶级自觉建构核心价值体系的一个重要任务，就是要以符合自己利益的方式对社会主流价值观念的形成施以影响，以使之引领社会其他价值观念，从而使社会多元价值观念呈现出有序状态，由此创造自己统治社会的社会意识环境并得以存在和发展。

与一般社会价值观念以自发的形式在相互作用中对社会主流价值观念的形成发生着影响不同，自觉建构起来的核心价值观以社会主导价值观念的方式通过上层建筑的力量，在众多社会价值观念相互作用中总是以自觉的并且强有力的方式对社会主流价值观念的形成发生影响。

核心价值体系通过思想上层建筑中相关机构以宣传的方式使社会民众能理解核心价值体系的内容与大多数社会成员利益的一致性和能体现人文精神的时代特征，从而使民众能够对核心价值体系予以认同和形成共识，并逐渐在认同和共识中积淀为信仰。这就决定了上层建筑中"层层相叠的组织或机

---

① 〔德〕黑格尔：《法哲学原理》，范扬、张企泰译，商务印书馆1982年版，第201页。
② 《马克思恩格斯选集》第3卷，人民出版社1995年版，第325页。
③ 《马克思恩格斯选集》第1卷，人民出版社1995年版，第99页。

构应该具有阐述和宣传权威评价活动及其结论的意义的职责"①。核心价值体系还通过思想上层建筑以文化精髓的形式指导文化的生产，从而对社会主流价值观念的形成发生影响。

核心价值体系通过政治上层建筑以政府等权威机构的组织措施形式对社会主流价值观念的形成发生影响。例如通过激励机制，尤其是其中的赏罚机制，鼓励符合核心价值体系规范的民众行为，惩罚违背核心价值体系规范的民众行为，从而使民众在认同或屈从中确立对核心价值观的权威性。这就决定了上层建筑中"层层相叠的组织或机构应该具有激励机制，尤其是其中的赏罚机制"②。核心价值观的权威性通过不断反复同样会对民众确立核心价值体系的认同、共识乃至信仰发生作用。

然而，核心价值体系对社会主流价值观念的形成所发生的比一般其他社会价值观念大得多的影响的根据，不是思想上层建筑和政治上层建筑层层相叠的组织或机构及其运作本身，而是统治阶级自觉建构的核心价值体系所具有的是"现实"的而不是"现存"的属性。

核心价值体系必须具有现实性。一个社会的统治阶级之所以能够在一定时期内成为"现实"的而不是"现存"的，就是因为在一定历史时期"真正是社会的头脑和社会的心脏"③，其根据就在于总在一定程度上自觉或不自觉地感受着由社会基本矛盾运动所体现出现来的大多数人的利益和体现着人文精神的时代特征。对于统治阶级自觉建构的核心价值体系也是如此，能够在一定时期内成为"现实"的而不是"现存"的核心价值体系。核心价值观本身必须具有赢得大多数社会成员的认同和体现人文精神时代特征两个品格。

值得一提的是，尽管核心价值体系具有两个品格，社会主流价值观念也具有两个品格，而且作为社会主导价值观念的核心价值体系可能而且应该在社会主流价值观念的形成中起主要作用，但不能把核心价值体系与社会主流价值观念简单地等同。核心价值体系要比社会主流价值观念在内容上精粹得多和深刻得多，而社会主流价值观念要比核心价值体系在内容上宽泛得多和

---

① 陈新汉：《权威评价论》，上海人民出版社2006年版，第311页。
② 陈新汉：《权威评价论》，上海人民出版社2006年版，第311页。
③ 《马克思恩格斯选集》第1卷，人民出版社1995年版，第13页。

丰富得多；核心价值体系在形式上要比社会主流价值观念更具有自觉性，而社会主流价值观念在形式上要比核心价值体系更具有自发性，两者之间总体现着由引导和被引导关系所存在着的一定距离。社会统治阶级的努力应该是把核心价值体系凸显于社会主流价值观念中，而不是用核心价值体系来替代社会主流价值观念。

五、社会主义核心价值体系的自觉是意识形态反思的必然

核心价值体系的自觉总是与意识形态的党性原则联系在一起。马克思说："如果从观念上来考察，那么一定的意识形式的解体足以使整个时代覆灭。"[1]稳定和发展是人类社会的追求，如果没有这个共同的认识前提，国家、民族会面临分裂、解体。"统治阶级的思想在每一个时代都是占统治地位的思想"，意识形态于是就成为"社会上占统治地位的精神力量"[2]。

对于意识形态所指向的党性原则，马克思说过两个很重要的命题：

其一，意识形态是"有普遍意义的思想"[3]。这里的"普遍意义"首先是指思想形式的普遍性。这就是，意识形态就是"法律的、政治的、宗教的、艺术的或哲学的"[4]等意识形式。意识形式作为"物质生活过程的必然升华物"[5]，是由概念组成的逻辑体系，因而具有抽象性，从而也就具有普遍性。其次是指思想体系具有"普遍性的意义"[6]。这就是统治阶级"为了达到自己的目的而不得不把自己的利益说成是社会全体成员的共同利益"[7]，即在形式上不具有阶级性的思想体系。"普遍性的意义"通过"普遍性的形式"体现出来，意识形态由此就具有理论的说服力，就能对现存制度起到辩护功能。

其二，意识形态是"精神的太阳"[8]。意识形态是以"反射和回声"[9]的能

---

[1] 《马克思恩格斯全集》第30卷，人民出版社1995年版，第539页。
[2] 《马克思恩格斯全集》第3卷，人民出版社1960年版，第52页。
[3] 《马克思恩格斯全集》第3卷，人民出版社1960年版，第54页。
[4] 《马克思恩格斯选集》第2卷，人民出版社1995年版，第33页。
[5] 《马克思恩格斯全集》第3卷，人民出版社1960年版，第30页。
[6] 《马克思恩格斯全集》第3卷，人民出版社1960年版，第54页。
[7] 《马克思恩格斯全集》第3卷，人民出版社1960年版，第54页。
[8] 《马克思恩格斯全集》第1卷，人民出版社1995年版，第111页。
[9] 《马克思恩格斯全集》第3卷，人民出版社1960年版，第30页。

动形式体现出来的对社会存在的反映，由此必然转化为对社会存在的能动作用，即体现着克服社会存在矛盾的努力。由此就可以理解马克思说的：这就是"人们借以意识到这个冲突并力求把它克服的那些法律的、政治的、宗教的、艺术的或哲学的，简言之，意识形态的形式"①。于是，意识形态就不仅具有规范作用，使社会意识领域带上"官方的色彩"②，从而就能引领多元化的社会思潮；而且更是成为"现实本身应当力求趋向思想"③，从而为现实的展开提供目标，为社会的发展提供理想。

意识形态的党性原则决定了统治阶级总要进行意识形态的反思。黑格尔说："反思以思想的本身为内容，力求思想自觉其为思想。"④这就是通过意识形态的反思，从党性原则的高度，把作为意识形态本质体现的核心价值体系提炼出来，由此形成关于核心价值体系的自觉意识，从而就能使意识形态更自觉地体现"力求克服"社会冲突的努力和促进社会发展的作用。人类创造历史的能动性的重要标志是自觉地形成统一的核心价值观。在对意识形态的反思过程中，占统治地位的社会群体总是十分自觉地研究和倡导作为意识形态本质体现的核心价值观。

20世纪80年代初，"价值观念"引起我国理论界研究。1980年《学术月刊》发表了《马克思主义论事实的认识和价值的认识及其联系》，文章从研究实践检验机制着手，把价值判断的问题提了出来。1982年9月，《光明日报》发表了《略论真理观和价值观的统一》，把价值观念理解为对价值反映的积淀。此后，对于价值观念的研究就成为学界的一个热点。专门研究价值观念的学术会议相继举办。一批专门研究价值观念的著作问世。随着理论研究的深入，关于社会转型期间价值观念的一系列社会调查被国家有关部门资助或主持。关于价值观念的理论研究和社会调查为社会主义核心价值观的确立提供了理论和实证材料的基础。党的十一届四中全会以党在新的历史时期的奋斗目标的形式初步提出了社会主义核心价值体系的内容，即建设"现代

---

① 《马克思恩格斯选集》第2卷，人民出版社1995年版，第33页。
② 《马克思恩格斯全集》第1卷，人民出版社1995年版，第111页。
③ 《马克思恩格斯选集》第1卷，人民出版社1995年版，第11页。
④ 黑格尔：《小逻辑》，贺麟译，商务印书馆1980年版，第39页。

化的、高度民主的、高度文明的社会主义强国"。党的十二届六中全会通过《关于社会主义精神文明建设指导方针的决议》，把社会主义核心价值体系与马克思主义信念和中国特色社会主义理想联系起来，与"爱祖国、爱人民、爱劳动、爱科学、爱社会主义"等道德观念联系起来。党的十四届六中全会通过的《关于加强社会主义精神文明建设若干重要问题的决议》，提出了社会主义精神文明建设总的指导思想与要求，指出要"坚持爱国主义、集体主义、社会主义教育，加强社会公德、职业道德、家庭美德建设，引导人们树立建设有中国特色社会主义的共同理想和正确的世界观、人生观和价值观"。21世纪以来，社会主义核心价值观的内容在传承中进一步发展。2001年9月，中共中央颁发了《公民道德建设实施纲要》。它以人的生存、尊严、全面发展为价值尺度，明确提出了核心价值体系中的基本规范。2002年11月，党的十六大报告对"以爱国主义为核心的团结统一、爱好和平、勤劳勇敢、自强不息的伟大民族精神"，"以改革创新为核心的解放思想、求真务实、锐意改革、开拓创新的鲜明时代精神"作出系统论述，把握了社会主义核心价值体系的精髓。党的十六届六中全会正式提出了"建设社会主义核心价值体系"的命题，并从"马克思主义指导思想，中国特色社会主义共同理想，以爱国主义为核心的民族精神和以改革创新为核心的时代精神，社会主义荣辱观"等方面规定其基本内容。党的十七大则向全党提出了"建设社会主义核心价值体系，增强社会主义意识形态的吸引力和凝聚力"的伟大号召。党的十九大报告提出"发挥社会主义核心价值观对国民教育、精神文明创建、精神文化产品创作生产传播的引领作用，把社会主义核心价值观融入社会发展各方面，转化为人们的情感认同和行为习惯"。

关于社会主义核心价值观的提炼和概括问题，党的十八大召开前，我国学者在社会主义核心价值体系研究领域中开展相关研究。为此，由《光明日报》理论部、《学术月刊》编辑部和《中国人民大学书报资料中心》联合评选出的"2011年度中国十大学术热点"，就把"社会主义核心价值观的凝练"作为学术热点之首[①]。有学者指出，社会主义核心价值体系建设必须从"体系

---

① 《2011年度中国十大学术热点》，《光明日报》2012年1月10日。

的研究"转入"观念的提炼",这是因为"观念的提炼""有利于提高社会主义核心价值体系在中国的感召力和影响力","有利于占领思想文化的道德制高点,掌握话语制造权和舆论主导权","有利于增强社会主义核心价值体系内在统一性,增强马克思主义和社会主义意识形态的吸引力和凝聚力"[①]。中国社会科学院主办的《中国社会科学网》编辑部在《社会主义核心价值观概述语征文启事》中,把从社会主义核心价值体系中提炼和概括出社会主义核心价值观理解为"是加强社会主义核心价值体系建设必须解决的重大课题",并把提炼和概括理解为"应该用几个关键词来表达,凝练、深邃、整齐、简洁、易懂、易记、易传播、易践行"[②]。对于社会主义核心价值观的提炼由此就成为社会主义核心价值体系研究的题中应有之义和逻辑展开。

党的十八大报告在"加强社会主义核心价值体系建设"的任务中指出了"三个倡导"的社会主义核心价值观,即"倡导富强、民主、文明、和谐,倡导自由、平等、公正、法治,倡导爱国、敬业、诚信、友善,积极培育社会主义核心价值观"[③]。习近平总书记指出:"三个倡导"是"经过反复征求意见,综合各方面认识"[④]而概括出来的。因此,"'三个倡导'是迄今为止的较佳概括,也比较好记"[⑤]。"提出'三个倡导',提出积极培育和践行社会主义核心价值观,可以说,这是党的十八大关于文化建设和社会主义核心价值体系建设的一个突出亮点和点睛之笔",是"社会主义核心价值体系建设的一个重大推进","是社会主义核心价值体系建设的一个重大突破","是社会主义核心价值体系建设的一个重大部署"[⑥]。

党在社会转型时期对意识形态进行反思,以社会主义核心价值体系的形

[①] 韩震:《社会主义核心价值观凝练研究》,北京师范大学出版社2012年版,第50、47、48页。
[②] 《社会主义核心价值观概述语征文启事》,《中国社会科学网》2012年2月15日。
[③] 胡锦涛:《坚定不移沿着中国特色社会主义道路前进 为全面建成小康社会而奋斗——在中国共产党第十八次全国代表大会上的报告》,人民出版社2012年版,第31—32页。
[④] 习近平:《青年要自觉践行社会主义核心价值观》,《习近平谈治国理政》,外文出版社2014年版,第168页。
[⑤] 张耀灿:《关于社会主义核心价值观凝练问题的思考》,《重庆工商大学学报》2013年第6期。
[⑥] 本刊记者:《积极培育和践行社会主义核心价值观的若干问题——访中宣部思想政治工作研究所副所长戴木材研究员》,《思想教育研究》2013年第2期。

成为标志。党的十九大再次强调"坚持社会主义核心价值体系",强调"坚持马克思主义,树立共产主义远大理想和中国特色社会主义共同理想,培育和践行社会主义核心观,不断增强意识形态领域主导权和话语权"等,以"为人民提供精神指引"[①]。作为执政党,中国共产党在社会转型时期意识形态自觉的重要标志就是对社会主义核心价值观的自觉。社会主义核心价值体系作为社会主义意识形态的本质体现,必然得到社会主义国家机器等上层建筑的支持和保护。"我国正处在大发展大变革大调整时期,国际国内形势的深刻变化使我国意识形态领域面临着空前复杂的情况,各种思想文化相互激荡,不同文明交流交融交锋更加频繁,进一步凸显了思想文化力量在综合国力竞争中的战略地位。"[②]

第三节 社会主义核心价值体系与国民融合的认同、共识机制

社会主义核心价值体系与国民融合的机制问题迫切需要研究,认同是其中的微观机制,共识是其中的宏观机制。认同既是自我认同,也是社会认同;个体在认同中向内"让社会成为自我的一部分",向外"让自我成为社会的一部分";在认同中必须遵循自愿和利益原则。不能把共识与差异对立起来,核心价值体系的共识是在社会价值观念的多元竞争和理性对话中共享与互利的协调和体现。罗尔斯的"重叠共识"思想对于我们理解以差异为基础的共识具有重要的启示意义。核心价值体系的确立是认同与共识相互转化的结果。对社会主义核心价值观的认同与共识是社会主体的意志表达。

一、社会主义核心价值体系与国民融合的认同机制

精神分析理论中的核心概念"认同","指的是主体同化、吸收其他人或

---

① 习近平:《决胜全面建成小康社会 夺取新时代中国特色社会主义伟大胜利》,人民出版社2017年版,第22页。
② 习近平:《在十八届中央政治局第十三次集体学习时的讲话》(2014年2月24日)。

事，以构建自身人格的过程"；"用来表示主体性、归属感"，是"维系人格与社会及文化之间互动的内在力量，从而是维系人格统一性和一贯性的内在力量"[①]。在前现代社会中，个体性并不凸显，当作为个体的人面临着应该把自己当作一个独立整体而加以检验时，他自身的特性就成为他自己必须要予以明白的一个问题，这就需要主体认同。因此在现代社会中，"'identity'就像原罪一样，不论怎样反对它"[②]，我们必须遭遇从而必须面对它。在当今社会，认同（identity）及由此而产生的认同危机（crisis of identity）已成为人们广泛使用的词汇。尽管不同的学者对认同有不同的理解，但"有一个中心主题是彼此吻合的，这就是'identity'的意思是一个人或一个群体的自我认识，它是自我意识的产物：我或我们有什么特别的素质而使我不同于你，或我们不同于他们"[③]。

"如果我执着探求我的认同，认真地询问'我是谁'，那么，就只能在这里寻找答案：现代认同的起点就是内在自我的起点。"[④]从这个意义上说，认同就是自我认同。广义地理解，"我是谁"包括两个方面的内容：一是作为主体的"我"关于作为客体的"我"的知识性意识，这种意识与"我是什么"相联系；二是作为主体的"我"关于作为客体的"我"的价值性意识，这种意识与"我具有何种意义"相联系。对后一问题的反思决定了"我"是否需要生存在这个世界上，是否需要在这个世界上为自己的生活而努力，与前一问题相比较，对"我"的意义更大[⑤]。狭义地理解，认同就是对作为人生价值的"我具有什么意义"的肯定性理解。

现实主体必然是与主体相联系的一切价值关系的纽结。体现着人生价值的价值意识即"我具有什么意义"必然扎根于社会关系中，从而角色认同在

---

① 沙莲香：《社会心理学》（第2版），中国人民大学出版社2006年版，第101—102页。
② 〔美〕塞缪尔·亨廷顿：《我们是谁？美国国家特征面临的挑战》，程克雄译，新华出版社2005年版，第20页。
③ 〔美〕塞缪尔·亨廷顿：《我们是谁？美国国家特征面临的挑战》，程克雄译，新华出版社2005年版，第20页。
④ 〔加〕查尔斯·泰勒：《现代认同：在自我中找寻人的本性》，陶庆译，《求是学刊》2005年第5期。
⑤ 陈新汉：《自我评价论》，上海人民出版社2011年版，第139页。

个体安身立命之"根"中就具有重要意义①。这个重要意义归根到底与角色认同中所内蕴的对所属群体的价值观念认同联结在一起。这是因为"我具有什么意义"的人生价值意识需要在角色所内蕴的所属群体的价值观念即"个体发展的整体安全体系的关系中得到理解",从而使"焦虑"的灵魂获得安顿②。因此,通过角色或身份认同,认同总与所属群体价值观念或特定社会价值观念、特定社会核心价值体系的认同联结在一起。正是从这个意义上,"认同"与"社会认同"等同。

一个完整的个体认同活动包括内化和外化两个环节。在内化环节中,"让社会成为自我的一部分,或者成为分享关系的一部分";在外化环节中,"让个体成为某社团的一员"③。需要强调的是,这两个方面是同一个过程,没有先后之分。"个体在社会中通过与别人的差别确立和认证自身"④的同时,将群体或社会的信仰和情感等因素"构成了他们自身明确的生活体系",从而"将自我视为一个群体的一部分"⑤,由此实现了人们所说的对于社会价值观念的认同。正是在这个意义上,我们就可以理解认同"是一项'自我的延伸',这是认同核心"⑥。

这种"自我的延伸"就本质而言,总是体现着个体的作为"社会成员与社会的同一性关系下的利益、需要的直接或间接的内在关联"⑦。作为价值关系纽结的个体,生活于价值形态世界中,个体价值观念由价值意识积淀而形成。生活于社会中的个体,其价值观念必然会与生活于其中的某一社会价值观念发生"利益、需要的直接或间接的内在关联",使个体在"产生我群体、他群体分类"时,对我群体"引起积极的、相应的认同与后续的心理和行

---

① 陈新汉:《自我评价论》,上海人民出版社2011年版,第141页。
② 〔英〕安东尼·吉登斯:《现代性与自我认同》,赵旭东、方文译,生活·读书·新知三联书店1998年版,第48页。
③ 沙莲香:《社会心理学》,中国人民大学出版社2006年版,第123页。
④ Jenkins R, *Social Identity*, London, Routledge, 1996, pp.3-4.
⑤ David L. Sills Editor, *International Encyclopedia of the Social Sciences*, Volume 15, CrowellCollier and Mcmill, p.250.
⑥ David L. Sills Editor, *International Encyclopedia of the Social Sciences*, Volume 15, CrowellCollier and Mcmill, p.250.
⑦ 俞可平:《社群主义》,中国社会科学出版社1998年版,第58页。

为"，对他群体则产生相反的认同态度与后续的心理和行为[①]。值得指出的是，与特定社会价值观念形成"直接或间接的内在关系"的方向不是向外的，而是向内的，是用"与"这个连词把作为个体的主体内与主体外联结起来的，从而在"自我延伸中形成"内在关联；否则，就不能在作为个体的主体内"确立和认证自身"。

个体在认同的两个方向的延伸中必须遵循自愿原则和利益原则。第一，自愿原则。恩格斯说，"我们不知道有任何一种力量能够强制处在健康清醒状态的每一个人接受某种思想"[②]。如果社会价值观念中的"文化、价值观、信仰、情感"不能与个体价值观念发生契合并引起共鸣，那么即使运用外在的强制力量，个体的认同仍然不能发生。第二，利益原则。既然认同的"自我延伸"在本质上总体现着个体的作为"社会成员与社会的同一性关系下的利益、需要的直接或间接的内在关联"，那么对于某一社会价值观念的认同就必须与个体的利益联系在一起。马克思说："把人和社会连接起来的唯一纽带是天然必然性，是需要和私人利益。"[③]一旦个体在认同中意识到某一社会价值观念对于自身所具有的利益，那么个体就会在认同的两个环节中对该社会价值观念"存感激之情"，于是利益意识就转化为自愿意识。

在当前关于如何将社会主义核心价值体系与国民相结合的研究中，一定要牢牢记住："'思想'一旦离开了'利益'，就一定会使自己出丑"，"这种利益是如此强大有力以至战胜了马拉的笔、恐怖主义的断头台、拿破仑的剑以及钉在十字架上的耶稣受难像和波旁王朝的纯血统"[④]。因此，必须使认同个体在实际上而不是在口头上感受到核心价值观与自己之间的利害关系；当然这并不意味着不需要明理，而是同时必须使认同个体在理论上理解到核心价值体系与自己利益的内在联系，由此个体就不会感到在外在强制下为了他人而不得不"认同"，而是自觉自愿地认同。正是在这种自觉自愿中，个体在

[①] 此段内容可参见 Tajfel H, Social psychology of inter-group relations, *Annual Review of Psychology*, Volume 3, 1982.
[②] 《马克思恩格斯选集》第3卷，人民出版社1995年版，第426—427页。
[③] 《马克思恩格斯全集》第2卷，人民出版社1957年版，第145页。
[④] 《马克思恩格斯文集》第1卷，人民出版社2009年版，第286页。

关于社会价值观念的"自我延伸"中"确立和认证自身",于是信仰的情感也就在其中了。

二、社会主义核心价值体系与国民融合的共识机制

在核心价值体系与国民的结合中,共识是又一个环节。从价值论的角度来理解,共识就是指:"不同价值主体之间通过相互沟通而就某种价值或某类价值及其合理性达到一致意见。"① 人类在创造自己的历史中,价值的多元和一元永远不可分割地联系在一起,从而在价值创造的过程中,关于社会价值观念之间的差异不仅不断地形成,在追求价值一致的基础上,关于社会价值观念之间的共识同时也不断地形成。

在当前的社会转型时期,"以人的依赖关系"为主要特征的社会形态与"以物的依赖性为基础"②的社会形态交织在一起,多元社会价值观念之间的冲突日益尖锐。寻求多元社会价值观念之间的共识,从而构建共同追求的信仰,就成为处于社会转型时期的当务之急,因此尤其需要研究和提炼"异中之同"的问题。这种对于"异中之同"问题的研究和提炼就必然与一个社会的核心价值观的研究和提炼联系在一起。

在当代社会中,人们所处的社会地位必然使每个人自觉或不自觉地从各自独特的角度来进行评价活动,人们关于社会价值观念的不同态度是由个体认同的差异所带来,形成了社会价值观念共识的丰富资源。正是在此意义上,对社会价值观念"差异"的肯定,构成了关于社会价值观念共识的理论基础。虽然从表面看来,社会价值观念的"差异"形成了"共识"形成过程中的困难和紧张,但"差异"绝不意味着只是对抗和冲突,它更多地蕴含着一种思想张力。不同社会价值观念之间的多元性竞争和理性对话,就能够使不同主体在理解对方或他者的社会价值观念立场中扩展自己的理解、丰富自己的内容,从而可以寻找到某种相互共享的价值理念。因此,内含差异的共识是共享与互利关系的协调和体现。以上的分析对于社会价值观念的共

---

① 汪信砚:《普世价值·价值认同·价值共识——当前我国价值论研究的三个重要概念辨析》,《学术研究》2009年第11期。
② 《马克思恩格斯全集》第46卷(上),人民出版社1979年版,第104页。

识来说是如此，对于核心价值体系的共识来说同样是如此，关于核心价值体系的共识是在社会价值观念的多元竞争和理性对话中共享与互利的协调和体现。

著名西方政治哲学家罗尔斯的"重叠共识"思想对于我们理解以差异为基础的社会价值观念的共识具有重要的启示意义。在1971年出版的《正义论》中，罗尔斯把之前十几年来发表的论文中所表达的思想"发展成为一个严密的条理一贯的体系"——"有关社会基本结构的正义理论"[①]。这本书尽管使他名声大振，然而他通过对此书内容的长期反思，仍然勇敢地指出："在《正义论》中我所使用的公平正义之秩序良好社会的理念是不现实的。"[②] 他认为，现代民主社会存在着一个不容置疑的事实，这就是：社会中存在着很多种不相容却合理的各类综合学说，"这些学说是公民们所认肯的，也是政治自由主义必须予以关注的"，"它们部分是自由制度框架内自由实践理性作用的结果"[③]，尽管其中没有一个学说是公民普遍认可的。这是何以可能的？1993年出版的《政治自由主义》表明了罗尔斯对探寻解决这个问题的思索。对此，他用"重叠共识"命题来概括之："社会统一的本性是通过一种稳定的诸合乎理性的完备性学说之重叠共识所给定的"，由此就能达到"多元条件下的有正当理由的稳定"[④]。为了保证社会的统一与稳定，必须在各种不同学说之间寻求相互间"重叠"的共识面，使各种合乎理性的完备性学说能就此达成一致，即形成"重叠共识"。

罗尔斯的"重叠共识"有助于理解社会转型中的共识，特别是如何形成对于社会主义核心价值体系的共识，具有很多值得深思的启示。

第一，社会价值观念的主体必须与大多数人相联系才能形成"共识"。在社会转型时期，要使社会价值观念成为共识，必须迎合利益多元化、社会分层化，体现大多数人的利益。这要求社会主义核心价值观必须提高自觉性

[①]〔美〕罗尔斯：《正义论》，何怀宏、何包钢、廖申白译，中国社会科学出版社1988年版，《译者前言》，第2页。
[②]〔美〕罗尔斯：《政治自由主义》，万俊人译，学林出版社2000年版，第4页。
[③]〔美〕罗尔斯：《政治自由主义》，万俊人译，学林出版社2000年版，第38页。
[④]〔美〕罗尔斯：《政治自由主义》，万俊人译，学林出版社2000年版，第45页。

意识并拓展其主体基础，使大多数人成为主体。

第二，人文精神促使社会价值观念成为"共识"，与"公平正义"联系在一起。社会主义核心价值观要得到大多数人"共识"，就必须与时俱进地体现人文精神的时代特征和具体地体现公平正义的时代特征，以体现大多数人的利益追求，在社会主流价值观念中凸显出来。

第三，社会价值观念成为"共识"的方法必须与"公共理性"运作相联系。罗尔斯把"公共理性"与"一种完备性学说"的强行推行相对立，与"国家权力的制裁"相对立，而与"对社会带来的普遍好感"即与对社会带来普遍利益相联系、与"超出自己观点的狭小圈子"而"进入政治讨论的公共论坛"相联系。社会主义核心价值观要获得人们的普遍认同，从而在通过多元社会价值观念相互作用而形成的社会主流价值观念中凸显出来，就必须通过"公共论坛"的讨论，在讨论中"超出自己观点的狭小圈子并发展各种他们可以依此面对更广阔的公共世界来解释和正当化其所偏好的政策"，从而使大多数人在"公共论坛"的讨论中心悦诚服地形成"共识"。

三、社会主义核心价值体系与国民融合中认同与共识的相互转化

其一，共识是在认同的相互作用中形成的。

在核心价值体系与国民的融合中蕴含着一个前提，即共识先于认同，这是因为认同内容是社会主义核心价值体系；而核心价值体系，如前所述，只要是"现实"的而不是"现存"的，总是国家权威评价和社会民众评价活动相互作用所形成的共识，并由国家权威评价活动通过意识形态具体地表达出来。然而，就核心价值体系与国民融合的一个具体过程而言，个体对社会价值观念形成认同，众多个体认同在相互作用中形成共识。因而在逻辑上认同先于共识。

对于社会价值观念的认同作为个体自我认识活动，决定了"内省"是其独特的方式。然而，"内省"并不意味着就是"私人"的。杜威举例说，牙痛是通过内省得到的，"但是这并不是说，你知道你所有的那种状态是一种牙痛和别人知道这是牙痛这两者之间有任何的差别"；他由此予以推广："对

于个体的享受和痛苦这些纯属内省式的体验,可以接受经验观察。"①"牙痛"这个词能够在人们的交流使用中存在,正说明了作为内省的"牙痛"通过外现,可以为人们所理解和把握。这对于个体的认同同样是如此,个体对于社会价值观念的认同活动总要通过个体的种种行为体现出来,否则认同就没有必要进行,从而也就没有必要发生和存在。为此,柏克明确指出,"认同是一种行动"②。

人是社会的动物,这意味着人不仅不能离开社会的物质生活,而且不能离开社会的精神生活。社会价值观念是社会精神生活的重要组成部分。个体不是与这种社会价值观念发生认同关系,就是与那种社会价值观念发生认同关系。基本的社会价值观念总会存在在任何一个成熟的社会中,它们像"精神的太阳"那样,生活在社会中的人们被照耀着,所不同的只不过是在有些人身上照耀得多一些,而在另一些人身上则照耀得少一些而已。对一些基本社会价值观念的认同情况决定着社会成员能否过上一种正常的社会生活。这就决定了对于社会价值观念的个体认同状况就必然会在个体之间发生作用,从而相互影响。就群体而言,众多个体认同状况之间的相互影响,某种共识的形成必然会在群体层面出现;就社会而言,众多个体认同状况之间的相互影响,某种共识形成必然会在社会层面出现。传播学家从信息传播的角度来阐述众多个体认同相互作用中共识的形成。埃利斯·劳纳·伍曼概括出传播的一条原理就是:"交流者总要将相互作用融入有意义的模式之中。"③ 罗杰斯指出,信息在传播的过程中"相互作用是重要的,因为与其说信息传播是信息简单地从一个人传到另一个人,还不如说是授受关系的产物",通过传播,"意义逐渐趋向一致,即意义并合","新思想的产生,正是意义并合过程的产物"④。共识是一个不断地建构和解构的过程。在社会转型时期,尤其要注意关于社会主义价值观念共识的动态性。

---

① 〔美〕杜威:《评价理论》,冯平等译,上海译文出版社2007年版,第67页。
② Peter J Burke, *Identities and Social Structure*, *Sicial Psychology*, Vol.67, No.1, 2004, p.215.
③ Elisabegh Noelle-Neumann, *The Spiral of Silence: Public Opino-Our Skin*, University of Chicago Press, 1984, p.238.
④ Everett Rogers, *Communication Yearbook* 3, New York Free Press, 1981, p.67.

当然，这并不意味着意识形态要放弃把核心价值体系以社会主导价值观念的形式作为形成共识内容的努力。把关于体现核心价值体系的特定社会价值观念的内容"进入到形成社会舆论的公众意见互动的传播中介之中，以内在的方式发生作用"，从而"在公众意见的双向和多向的互动传播中发生影响"[①]。在现代社会，尤其是世界进入了"数字化"时代后，需要"教导文明"，更需要"对话文明"，并且"教导文明"应该通过"对话文明"的方式体现出来，从而终结"独白时代"，唯有这样才能取得更好的效果。

其二，共识在深化认同中的作用。

在核心价值体系与国民融合的过程中，不仅存在着个体认同向社会共识的转化，而且还存在着社会共识向个体认同的转化，这就是社会共识对于个体认同深化的作用。其实，认同总是在原有认同的基础上形成的，因此认同与认同深化实际上是同一个过程，很难区分开来。

个体生活在社会之中，社会中所形成的关于社会价值观念的共识，形成了一种弥漫于社会的氛围。涂尔干把它称为"集体意识"：集体意识作为"社会成员平均具有的信仰和情感的总和"，与关于社会价值观念的共识内在地联系在一起，"它完全不同于个人意识，尽管它是通过个人来实现的"，是"一个具有自己生命的特定体系"[②]。作为集体意识的共识，既外在于个体意识，同时又渗入于个体意识。个体所进行的意识活动离不开生活于其中的社会意识，这就使得个体的认同及其深化，作为意识活动，不能离开集体意识。这种集体意识对于个体认同及其深化的作用，可以从以下三个方面来予以理解。

第一，集体意识是一种"普遍的、隐蔽的和强制的力量"[③]。这里的强制力量主要是指一种精神强迫，与以暴力、经济等手段为后盾的强制力量相区别。作为关于特定社会价值观念共识的集体意识由于弥漫于社会之中，于是报纸上有它，电视上有它，网络上有它，在工作单位和家庭里议论它，甚至

---

① 陈新汉：《权威评价论》，上海人民出版社2006年版，第338—339页。
② 〔法〕埃米尔·涂尔干：《社会分工论》，生活·读书·新知三联书店2000年版，第42—43页。
③ 《马克思恩格斯全集》第1卷，人民出版社1995年版，第385页。

走到大街小巷里也会听到它。人们处处感受到它的存在，摆脱不了它所产生的刺激，因而它会对生活于其中的个体形成一种精神上的强制力。这种强制力的强度与集体意识弥漫的普遍性及其浓度成正比。然而，这种强制力是以潜移默化的非强制形式发生作用的，从而具有极大的感染力。这种感染力与显意识的"有形"作用不同，以至于荣格把它称为"集体无意识"。当某种情势出现时，这种"集体无意识"就会被激活，于是社会中一种不由自主的"强制性会随之出现"，往往"像本能的驱使一样，获取反对所有理性与意志的方法"[①]，其所产生的力量往往比以强制形式所发生的作用还要大得多。

第二，这种集体意识会与个体的价值观念发生共鸣。荣格对作为集体意识（如上所述，荣格把它理解为集体无意识）的共识与个体价值观念之间所发生的共鸣，从艺术心理学的角度作了分析。根据我们的议题，兹作如下概括：共识源于众多个体认同之间的相互作用，于是生活于此种氛围中个体的价值观念就会在某种情势的刺激下，与弥漫于其中的集体意识因情感上的契合而发生共鸣，由于"振幅叠加"，于是作为"独立的、不可分的统一体或'整体'"的个体价值观念就会发生"振荡"。这种"振荡"，往往会破坏个体价值观念原先结构的稳定性，从而在沟通物我之间的联系中"缩短、消弭心理距离"[②]，于是就会促进个体对共识的认同或深化认同。与"共鸣是产生艺术审美感染力的重要方式"相对应，共鸣是产生个体认同和深化认同的重要方式。

从上述概括中可以引出三点结论：一是主客体之间相互作用产生了共鸣。共鸣的发生不是单纯由外在强制力引发的，而是与"处在健康清醒状态"中个体价值观念联系在一起的，这种个体价值观念往往以原先积淀的"集体无意识原型"联系在一起。二是共鸣的发生与某种情势的刺激联系在一起。在某种情势的刺激下，社会共识与个体价值观念中的某种"集体无意识原型"会形成契合，于是"振幅叠加"，由此就会产生类似于审美体验中"物我一体"的顿悟。三是共鸣的发生是不由自主的。这种不由自主性

[①]〔瑞〕荣格：《原形与集体无意识》，徐德林译，国际文化出版公司2011年版，第36、41、41页。

[②]〔瑞〕荣格：《原形与集体无意识》，徐德林译，国际文化出版公司2011年版，第219页。

与"集体无意识原型"的被激活联系在一起,于是共鸣就"像本能的驱使一样"[①]地发生了。个体对于共识的认同或深化认同得益于生活在集体氛围中的共鸣。

第三,个体在集体意识中形成归宿感。人是社会动物,因此避免孤立状态,就成为人的一种生存方式,从精神形态的价值世界角度来理解,就是个体必须在自我认同中"让社会成为自我的一部分"和"让个体成为某社团的一员",否则就会发生"人格分裂"和"无方向感"的认同危机[②]。这种的认同危机"必须在与个体所发展起来的整体安全体系的关系中得到解决",这种"整体安全体系"作为个体的"安身立命之根"[③],就是作为集体意识的关于特定社会价值观念的共识。于是,个体为了克服自我认同危机,就必然要努力从作为共识的集体意识中来寻找"安身立命之根",从而在集体意识中形成归宿感。

作为共识的集体意识在个体认同或深化认同过程中的以上三种作用同时存在,缺少其中的任何一种都不能使个体发生认同或认同深化。但上述三个方面在个体认同或认同深化中的作用和地位是不一样的,以"普遍的、隐蔽的和强制的力量"形式所发生的作用,对于个体是外在的;以与个体价值观念发生共鸣的形式所发生的作用,对于个体是自发的;以克服认同危机中"安身立命之根"的方式所发生的作用,对于个体则是主动的和自觉的。由此得到的启示是,在社会主义核心价值观与国民融合中,意识形态尤其需要研究第三种作用的机制,以使个体认同或认同深化能够自觉地发生,能够朝意识形态所需要的方向发展。

四、核心价值体系的认同与共识是社会主体意志表达

某个社会价值观念能够在社会主流价值观念中凸显出来,必须具有两个品格:赢得社会中大多数成员的认同,体现人文精神的时代特征。当一定历

---

① 〔瑞〕荣格:《原形与集体无意识》,徐德林译,国际文化出版公司2011年版,第201页。
② 陈新汉:《自我评价论》,上海人民出版社2011年版,第140—141页。
③ 〔英〕安东尼·吉登斯:《现代性与自我认同》,赵旭东、方文译,生活·读书·新知三联书店1998年版,第9—10页。

史时期作为"真正是社会的头脑和社会的心脏"①的统治阶级在自觉建构核心价值观时,必然会在实际上一方面使所建构的核心价值观作为"集体意识或共识意识"在个体认同中"延伸自我",以赢得社会中大多数成员的认同,由此形成社会层面的共识;另一方面使所建构的核心价值观与"自己时代的现实世界接触并相互作用"②,以使其内容不断地体现人文精神的时代特征。具有这两个品格的核心价值观就能以社会主导价值观念的形式在社会主流价值观念的形成中发生作用,从而予以凸显。这对于社会主义核心价值观的建设来说,就尤其是如此。

人民是创造历史的社会主体,亦是核心价值体系的实际主体。社会主体通过某种现实的形式表达自己的意志。社会成员对于一个社会的核心价值体系的认同状况及其在社会层面形成的共识状况,在实际上就表达了社会主体对于该核心价值体系的态度,体现了社会主体的意志,这个意志就是黑格尔所说的"作为绝对的普遍性、实体性的东西和真实的东西"③。

社会的核心价值体系不能在微观、宏观层次形成个体认同、广泛认识,那么就说明了该核心价值体系至少缺少了一个品格,这实际上是社会主体的一种意志表达。人们说社会的某种核心价值体系缺少品格特质,是因其不能被充分地表达大多数成员的价值追求和价值取向,在根本上就不能体现人文精神的时代特征。这样的缺失一个或两个品格的核心价值体系,即使由于上层建筑中国家机器的强力支持而能在一段时期内存在着,那么必然是"现存"的,而不是"现实"的。如前所述,这样的核心价值体系迟早是要被其他核心价值体系所取代的,这是历史的辩证法。

对社会主义核心价值体系的认同和共识问题的理解,应该站在社会主体意志表达的高度。顺理成章地,就应该从社会主体意志表达的高度来建设社会主义核心价值体系。根据认同中的利益原则,必须使社会主义核心价值体系的内容不断地体现社会转型中社会价值观念变化的规律,从而与作为社会主体的大多数社会成员的价值追求和价值取向一致;根据认同中的自愿原则,

---

① 《马克思恩格斯选集》第1卷,人民出版社1995年版,第13页。
② 《马克思恩格斯全集》第1卷,人民出版社1995年版,第220页。
③ 〔德〕黑格尔:《法哲学原理》,贺麟译,商务印书馆1982年版,第332页。

必须使社会主义核心价值体系以平等的身份进入认同个体之间的交往和对话之中，在交往和对话的理解中形成和深化关于社会主义核心价值体系的共识。

第四节 社会主义核心价值体系与国民融合中的信仰

信念与信仰既有联系又有区别，任何信仰都不是先验的，有其后天的实践机制。"信仰是社会基本价值观念在主体意识中的积淀"既说明了信仰形成的内容，也揭示了信仰形成的机制。对核心价值体系的认同，对于个体和生活于社会中的人们而言，具有信仰意蕴。认同与共识的相互转化，实质上是认同的趋向信仰过程与共识的趋向信仰过程之间的相互作用。信仰对社会发展的作用与社会价值观念是否具有人文精神联系在一起。应该正确对待信仰中的一元与多元的、多元之间的关系。

一、信念与信仰

人们往往把信念与信仰混为一谈，例如在《哲学大辞典》里关于信念的条目中就写道："科学的信念在人们认识世界和改造世界的过程中产生，是以对客观规律的真理性认识为基础的科学信仰。"[1]这就把"科学的信念"与"科学的信仰"等同，从而也就把"信念"与"信仰"混淆了。这种情况既说明了两者之间存在着联系，也说明了确有把两者加以区分的必要。

罗素认为，"'信念'带有一种本身固有的和不可避免的意义上的模糊不清"，这是因为"处于相信状态时所相信的到底是什么，通常是个比较含糊不清的问题"；然后他对信念下了定义："信念是由一个观念或意象加上一种感到对的情感所构成的。"[2]对此可两点分析：其一，信念是非理性因素与理性因素的统一。信念不是单纯的情感，也不是单纯的观念或意象，而是两者

---

[1] 冯契：《哲学大辞典》，上海辞书出版社2001年版，第1687页。
[2] 罗素：《人类的知识》，商务印书馆2009年版，第179、182、185页。

的统一。作为情感,信念属于非理性范畴;作为观念,信念的内容来自外部世界,以认识为基础,这种认识可以是正确的或不正确的,可以是深刻的或肤浅的,然而它毕竟具有知的因素,属于理性范畴。其二,信念中的情感与观念或意象之间的关系不是并列的。"感到对的情感"即主体对某一对象的相信,具有核心的地位,是信念形成的关键。即使是由对于外界的错误认识而得到的观念或意象,只要主体相信,信念就能形成。

信仰具有信念的一些基本特征,并不意味着信仰就等同于信念。信念是信仰的起点,信仰由信念发展而来,是"统摄、指导其他一切意识形式乃至社会心理的最高意识形式"[①]。可从三个方面分析关于信念与信仰的区别:

第一,信念和信仰的对象或内容不同。只有关于根本观念的信念才有可能上升为信仰。历来为人们所信仰的东西,如宗教的神和命运、社会的理想和学说,或其他具有无上人格力量的化身如商品、财富和权力等,都是同一定人们的生活联系在一起的重大事物,而零星的对于某一具体事物的信念,一般是不能叫作信仰的。

第二,信念和信仰的强化程度不同。信念和信仰都是理性因素与非理性因素的统一,但是在信念中,"念"仅仅是一种意念在思想上相信和向往,因此这种统一仅仅表现为"由于具有某种知识而呈现为相信"的一种精神状态;在信仰里,"仰"是一种整体性姿态,因此这种统一就进一步发展到可信和确信的统一。所谓可信,就是信仰的内容或对象能够为主体在理论上理解和接受,这就要求主体运用一定的知识,对于信仰的对象予以分析和逻辑论证;所谓确信就是相信在情感上的强化,一种在思想上的相信和向往发展到必须在行动上不可遏止地表现出来的主体精神状态。信仰形成的标志不是可信,而是确信,只有主体关于某种根本观念的拳拳服膺、孜孜以求的态度,才能使关于这种观念的信念上升为信仰。

第三,信念和信仰的观念组织形式不一样。只有使主体的整个精神活动形成系统化的关于某个根本观念的信念,才能成为信仰。主体一旦形成某种信仰,这种信仰就会反映在主体精神生活的各个方面,使主体的众多信念联

---

① 冯天策:《信仰导论》,广西人民出版社1992年版,第1—2页。

成一气、形成体系,"信仰也据此成为人的整个精神活动的核心"①。

信念和信仰的形成都有其后天的实践机制。黑格尔说,"在实践的理念中,它(指观念——引者)却是作为现实的东西而与现实的东西对立,但主体在其自在自为的规定之有中所具有的自己的确定性,却是自己现实和世界非现实之确定性"②。列宁赞同其中的合理思想,认为在"世界不会满足人,人决心要以自己的行动来改造世界"的实践过程中,存在着"对自身的确信,就是对自己的现实性和世界的非现实性的确信"③。主体没有对自己的现实性即目的能够实现的确信,就不可能有实践活动。正是在实践活动中的这种对于观念现实性的确信因素,在人类的历史长河中积淀下来,形成了人类独特的信仰机制。

二、信仰是社会基本价值观念在主体意识中的积淀

在实践基础上价值观念积淀,价值意识在主体意识中"经过亿万的重复"后形成。"人的本质,不是单个人所固有的抽象物,在其现实性上,它是一切社会关系的总和。"④社会是个体存在的普遍形式。社会价值观念作为对价值形态世界反映的积淀,往往会成为主体意识中深层的心理结构,从而升华为一种信念并进一步发展为信仰。这里的"主体意识"中的主体,可以是个体,可以是群体或社会。

信仰指向的是一种基本社会价值观念,这种基本社会价值观念以客体为载体,在信仰者的意识中是与其根本利益联系在一起的。这种根本利益"根本"到与信仰者的生命联系在一起,以至于信仰者在信仰中"经由自我超越以发现生命意义"⑤。

利益与主体需要联系在一起,根本利益与主体的基本需要联系在一起。马斯洛对人的需要进行追根究底的分析后,发现有五个基本层次:第一,生

---

① 荆学民:《社会转型与信仰重建》,山西教育出版社1999年版,第22页。
② 黑格尔:《逻辑学》下卷,商务印书馆1976年版,第522页。
③ 《列宁全集》第55卷,人民出版社1990年版,第182页。
④ 《马克思恩格斯选集》第1卷,人民出版社1995年版,第56页。
⑤ 李向平:《信仰是一种权力关系的建构》,《学术月刊》2012年第5期。

理需要，如饥饿等，"毋庸置疑，这些生理需要在所有需要中占绝对优势"；第二，安全需要，"人可以将整个机体描述为一个寻求安全的机制"；第三，归属和爱的需要，"假如生理需要和安全需要都很好地得到了满足，爱、感情和归属的需要就会产生，并且以新的中心，重复着已描述过的整个环节"；第四，自尊需要；第五，自我实现需要，"它可以归入人对于自我发挥和完成（Self-fulfillment）的欲望，也就是一种使它的潜力得以实现的倾向"①。与基本需要相联系的根本利益大致也可归结为五个层次。与这些基本需要联系在一起的利益就成为主体在不同情境中的根本利益，而体现这些根本利益的社会基本价值观念都可以成为人们在不同情境中信仰的对象或内容。

值得一提的是，如果说满足前四种基本需要所采取的方式在人与人之间差别不大的话，那么满足第五种基本需要所采取的方式在"个体间的差异是最大的"。这是因为"一个人能够成为什么，他就必须成为什么，他必忠实于他自己的本性"。"自我实现需要"体现了"一种使它的潜力得以实现的倾向"，正是这种倾向使"一个人越来越成为独特的那个人，成为所能够成为的一切"②。这就可以理解为什么某些主体为了实现其基于这种需要的利益相联系的社会基本价值观念，赴汤蹈火而在所不惜了，这就是信仰的独特性所产生的力量，也可以说就是信仰的力量。

三、认同和共识环节中的信仰意蕴及其作用

认同是核心价值体系与国民相结合的微观环节。个体在对社会价值观念认同的过程中，在"让社会成为自我的一部分"的同时，"让个体成为某社团的一员"。人是肉体与灵魂的统一。人作为"一切社会关系的总和"之纽结的主体，正是在与社会价值观念之间双向融合的认同过程中，使自己的人生意义在所属社会的价值观念即"个体发展的整体安全体系的关系中得到理解"，从而使"焦虑"的灵魂获得安顿③。由于社会主导价值观念在社会生活

---

① 〔美〕马斯洛：《动机与人格》，许金声等译，华夏出版社1987年版，第40—53页。
② 〔美〕马斯洛：《动机与人格》，许金声等译，华夏出版社1987年版，第40—53页。
③ 〔英〕安东尼·吉登斯：《现代性与自我认同》，赵旭东、方文译，生活·读书·新知三联书店1998年版，第48页。

中的地位，个体所认同的核心价值观就往往成为其寄放灵魂的精神场所，在其中"维持和谐"，"寻找神圣、敬畏、意义与目的"①。于是，对核心价值体系的认同，对于个体而言，就具有信仰的意蕴。

要使核心价值体系在个体认同中积淀为信仰，必须使其所体现出来的利益与个体价值观念中的利益意识"高度吻合和匹配"，从而使个体"对之存感激之情"②，并且个体能通过分析相信这种"感激之情"是合乎逻辑的，从而就与信仰中的可信因素联系在一起了。这里的可信因素由于与"感激之情"相联系，内蕴着非理性因素。这种对于核心价值体系的可信通过由实践"亿万次的反复"而形成的"意志、感情和愿望"等非理性因素的作用，积淀成为个体深层心理结构中的"逻辑的式"③，体现着主体的"拳拳服膺"以至于在行为上的"孜孜以求"，从而就与信仰中的确信因素联系在一起了。信仰中的理性因素和非理性因素及其转化存在于个体的认同或认同深化的过程中，以个体为主体的信仰就在此过程中形成和深化。

共识是核心价值体系与国民相结合的宏观环节。在众多个体认同的相互作用中形成的共识，作为涂尔干所说的"集体意识"，呈现为社会意识中的深层心理结构，以"强制"的力量、"共鸣"的方式和"形成归宿感"的情感在对个体认同发生作用的过程中，通过个体意识的中介，规范着生活于社会中的人们的行为。由于社会主导价值观念在社会生活中的地位，由共识形成的规范就成为人们行为自觉或不自觉的"孜孜以求"的目标。这些共识体现在某些符号体系中，体现在某种仪式中，闪烁着神圣的甚至是宗教的色彩。于是，对核心价值体系的共识，对于生活于社会中的人们而言，就具有信仰的意蕴。

众多个体认同之间的相互作用形成社会共识，信仰内涵从微观转化为宏观。特殊地理解，许多公民会感激作为共识内容的"这些原则对他们自己和对他们所关心的那些人以及对社会所带来的普遍好处"，并通过分析和论证，

---

① 李向平：《信仰是一种权力关系的建构》，《学术月刊》2012年第5期。
② 〔美〕罗尔斯：《政治自由主义》，万俊人译，学林出版社2000年版，第171页。
③ 《列宁全集》第55卷，人民出版社1990年版，第186页。

"然后便会在这一基础上来认同这些原则"①,这就与信仰中的可信因素联系在一起了;通过"人决心要以自己的行动来改造世界"的实践活动的"亿万次的重复",实践活动中的"确信"机制就会发生作用,于是关于共识内容的社会价值观念就会通过个体意识的中介,成为人们拳拳服膺的对象和孜孜以求的目标,这就与信仰中的确信因素联系在一起了。于是,社会价值观念就成为社会共识中的信仰因素。

在社会价值观念与国民融合的过程中,认同、共识在微观、宏观层次环节中,都有信仰的内涵,但它们本身都不是信仰,信仰是认同、共识趋向的方向。个体认同与社会共识在向信仰趋向的过程中相互作用,互不可缺并相互转化,于是关于核心价值体系的个体信仰和社会信仰也就在其中逐渐地予以确立了。

在历史上,统治阶级总会自觉地通过意识形态的国家机器不仅在广度方面努力通过认同环节和共识环节把特定社会价值观念与国民相结合,而且更注重于在深度方面努力通过体现于此两环节中的信仰机制把特定社会价值观念与国民相融合,因为只有国民对于该社会价值观念具有拳拳服膺、孜孜以求的态度,这种社会价值观念才能在社会中产生巨大的作用。

对于信仰的作用,悉尼·胡克在分析了"一切有记载的历史的证词"后指出,"人类是奇怪的动物",总是要在"他们知道为什么或相信他们知道为什么的时候才斗争得最卖力气",然而,这种巨大的作用能否对社会发展起促进作用则与这种社会价值观念是否具有人文精神联系在一起。在社会价值观念与国民融合的过程中,需要用人文精神的时代特征对社会价值观念进行批判,即与国民相结合的社会价值观念是否体现人文精神的时代特征。如果与人文精神时代特征完全背离的社会价值观念与国民融合,那么这种融合通过认同环节和共识环节,越是以信仰的形式体现出来,它所产生的对于社会的破坏作用就越是大。由于与特定时代人文精神的具体形态和特定内涵相背离,这种破坏作用归根到底就意味着对于生活在这个时代的人的生命活动的压抑和毁灭。

---

① 〔美〕罗尔斯:《政治自由主义》,万俊人译,学林出版社2000年版,第170页。

即使社会价值观念在一定程度上是人文精神时代特征的体现，信仰转化是其与国民的结合中的过程，仍然需要用人文精神时代特征对之不断地进行批判。在认同与共识转化的认识过程中，如果一味居高临下地"灌输"，甚至不惜"利用国家权力的制裁来纠正或惩罚那些与我们观点相左的人"①，那就违背了人的尊严所体现的"思维的至上性"，因为"我们不知道有任何一种力量能够强制处在健康清醒状态的每一个人接受某种思想"②。这就意味着与特定时代人文精神的具体形态和特定内涵相背离，从而对生活于其中的人的生命活动造成压抑甚至毁灭。

在认同与共识转化的实践过程中，如果不顾具体的现实条件，一味地夸大社会价值观念的作用，实践就必然不能成功，其确信机制就不能形成；在实践展开中的现实总是具体的，即不仅有真善美，而且有假恶丑，如果只看到真善美的一面，看不到或故意掩饰假恶丑的一面，那么假恶丑的一面就会不断地彰显，实践活动中的确信机制也就不能正常地形成。这些同样意味着与特定时代人文精神的具体形态和特定内涵相背离，从而对生活在这个时代的人的生命活动造成压抑甚至毁灭。由此，就需要用人文精神的时代特征对在一定程度上体现人文精神的社会价值观念与国民相结合的认识过程和实践过程进行批判，使之不断地回归到人文精神在特定时代所体现的具体形态和特定内涵上来。

四、关于核心价值体系中信仰的一元与多样、一元与多元

社会价值观念具有多元性特点，在同一社会价值观念中还表现为多样性。对此，罗尔斯有过一句很有寓意的命题："理论多元性的事实并不是人类生活中的一种不幸状态"③；反之，倒成为人类生活中的"一种不幸状态"。社会价值观念的混乱并不是其多元性和多样性引发的，否则就会使社会进入历史的危险时期。因此，一定历史时期的作为"真正是社会的头脑和社会的心脏"的统治阶级会提出社会主导的价值观念，这种价值观念具有体现人文精

---

① 〔美〕罗尔斯：《政治自由主义》，万俊人译，学林出版社2000年版，第146页。
② 《马克思恩格斯选集》第1卷，人民出版社1995年版，第426—427页。
③ 〔美〕罗尔斯：《政治自由主义》，万俊人译，学林出版社2000年版，第38页。

神的时代特征,以凸显在社会主流价值观念里,以个体和社会意识都能被积淀的信仰存在其中,并对社会的发展起促进作用。在这里,我们把违背人文精神时代特征的社会价值观念与国民结合的问题置于研究视野之外。然而,信仰在微观层次上的认同环节与宏观层次上的共识环节相互作用中的确立,并不意味着在个体意识和社会意识中消除多样和多元,正常的状态应该是一元与多样的统一、一元与多元的统一。兹从核心价值观与国民融合的认同环节和共识环节分别对一元与多样、多元之间的关系作些分析。

其一,价值认同与信仰一元及多元、多样。

核心价值体系与国民融合的价值认同,"谁在认同"?"认同什么"?个体不仅是"谁在认同"的主体,而且作为"国民"的组成是复杂的。认同主体的多样性因当前社会转型中利益多样化及多样化的价值取向而形成。核心价值观"认同什么",在内容上"并非铁板一块,而是有其内在结构的,是需要具体、深入分析的"[①]。社会主义核心价值体系认同的内容不同,对认同的要求也就不一样。个体间思想、意识的差异造就了对核心价值体系内容的理解会迥异。基于认同主体之间从差异及由此差异而导致的迥异的认同,核心价值体系与国民的融合,一方面需要分析认同主体特点,对于不同个体采用不同的方式、方法和要求;另一方面需要分析认同内容,对于处于不同方面的内容采用不同的方式、方法和要求,以此形成趋向性认同,并形成正趋向性信仰。由此就可以理解,核心价值体系与国民融合过程的价值认同与信仰一元及多元、多样的关系。

并不是所有的个体认同都会被核心价值体系认同。不同个体信仰不同的社会价值观念,这"并不是人类生活中的一种不幸状态";信仰上绝对的一元必然会导致专制。对于不同社会价值观念的个体,不管其信仰是否相同,只要其行为没有触犯国家法律,就不能"要求利用国家权力的制裁来纠正或惩罚那些与我们观点相左的人",这不仅是因为国家权力"乃是公共的权力","是作为集体性拥有的自由而平等的公民的权力"[②];而且是因为"人的

[①] 陆树程、崔昆:《论社会主义核心价值体系认同的元问题——基于对马克思主义意识形态观的一种理解》,《马克思主义研究》2011年第8期。

[②] 〔美〕罗尔斯:《政治自由主义》,万俊人译,学林出版社2000年版,第144页。

思维的至上性",在这个世界上没有一种力量能够"强制处在健康清醒状态的每一个人接受某种思想"。当然,就一个社会而言,在意识形态上要坚持一元,就要努力使社会主导价值观念在多元社会价值观念相互作用所形成的社会主流价值观念中凸显出来,切忌由多元社会价值观念的冲突而导致社会意识的混乱。由此,就可以理解核心价值观与国民结合过程的认同环节中信仰的一元与多元、多样之间的关系。

其二,信仰共识中的一元与多元、多样。

我们可以从核心价值体系与国民融合形成共识的内部情况和外部环境两个方面来分析信仰中的一元与多元、多样。首先,从内部情况来予以分析。各种认同之间相互作用的复杂性是由于认同个体复杂性所造成的,各种社会价值观念相互作用的复杂性是由于多元社会价值观念的复杂性所造成的,社会主流价值观念不可能原封不动地被核心价值体系的社会主导价值观念转化;努力使社会主导价值观念凸显于社会主流价值观念之中的这种情况,本身就说明了对于核心价值的信仰往往是以"重叠共识"的形式呈现出来的。由此就可以理解,在核心价值观与国民融合的共识环节中信仰的一元与多元、多样之间的关系。其次,信仰的外部应承认其他社会价值观念的存在。应该承认有众多社会价值观念的存在,同时也存在着很多其他的社会价值观念,这些不同的社会观念都在不同程度地体现人文精神和时代特征。尊重包容不同的社会价值观念,才能使"九州充满生气"。然而,与那些背离人们共同的社会价值观念作必要的斗争是极有必要的,是通过"教导文明"抑或是通过"对话文明",心悦诚服能在认同中更好地形成共识,并通过实践深化为信仰。

无论是核心价值体系与国民融合的认同环节中一元与多样、多元,还是共识环节中一元与多样、多元,都有一个"度"的问题。一元与多样、多元之间究竟应该控制在何种"度",即认同度和共识度究竟应该达到何种程度,这个"度"不是先验地存在的,也不是一成不变的,而是与上面提到的人文精神时代特征联系在一起的。这就需要用人文精神的时代特征对核心价值体系与国民结合的认同环节和共识环节中的一元与多样、一元与多元的关系进行批判,使"度"或程度能有利于特定条件中人对自由的追求。

第三章

社会主义核心价值体系融入小学教育研究

社会主义核心价值体系从价值观的视角回答了建设什么样的国家、建设什么样的社会以及培育什么样的公民的问题，丰富了对中国特色社会主义的价值理解。培育和践行社会主义核心价值体系有利于引领价值潮流，凝聚社会共识，振奋民族精神。社会主义核心价值观要在全社会树立起来并长期发挥作用，就要从小抓起，从学校抓起，从教育入手。

2005年，教育部在《关于整体规划大中小学德育体系的意见》中明确指出，学校德育工作要"把理想信念教育、爱国主义教育、公民道德教育和基本素质教育贯穿始终，使大中小学德育纵向衔接、横向贯通、螺旋上升，不断提高针对性实效性和吸引力感染力"。2010年，教育部发布《国家中长期教育与改革和发展规划纲要（2012—2020年）》，再一次明确提出我国"要构建大中小学有效衔接的德育体系""树立系统培养观念，推进大中小学有机衔接"的观点。2014年，教育部颁发了《关于培育和践行社会主义核心价值观，进一步加强中小学德育工作的意见》。该意见从三个方面提出了中小学开展培育和践行社会主义核心价值观教育应遵循的原则和注意的问题，分别是：充分体现时代性，加强中小学德育的薄弱环节；准确把握规律性，改进中小学德育的关键载体；大力增强实效性，夯实中小学德育的基本保障，这些意见对学校开展培育和践行社会主义核心价值观的教育具有重要的指导意义。

第一节　社会主义核心价值体系融入小学教育的必要性

小学阶段是基础教育阶段，是学生学习做人、养成正确的价值观的基础时期，也是学生树立社会主义核心价值体系的启蒙阶段。社会主义核心价值体系教育是中小学生德育的重要内容。做好小学德育工作，引导学生树立起正确的道德价值观，首先需要将社会主义核心价值体系融入我国教育顶层设计和教育观念，引领学生不断体验和思考，养成必要的习惯、认识和态度，并且在行动中获得关于社会主义核心价值体系的感受和信仰，从而内化到学生"做人"的品格中。这是开展价值观教育的前提，也是最终目标。将社会主义核心价值体系融入小学教育，既符合小学生成长和发展的规律和需求，也是小学德育的重要组成部分。

一、社会主义核心价值体系教育是小学德育的重要内容

2014年时，习近平总书记曾多次谈到社会主义核心价值观教育的问题，呼吁集结社会、学校和家庭力量来帮助青少年"扣好人生的第一粒扣子"，形象生动地阐明了从小开展价值观教育的重要性、必要性和紧迫性。在总书记的指导之下，教育部和一些地方教育行政部门先后出台了关于加强中小学社会主义核心价值观教育的文件，就如何通过课程、文化、活动以及管理等渠道开展价值体系教育做出了具体部署。

我国社会正处在全面转型的关键时期，社会开放进一步深化，东西方文化深入交融，多元文化的传播以及科学技术的迅猛发展在给小学生提供丰富广泛的信息来源的同时，也不可避免地影响和熏陶了他们价值观的形成与发展。在人生价值观萌芽的关键时期，小学生的价值取向并不稳定，不良文化很容易就会对其产生影响，因此，应当重视小学生的价值观教育工作，把社会主义核心价值体系教育作为学校德育工作的重心。然而在以往的研究中，对于中学与大学的德育衔接研究较多，鲜有研究将大中小学德育视为一体的

完整的体系。因此，若想构建大中小学有效衔接的德育体系，首先是要了解当前大中小学德育课程实施的标准与教学现状。

课程体系是小学德育工作的主导阵地，而课程教材是重要载体，同时也是构建德育体系的基础。我国小学德育课有两个层次，低年级教学内容为《品德与生活》，高年级则为《品德与社会》，其中，低年级德育课以生活为基础，目的在于培养学生良好的行为习惯和热爱生活的态度；高年级的教学则以社会生活为基础，以促进学生形成良好品德、获得社会性发展为目标。

除了课程教材之外，小学德育工作还通过多种教学和实践活动，帮助学生获得丰富的情感体验，提高学生的认知能力，养成良好的生活习惯。比如通过升旗仪式、班队活动、纪念日活动、少先队活动以及社会实践活动等，贯彻和普及爱国、环保、集体观念等道德理想。这是我国小学生道德价值观教育的主要阵地，同时也是我国小学德育的特殊之处，相比起世界其他国家具有极大的优越性。但是，经过调查研究，我们也发现类似的教育方式还存在不尽如人意的地方，比如在教学方法上，说教法依然是最主要的教育方法，我国学校教育的一大特点就是以教师说教为主的管教方式。有的小学德育课和学科课并无太大差别，仍旧是教师一言堂，学生不能自由表达想法，甚至教学的内容也是偏理论化，和学生的生活实际并不密切相关，使学生缺乏切身的感受和认同，这些都需要有的放矢地进行改善和推进。

无论是课堂教学，还是课外活动，社会主义核心价值体系都是小学德育的重要内容，小学德育需要社会主义核心价值体系的全面引领，这是毋庸置疑的，需要进行改善的主要是融入的有效性、针对性和感染力。

二、社会主义核心价值体系融入小学教育适合小学生的发展规律

《少年中国说》指出："少年智则国智，少年富则国富，少年强则国强，少年进步则国进步。"习近平总书记曾在《从小积极培育和践行社会主义核心价值观——在北京市海淀区民族小学主持召开座谈会时的讲话》中指出：

"为了中华民族的今天和明天,我们要教育引导广大少年儿童树立远大志向、培育美好心灵,让少年儿童成长得更好。少年儿童如何培育和践行社会主义核心价值观呢?应该同成年人不一样,要适应少年儿童的年龄和特点。我看,主要是要做到记住要求、心有榜样、从小做起、接受帮助。"①

小学生具有好奇心强、易于接受新事物等特点,而这些性格特征都有利于社会主义核心价值体系在小学生中的广泛传播。但是,我们也要看到,小学生毕竟还缺乏成熟的理性思维,没什么社会阅历,对各种信息的鉴别能力不足。小学生对客观事物的接受更多是建立在直接的感官经验的基础上,与自己的日常生活联系密切的更容易被接受,而一些抽象的理论则接受度不高。因此,关于小学生的社会主义核心价值体系教育,要在把握小学生身心特点的前提下,采取切实有效的教育措施。

"未成年人的思想道德教育,关键应着眼于有效性。"②根据小学生的心理接受特点和规律,在皮亚杰的认知理论和现实调研资料基础上,我们发现,感受性融入对小学生接受社会主义核心价值观是一个行之有效的方式。社会主义核心价值观进入小学教育,必须注重小学生的感受性融入。"感受性融入"主要是结合小学生接受的特点,在小学生的日常生活、学习和实践活动中,通过感性的、现实的、直接的、形象的、趣味性的物质和文化载体,使学生对其产生切身的体验和感受,用潜移默化的方式和手段将价值观融入学生的思想。

如前所述,"感受性融入"体现出以下几个方面的特征:一是感受对象的具体性。感受性融入依赖于现实载体,进一步说,必须要通过可以直接在现实世界中所感知的事物为载体,它不是一种抽象的想象,而是一种切实存在的呈现,让人可以通过人的眼、耳、口、鼻来感受到事物的存在。二是感受对象的趣味性。感受性融入不仅需要具体的现实载体,还有对感受对象的趣味性提出了要求。对对象的趣味性追求,也不能脱离学生的接受心理和生活实际,不同年龄阶段的学生的兴趣也各不相同,感受对象的趣味性是引

---

① 习近平:《从小积极培育和践行社会主义核心价值观》,《人民教育》2014年第12期。
② 殷凌霄:《从英国青少年教育隐患看我国核心价值观教育》,《思想理论教育》2012年第1期(上)。

发学生感受性融入的重要动力。三是感受对象的多元性。感受性融入必须把握时代发展的脉搏，紧密联系现代科学技术的发展。感受对象不仅具有现实性，而且随着虚拟现实技术、新媒体技术等的发展，虚拟性特征也成了新的特征之一。时至今日，由于信息技术发展迅速，随之而来的影响便是感受性融入的内容和形式不断得到拓展，而感受空间的范围也由现实世界扩展到了虚拟世界，如线上博物馆、虚拟科技园、数字艺术表演等新的体验方式，使主体对对象的感受空间得到延伸和扩展。

以"感受性融入"为主，将社会主义核心价值体系融入小学教育，就是通过一系列小学生容易接受、喜爱接触的方式，把社会主义核心价值体系的内容有机植入价值观教育，使小学生体验到社会主义核心价值观中的感性因素，从而能够在其中推进社会主义核心价值观的传播与教育。

第二节 社会主义核心价值体系融入小学教育的现状及分析

小学德育的课程理念为：促进学生形成良好的行为习惯和良好品德，关注、拓展、提升学生的社会生活经验，提倡实践体验的学习方式，实施知、情、行统一的综合评价。为了解小学生对社会主义核心价值观的相关内容的掌握程度，明确社会主义核心价值观融入小学教育的途径，以更好地开展德育工作，2014年3月，我们选取了上海市三个区（闸北区、静安区、普陀区）一县（崇明县）八所不同地区、不同规模的学校进行抽样问卷调查（调查问卷见本书附录）。为了更好地反映小学低年级和高年级学生的学习特点和现状，我们分别进行了两个调研。其中，小学低年级主要调查对象为小学二年级学生，总有效样本400个；小学高年级的主要调查对象为小学五年级学生，总有效样本400个。

本调研针对小学阶段的德育课程现状，重点关注"政治认同、国家意识、文化自信、公民人格"四个方面。其内涵如下：

政治认同：党的领导、科学理论、政治制度、发展道路；

国家意识：国家利益、国情观念、民族团结、国际视野；
文化自信：国家语言、历史文化、革命传统、时代精神；
公民人格：健康身心、守法平等、诚信尽责、自强合作。

一、问卷调查结果的概括说明

小学低年级和高年级的问卷都涵盖政治认同、国家意识、文化自信与公民人格各个方面，政治认同、国家意识这两方面涉及的问题不多，问题主要集中在文化自信与公民人格这两方面。下面分别就小学低年级和小学高年级的调查问卷结果作简要说明。

（一）小学低年级的调查说明

在"政治认同"方面，问卷中涉及的题目有：选择题中的第3、4、9、12题，判断题第1题，其中选择题第3、4、9题考查的是"政治认同"中的"党的领导的知识"，94.25%的学生知道我国第一任国家主席是"毛泽东"，二年级学生对儿童团与少先队的领导不太明确，92%的学生知道升旗仪式上要做到佩戴好领巾，要向国旗行礼。第12道选择题和第1道判断题考查的是"政治认同"中的"发展道路"，其中有52.25%学生认识到"上海是国际大都市，兴建绿地价值不大，应该造更多的高楼大厦"是不对的。62%的学生通过看电视新闻、阅读报纸杂志、收听广播、上网浏览等方式来了解和关注国家大事。

在"国家意识"方面，整张问卷涉及的题目有：选择题中的第1题和第17题，判断题的第2、4、7题，还有简答题第2题。题量虽然不多，但"国家意识"中的四个小方面"国家利益""国情观念""民族团结""国际视野"都涵盖了。从问卷的反馈来看，小学生对于我国的基本国情还是比较了解的，绝大多数学生知道我国的首都是北京，我国的国歌是《义勇军进行曲》；对于我国的全称和国旗的了解，情况不太理想，有46%左右的学生答错。总体来看，可以看出小学生有着比较强的国家荣誉感和民族使命感，大家为自己是中国人而感到骄傲。

在"文化自信"方面，问卷中涉及的题目有：选择题中的第2、5、12、17、19、25题，判断题中的第2、3、5、7、12、13题，其中选择题中的第

2、5、17、19、25题和判断题的第7、13题考查的是"文化自信"中的"历史文化"。学生对端午节和国庆节知晓率不太高，分别是46.75%和78.5%。"神十"上天了，97%的学生为自己是中国人而骄傲。72%的学生能够正确有礼貌地称呼妈妈的表姐。受学生喜爱的节日依次是"儿童节"62.5%、圣诞44.5%、春节39.75%、国庆节23.5%、中秋节22.5%、万圣节21.5%、端午节12%、感恩节9.5%、复活节8.25%、清明节7.75%、愚人节6.25%、重阳节5.5%。判断题中的第3、5、12题，考查的是"文化自信"中的"革命传统"。47.75%的学生认为"路上遇到老奶奶摔倒了，我不用去帮助她，因为我太小了"，这个情况值得关注；而98.25%的学生认为"在公共汽车上，我会主动为老爷爷让座"。94.75%的学生表示3月8日这一天，可以做贺卡送给妈妈、奶奶和外婆，表表心意。选择题中的第12题和判断题第2题考查的是"文化自信"中的"时代精神"，有60.5%的学生经常通过电视新闻、网络等各种方式来了解国家大事，46.5%的学生认为"苏州河治理是市政府的事情，我年纪还小，帮不上什么忙"。

"公民人格"方面的问题较多。四个方面的内容基本都涵盖了，不过比较集中涉及的是"健康身心"与"自强合作"这两方面。从问卷的情况来看，学生能正确认识生命现象和生命的意义，不仅能做到关心自我，更有着对他人、自然的关心、有着善待生命的意识；能做到尊重生命，爱惜生命，身心健康地成长。另外，也反映出学生勤俭节约的意识还是挺强的，对于公共财产懂得爱惜，社会资源懂得节约；能够认识到合作的重要意义，愿意为集体服务，愿与人和谐相处。对于"诚信尽责"这方面，学生诚实守信的意识是很强的，也懂得要自觉承担应尽的责任与义务。另外，小学生的守法意识很强，也很愿意为集体、为大家服务，具有初步的社会责任感。不过，从小部分学生的问卷中也可以看出家庭教育在这方面的缺失，例如"身高超过130 cm，家长不愿给孩子买票，能混就混"，"学校的爱心活动，家长不是很支持"，可见，学校教育会在很大程度上受到来自社会、家庭等多方面的负面影响。

（二）小学高年级的调查说明

一是问卷设计涵盖了德育顶层内容的四个方面。本问卷设计分为填空题、单项选择题、判断题、简答题及辨析题等五种类型，共43题（图3-1）。

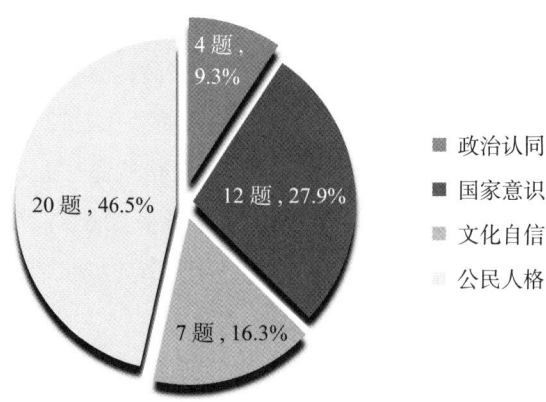

图 3-1 问卷中各内容要点分布的题量及占比

由图3-1看,问卷设计涵盖了政治认同、国家意识、文化自信与公民人格四个方面。相对而言,政治认同涉及的问题最少,其次是文化自信,而公民人格涉及的题目接近半数,这样的设计较为充分地考虑到五年级学生的年龄和认知特点。

二是问卷具体题型与各个构架要点之间的关系(表3.1)。

表3.1 问卷题型与各个内容要点

内容要点		题型				
		填空	单选	判断	简答	辨析
政治认同	党的领导		1			
	科学理论		1			
	政治制度		1			
	发展道路	1				
国家意识	国家利益		1	1		
	国情观念	2	4	1		
	民族团结		1			
	国际视野		1	1		

续 表

内容要点		题型				
		填空	单选	判断	简答	辨析
文化自信	国家语言	1				
	历史文化	1	1		1	
	革命传统		1			
	时代精神			1		1
公民人格	健康身心		6	1		1
	守法平等		3			1
	诚信尽责				1	
	自强合作		3	3		1
总计		5	24	8	2	4

如表3.1所示，问卷题目亦涵盖了四大方面各个内容要点，其中主观题主要集中在文化自信和公民人格方面。

三是四个方面问卷调查结果概况。

（1）"政治认同"方面。选择题部分第1题考查的是"政治认同"中的"党的领导教育"。有87%的学生选择正确，知道"遵义会议确定了以毛泽东为代表的党中央的正确领导"，说明大多数学生知道毛泽东在中国共产党的发展历程中的地位。

选择题部分第2题考查的是"政治认同"中的"科学理论教育"。和上题相比，知道"邓小平是中国改革开放的总设计师"的学生比例提高了2个百分点。但还是有10%左右的学生对于党的主要领导人在概念上和所处年代时间顺序上的认识有所欠缺。

选择题部分第10题考查的是"政治认同"中的"政治制度教育"。对于我国的国家权力机关，选择"人民代表大会"的学生有61.25%，说明多数学生对于我国政治制度的基本框架有所了解。但还有近40%的学生选择了错误答案，有31%的学生选择"国务院"，7.25%的学生选择"人民政协"，说明虽然教材中有这部分内容,但是教师在教学中仍需要设法夯实基础。

填空题部分第5题是考查"政治认同"中的"发展道路教育"。数据显示,对于"实现中华民族伟大复兴"这一点,近七成学生能完全回答正确,其余的回答也比较接近正确答案,虽然教材中尚无这方面的内容,但是从一个侧面反映出当前学校及社会重视"中国梦"的教育,能引导学生认识"中国梦"的核心是实现中华民族的伟大复兴。不过,仍有个别学生写"完全不知道"。

(2)"国家意识"方面。判断题部分第4题考查的是"国家意识"中的"国家利益教育"。超过90%的学生认为钓鱼岛是中国固有领土,但值得注意的是,有近一成的学生在此题中选错。因此,对于中国历史以及在全球化时代的多元复杂环境中自觉维护国家领土完整方面仍需要加强教育。

考查"国家意识"中的"国情观念教育"的题目相对较多,主要涉及填空题部分第3、4题、选择题部分第3、6、7、9题和判断题部分第2题。超过84%的学生知道杨利伟是我国首位航天员,70%左右的学生记得2010年世博会主题,81%的学生知道我国最长的河流是长江。76.25%的学生会通过各种方式关注国家大事,67%的学生知道我们是安理会常任理事国,88.75%的学生知道《南京条约》是清政府签订的第一个不平等条约。70%的学生认为中国用7%的耕地养活世界22%的人口是了不起的成就。这些内容在教材中均有出现,统计数据说明,现在五年级的学生对于我国国情方面的历史与现状有一定的了解,教师的教学效果较为扎实。

选择题部分第4题考查的是"国家意识"中的"民族团结教育"。对于中华民族的组成,有55.25%的学生回答正确,另有40%的学生选择"56",还有4.75%的学生选择"54"。从中可以看到,虽然有超过半数的学生比较了解我国民族的总体数量,但仍有接近半数的学生对此有所混淆。

选择题部分第12题和判断题部分第1题均考查的是"国家意识"中的"国际视野教育"。85.75%的学生选择"本土品牌向洋品牌学习先进经营模式,力争在市场占有一席之地",认为应该学习洋品牌的成功经验,提升竞争实力。这说明绝大多数学生拥有海纳百川的气度和胸怀,懂得在全球化时代的多元复杂环境中,为了国家利益必须开拓国际视野、不断进取的道理。但也有一成左右的学生选择"禁止外国品牌进入,大力发展中国本土品牌",

还有个别学生选择"外国品牌已经能满足市场需求，本土品牌存亡并不重要"。与之形成鲜明对比的是判断题部分第1题，学生对不需要和其他国家合作的认可度超过60%，选择"应该合作"的不到40%，令人诧异。看来对于五年级的学生进行国家利益教育需要进一步研究，不可或偏。

（3）"文化自信"方面。填空题部分中，关于文化自信教育的两个问题分别是"中国古代的四大发明"和"获诺贝尔文学奖的作家姓名"，这两题属于"文化自信"中的"历史文化教育"和"国家语言教育"的板块，回答的正确率分别为80.25%和84.25%。这说明学生对以上问题的认知度较高，这一方面是因为学生对于传统文化和当代社会热点实闻的关注度和掌握程度较高，对于此类问题的知识有着很高的学习热情；另一方面是教师在课堂教学中适时融入相关信息的意识也相对较强。

选择题部分中，关于文化自信教育的问题涉及"汶川地震"和"端午习俗"，属于"文化自信"中的"革命传统"和"历史文化"板块。前者回答的正确率为78.25%，大多数学生对于我国近期发生的重大灾难的时间、地点记忆较为清晰。后者有64%的学生选择"知道，我们更要过好自己的传统节日"。从中可以看到，大多数学生对于"源自中国的韩国端午祭申遗成功"表示愤慨，并愿意以此为鉴，更要过好中国人自己的其他传统节日，表现出强烈的忧患意识与责任意识。

判断题部分中，关于文化自信教育的问题涉及"中国加工业的发展"，本题内容属于"文化自信"中的"时代精神教育"板块，回答的正确率为80.5%，这说明学生对以上问题的认知度比较高。学生在答题时反映的是他们对此题的原始认知，从回答中可以看出，大多数学生具有开拓创新、锐意进取的精神，这反映了我们当前在这方面的教育比较成功。但也要看到仍有近两成的学生相对比较保守，可能基于自身个性方面的原因，也可能尚未形成奋勇争先的良好品质，抑或是对于"中国制造"和"中国创造"的内涵不甚了解。

简答题部分中，关于文化自信教育的问题涉及"践行传统美德"，本题属于"文化自信"中的"历史文化教育"板块。除了2.5%的学生未填写以外，其他学生从传统美德的各个方面都进行了事例介绍，这说明学生对以上问题的认知度还是比较高的。从回答中看出学生对于中国传统美德的认识比较全面、丰富，涉及人与自我、人与他人、人与自然多个方面，也反映出学校、家庭及社会各方对学生进行优秀人文传统教育的效果还是比较扎实、有效的。

辨析题部分中，关于文化自信教育的问题涉及"个人理想"，属于"文化自信"中的"时代精神教育"板块。98.8%的学生认为作为一名小学生应该拥有理想，这说明学生对以上问题的认知度很高。本学科的教学具有一定的实效，学生们懂得应该具备锐意进取、与时俱进的拼搏精神。而个别选择"同意"的学生其原因大致为：① 不理解"理想"的含义；② 觉得年纪还小，"理想"太远。

（4）"公民人格"方面。选择题部分中，关于公民人格教育的问题涉及"践行诚信""自我保护""勤俭节约""社会公德""环保"等方面，相关问题分别属于"公民人格"中的"健康身心""诚信尽责""自强合作"板块。其中对于大多数问题，学生的认知度较高，但是，关于"诚信"（65.25%）和"独立自理"（60.75%）方面的认知度一般。从本题的答题情况来看，家长、教师对于这三方面的教育比较关注，且最终落实到学生的实际行动之中。但是，我们也不难发现，还有小部分学生对于"诚信"和"独立"这两个方面意识较为薄弱，可能是学生对于它们的重要性和必要性并不重视，其原因可能在于现实社会生活中的一些负面影响以及家长的溺爱。

判断题部分中，关于公民人格教育的问题涉及"自然资源""人口问题"和"勤俭节约"等方面，属于"公民人格"中的"健康身心""诚信尽责"和"自强合作"板块。其中对于"节约资源"（98%）的认知度很高，而"人口问题"和"勤俭节约"方面的认知度一般，仅为63%左右。从学生答题情况来看，随着社会、学校及家庭的多方教育，节约意识和领土意识已经深入学生的心灵，而对于"节约"和"合作"的重要意义并未理解，且存在知行不统一的情况。

简答题部分中，关于公民人格教育的问题涉及"公平选举"，属于"公民人格"中的"诚信尽责"板块。绝大多数学生对选举的流程十分了解，这说明学生对以上问题的认知度很高。从学生的回答中可以看到绝大多数的学校和班级在学生干部公推直选方面做得比较规范，虽然个别细节有所不同，但是整个选举流程较为公开透明,而且充分建立在民主集中制的基础上,在尊重全体学生意愿的基础上,充分发挥了学生们的主观能动性。但也有学生反映在选举过程中的一些不公平现象,或有贿赂嫌疑,或有教师威权行为,值得引起关注和反思。

辨析题部分中,关于公民人格教育的问题涉及"相处之道""网络信息""自理自立"三方面,属于"公民人格"中的"健康身心""守法平等"和"自强合作"板块。学生对于这三方面都能给予正面回答(均在92%以上),说明学生对这些方面的认知度很高。从学生答题情况来看,说明本学科教材的学习对于学生的认知产生了至关重要的影响,教师在引导学生学习相关教材时不仅注重知识教学,更关注引导学生积极践行。

综上可见,对于德育顶层内容的四个方面,多数学生均具有比较正确的认识,总体回答正确率基本上都超过60%,甚至有些内容认可度极高,说明教师对这些内容的教学效果也较为扎实。相对而言,在政治认同部分,学生对于党和国家领导人的主要贡献知晓度更高,均接近90%,但对于国家政治制度和发展道路的认识,有近40%的学生在认知上存有混淆,需引起关注;在国家意识部分,大多数学生具有比较强烈的国家意识,通过《品德与社会》学科的学习,对国情历史与现状较为了解,掌握程度较好,但是对于中华民族的组成以及国际视野还有待在进一步分析原因的基础上开展适当的教育;在文化自信方面,学生比较了解和热爱民族文化遗产,并愿意传承革命精神,具有开拓创新的时代精神,学习热情较高;在公民人格方面,总体表现较好,但仍需注意引导学生知行统一。

二、问卷调查的现状与分析

从前面的调查中,我们发现,无论对高年级还是低年级小学生,对于"公民人格"和"文化自信"方面的社会主义核心价值体系,认知和接受情况都是比较理想的,但是对于"政治认同"和"国家意识"方面的社会主义核心价值体系,认知和接受程度则相对弱一些。究其原因,主要是"公民人格"和"文化自信"相关的知识更多与小学生的日常生活与个人规范相联系,使得小学生容易产生比较形象的、具体的和感性的认识,也有更多的机会进行参与和实践,而"政治认同"和"国家意识"则更多体现在集体活动中,对于小学生感受的"融入"来说还不够直接和有效。

而就高年级和低年级小学生的调查情况来说,我们发现,越是低龄的学生,对社会主义核心价值体系融入日常生活的要求就越高,效果也会越明显。因为小学生的独立自主性相对不高,对事物的认识更多是属于感性认识,且这种认识与社会结构的变化、学校的教育与家庭的氛围密切相关。结合部分具体调查的分析,我们更容易深刻理解小学生接受社会主义核心价值体系的现状与原因。

(一)小学低年级部分问卷调查及原因分析

1. 我国的首都是_____。

A. 北京(390人,97.5%)

B. 上海(10人,2.5%)

C. 重庆(0,0)

从这道题可以看出,97.5%的学生知道我国的首都是北京。可见,学生的国情意识还是很强的,绝大多数学生还是关心国家大事的。极个别学生认为是"上海",这可能是因为他们生活在上海,对这个城市很熟悉,也或许,极个别学生根本不理解"首都"的含义,上海又是现代化的大城市,理所当然认为上海是首都。

2. 我国的端午节是_____。

A. 农历正月初一(145人,36.25%)

B. 农历五月初五(187人,46.75%)

C. 农历八月初十(68人,17%)

关于"端午节",二年级的教材中还没有涉及,可能小学生对这种传统节日也不太感兴趣,所以答对的学生一半都不到,只有46.75%。可见,平时对学生的历史文化教育还是欠缺的。当然,如果仅从书本或者课堂上进行教育,恐怕效果会大打折扣,而如果将节日和历史文化教育与学生的课外活动相结合,让学生参与和融入,效果会好很多。

3. 小学一年级时我会戴上_____,二年级时我会戴上_____。儿童团和少先队是_____领导的。

A. 红领巾（277人，69.25%）

B. 绿领巾（359人，89.75%）

C. 共青团（144人，36%）

D. 共产党（224人，56%）

二年级小学生对于一年级要佩戴"绿领巾"，是非常熟悉的，绝大多数学生能正确回答，因为他们是有生活经验的。但是，学生在做这份问卷时是二年级上半学期，而入队和队课学习要到二年级的下半学期，所以大多数学生不太清楚二年级要佩戴"红领巾"，他们当时还是佩戴绿领巾的。这样一来，儿童团与少先队的领导者也就不明确了。

从这个题目可以明显看出，学生对相关知识的掌握极大地与自己的生活经验、情境和参与有关，这反过来进一步说明，要想取得好的教育效果，必须将教育融入小学生的生活中。

4. 做游戏时，我会做到_____。

A. 只要我能赢，可以不遵守规则（56人，14%）

B. 不在乎输赢，一定要遵守游戏规则（344人，86%）

从这道题中反映出的是大多数学生在游戏中，"不在乎输赢，一定要遵守规则"。学生的规则意识很强，明白遵纪守法的重要性。小部分学生（14%）觉得"输赢是最重要的，规则可以忽略"。这些学生自我意识较强，好胜心强，与这个年龄段学生的特点是较吻合的。

培养规则意识以及遵纪守法意识是一个长期的过程。在这方面家庭教育可能会囿于家长职业以及个人素质的高低，存在参差不齐的情况，需要学校教育在这方面起到引领和修正的作用。

5. 你在双休日要参加各种补习班，很辛苦。这不，刚想回家玩玩游戏放松一下。可是，爸爸却要带你去奶奶家，看望老人，你会怎么做呢？_____

A. "烦死了，打个电话问候一下，不就行了吗？"（6人，1.5%）

B. 两个星期没见奶奶了，奶奶一定很想我们，去看看她吧。（369人，92.25%）

C. 没办法，只好听爸爸的。（15人，3.75%）

对于"双休日是看望奶奶，还是打游戏放松"，92.25%的学生主动选择了"看望奶奶",只有极个别的学生(1.5%)选择"打电话问候",3.75%的学生无奈地选择"看望老人"。可见,绝大多数学生还是挺关心老年人的,对长辈是尊重的,知道老年人的需求就是"希望孩子常回家看看"。在这一点上,无论是学校还是家庭,"爱的教育"和"生活教育"对孩子以后的品性发展都是至关重要的。

6. 妈妈说:"宝贝,你长高了,上车要买票了。不过,乘地铁时,没人验票,你就钻过去吧,混一混。"你觉得妈妈说的有理吗?

A. 妈妈说的没错,没人检查的,可以混。(53人,13.25%)

B. 不行,不管有没有人检查,都得买票。(336人,84%)

C. 能混就混,不能混再买票也不迟啊。(11人,2.75%)

现在孩子长得很快,小学二、三年级就会超过1.3米,上车要买票了。面对妈妈说的"没人检查,可以混混",84%的学生认为是不对的,要自觉买票;只有13.25%的学生认同妈妈的说法;还有2.75%的学生是认为能混则混,不能混再买票。可以看出,绝大多数学生还是很诚信的,"要做个诚实的孩子"是学校、社会、家庭一直在教育的。极个别学生的选择也很真实,一定程度上反映了家庭教育相对缺失的问题。

7. 你最喜欢过什么节?最多选3个:_____

A. 圣诞节(178人,44.5%)　　B. 愚人节(25人,6.25%)

C. 中秋节(90人,22.5%)　　D. 端午节(48人,12%)

E. 春节(159人,39.75%)　　F. 复活节(33人,8.25%)

G. 儿童节(250人,62.5%)　　H. 国庆节(94人,23.5%)

I. 清明节(31人,7.75%)　　J. 重阳节(22人,5.5%)

K. 万圣节(86人,21.5%)　　L. 感恩节(38人,9.5%)

这道题是选择自己最喜爱的节日,结果最受学生喜爱的是"儿童节",占62.5%,这的确也是在意料之中的。接下来依次是圣诞节(44.5%)、春节(39.75%)、国庆节(23.5%)、中秋节(22.5%)、万圣节(21.5%)、端午节(12%)、感恩节(9.5%)、复活节(8.25%)、清明节(7.75%)、愚人节(6.25%)、重阳节(5.5%)。

出乎意料的是,中国传统最喜庆的春节竟排在外国的圣诞节之后。这与近年来社会上对于洋节的推崇有一定的关系。各大商场与广告的"圣诞节"打折活动，各种装饰品琳琅满目等等，冲淡了中华民族的传统节日气氛。因此，在这一点上，社会氛围的渲染对小学生的认知和接受的影响效果明显。

8. 妈妈的表姐从外地来了，小明第一次见到，应该很有礼貌地称呼她为（　　）。

A. 舅妈（82人，20.5%）　　　　B. 阿姨（95人，23.75%）
C. 姨妈（192人，48%）　　　　D. 婶婶（31人，7.75%）

中华民族经历了几千年的文字演变，对亲戚的称谓繁多。上教版二年级第二学期中就有《我家的亲戚》这课，对于一些家庭中的主要亲属关系与称谓展开教学。不过，学生在做这份问卷时是二年级第一学期的期末，虽然课堂上还没有接触到这类知识，但是，毕竟生活中，亲戚间还是有联系的，所以，对于"妈妈的表姐"的称呼，近一半的学生（48%）选择了"姨妈"，23.75%的学生选择"阿姨"，也不能说是不正确的，不少家庭也是这样教孩子的。

当然，这个题目反映出的问题，不只是家庭教育和学校教育的结果，更多是由社会结构的变迁造成的。在"二胎"政策落地之前，中国延续了30多年的"每对夫妇只生育一个孩子"的计划生育政策，使得家庭结构越来越简单，许多称呼实际上在孩子的生活中是缺位和"不在场的"。并且，人口流动增加、生活节奏加快、人际交往淡漠等因素也会客观上造成小学生对类似的"家庭关系"的淡漠和疏离。

9. 每年要有1亿条鲨鱼会为鱼翅捞饭、燕翅鲍这些昂贵菜肴付出生命的代价，对此你的看法是_____。

A. 鱼翅是财富、身份和地位的象征，不应该从餐桌上消失（27人，6.75%）

B. 拒绝食用鱼翅，保护濒临灭绝的野生动物（356人，89%）

C. 我不知道该怎样对待这个问题（17人，4.25%）

在这题中，89%的学生选择了"拒绝食用鱼翅"，只有6.75%学生选择"鱼翅是财富、身份和地位的象征，不应该从餐桌上消失"，还有4.25%的学生可能不清楚鱼翅是什么，选择了"我不知道该怎样对待这个问题"。学生明白动植物的生命一样值得尊重，也明白生态平衡的重要性，这与平时社会、家庭、学校的教育是分不开的。可见，在正确的引导下，正确的价值观也能在小学生心中慢慢形成。

10. 和家人逛商场，不小心走散了，我要这样做（可多选）：_____。

A. 随便问路人借手机打电话给妈妈（127人，31.75%）

B. 去找保安帮忙（335人，83.75%）

C. 在原地不动，等家长来（253人，63.25%）

D. 跑到商场门口等（72人，18%）

E. 自己一个人回家（11人，2.75%）

"和家人逛商场，走散了怎么办？"现实生活中，这个问题还是经常会发生的。大多数学生选择了"去找保安帮忙"，占83.75%；超过一半的学生选择"在原地不动，等家长来"，占63.25%；三分之一左右的学生还选择了"问路人借手机给家人打电话"，占31.75%；"跑到商场门口等"占18%；极个别学生选择"自己一人回家"，占2.75%。这道题与第22题差不多，前者是"居家安全"，后者是"外出安全"，从中可以看出，家庭、学校对学生个体安全是极为重视的，而学生自我保护的意识也较强。

11. 判断题：路上遇到老奶奶摔倒了，我不用去帮助她，因为我太小了。
（　　）

认为对的191人，47.75%；认为错的209人，52.25%

"关心他人、帮助他人"是一个革命传统教育的内容，学习雷锋、发扬雷锋精神，学校应该每年有这样的教育和活动。同时这是一个社会性的基础知识，是每个社会人都应该明白的道理。但是仍然有47.75%学生认为"不用去帮助她，因为我太小了"，这是个比较严重的问题，值得我们深度反思和高度重视。

综合现在的新闻报道和法律规定，孩子之所以选择不去扶，可能还不是因为"我太小了"，同时这也是对"老人倒地该不该扶"的一种反映。类似的讨论可能在家庭讨论中有涉及，社会的大环境可能也使得一些父母教育孩子如何更好地"保护"自己。因此，这已经不仅仅是学校教育的问题了，更是一个社会、家庭与学校教育合力的结果。

12. 简答题：自从进入小学以后，你养成了哪些好习惯？请说2个或3个。

主要有：

1. 自己的事情自己做（82人，20.5%）（其中自己整理书包29人，自己穿衣服5人，自己梳辫子2人，自己洗澡1人，自己过马路1人，自己削铅笔1人）

2. 自觉认真完成作业（66人，16.5%）（其中认真完成作业49人，按时完成作业21人，独立完成作业6人）

3. 帮助家里做家务（65人，16.25%）

4. 有礼貌（47人，11.75%）（其中主动打招呼15人，尊敬长辈2人，不打人4人，注意餐桌礼仪4人）

5. 帮助别人（44人，11%）（其中帮助同学8人，扶老人过马路1人，让座3人）

6. 爱护环境（29人，7.25%）（其中不乱扔垃圾9人，不随地吐痰2人）

7. 讲卫生（29人，7.25%）（饭前洗手11人，维护教室卫生6人，爱护眼睛1人，回家洗手1人）

8. 上课认真听讲（25人，6.25%）

9. 爱阅读（25人，6.25%）

10. 读写姿势正确、认真书写（24人，6%）

11. 按时睡觉起床（20人，5%）

12. 不迟到（20人，5%）

13. 积极举手发言（18人，4.5%）

14. 不浪费粮食（14人，3.5%）

15. 不说谎话（13人，3.25%）

16. 上下楼梯靠右走（12人，3%）

17. 认真学习（8人，2%）

18. 课间文明休息（8人，2%）

19. 不挑食（7人，1.75%）

20. 坐姿端正（5人，1.25%）

21. 爱劳动（5人，1.25%）（其中扫地拖地4人）

22. 不玩水、火、电（5人，1.25%）

23. 为班级服务（5人，1.25%）

24. 发言声音响（3人，0.75%）

25. 爱护公物（3人，0.75%）

26. 预复习（3人，0.75%）

27. 珍惜时间（2人，0.5%）

28. 不乱穿马路（2人，0.5%）

29. 听取别人意见（2人，0.5%）

30. 尊重国旗（2人，0.5%）

31. 其他：睡前关灯、及时订正、戴好绿领巾、学本领能坚持、不哭、吃饭快、与同学友好相处、遵守纪律、天天运动、物归原处、随手关灯、宽容他人、专心做事、收听新闻等。

以上回答说明，我们的学生通过学习养成了很多好习惯，教师的教育工作富有积极的成效，总体情况值得肯定。当然我们也应当看到，在学生"养成好习惯"的答题中，存在着一些问题。一是习惯比较"狭窄"。在30多个选项中，不够均衡，不够广泛，不够全面。二是习惯比较"自我"。关于"听取他人意见""不乱穿马路""爱护公物""为班级服务""上下楼梯靠右走"等公共性、社会性、利他性的习惯比例就比较小。三是习惯比较"功利"。受教材内容影响，受读书导向影响，受教师、家长教导影响，学生答题主要围绕作业、听讲、自主、阅读、礼貌、守纪等"学校教育"为主的内容展开，这种"有用"的习惯难免会有"功利"的偏颇。学生答题反映的是教师的教育，因而应该引起教师的重视。

（二）小学高年级部分问卷调查及原因分析

1. 中国古代的四大发明是_____、_____、_____、_____。

本题填写正确率为80.25%（321人）。主要错误原因有：

（1）写不完全四大发明，写不出"造纸术"和"印刷术"。

（2）不规范，将"火药"写成"炸药"，"活字印刷术"写成"印刷器"。

（3）写错别字："造纸术"中的"纸"。

（4）漏写："活字印刷术"前的"活字"没写。

（5）答案不正确：避雷针、丝绸等。

本题属于"文化自信"中的"历史文化教育"板块。四大发明是体现中华民族灿烂文明发展的重要史实，也是我们对中华文化自信与自豪的标志。学生回答问题的正确率高达80%以上，说明大部分学生比较了解中国传统文化这部分的内容，也在某种程度上反映了学生对本民族文化遗产的热爱之情。

2. 1935年1月的遵义会议，确定了以_____为代表的党中央的正确领导。

A. 周恩来（25人，6.25%）

B. 毛泽东（348人，87%）

C. 邓小平（27人，6.75%）

本题涉及"政治认同"板块中的"党的领导教育"。有87%的学生选择"毛泽东"，6.75%选择邓小平，6.25%选择周恩来。从中可以看到，大多学生对于中国共产党的发展历程及核心领导人还是有初步了解的，这说明教师在课堂教学中对于"党的领导教育"这一方面的知识及相关历史背景的教学比较扎实。但还有小部分学生对于党的"核心领导者"与"领导人"在概念上和所处年代时间顺序上的认识还有所欠缺。

3. 你会通过看电视新闻、阅读报纸杂志、收听广播、上网浏览等方式来了解和关注国家大事吗？_____。

A. 经常（305人，76.25%）

B. 很少（89人，22.25%）

C. 从不（6人，1.5%）

本题涉及"国家意识"板块中的"国情观念教育"。选择"经常"的学生占比76.25%，选择"很少"的学生占比22.25%，选择"从不"的学生占比1.5%。从中可以看到，大部分学生还是比较愿意了解我国的国家大事，有一定的社会责任感。但是还有小部分学生很少关心国家大事，甚至不关心，其原因为：①忙于学习，时间上无法保证；②觉得新闻的内容比较枯燥，缺乏兴趣。

4. 答应别人的事情你有没有做到？_____。

A. 一直都说到做到（261人，65.25%）

B. 偶尔有做不到的时候（133人，33.25%）

C. 经常有做不到的时候（4人，1%）

未填（2人，0.5%）

本题涉及"公民人格"板块中的"诚信尽责教育"。有65.25%的学生选择"一直都说到做到"，选择"偶尔有做不到的时候"的学生占比33.25%，选择"经常有做不到的时候"的学生占比1%。数据显示，大多数学生还是比较讲究诚信，能说到做到。"诚信教育"在五年级教材中有所涉及，从问卷中可以看出教师对于"诚信教育"的教学比较扎实、到位，最终落实到学生的实际交往中。但还有小部分学生在这一方面意识较为薄弱，有不讲诚信的情况产生，这说明这部分学生对于诚信的重要性和必要性并不太重视，这和现实社会生活中的一些负面影响有一定的关系，学生以诚待人、诚实守信的意识和行为习惯有待进一步提高。

5. 我们国家的国家权力机关是_____。

A. 国务院（124人，31%）

B. 人民代表大会（245人，61.25%）

C. 人民政协（29人，7.25%）

未填（2人，0.5%）

本题涉及"政治认同"板块中的"政治制度教育"，有31%的学生选择"国务院"，"人民代表大会"的选择占比61.25%，"人民政协"的选择占比7.25%。从中可以看到，一半以上的学生对于本题涉及的知识有所了解，对于我国政治制度的基本框架有基本了解。但还有近40%的学生选择了错误答案，其原因为：① 教材中对于这一信息未涉及；② 学生自身对于这一知识不关心、不知晓。

6. 今天，许多外国品牌涌入中国市场，使得中国本土品牌生存产生压力，面对这一情况我们应该_____。

A. 禁止外国品牌进入，大力发展中国本土品牌（44人，11%）

B. 外国品牌已经能满足市场需求，本土品牌存亡并不重要（13人，3.25%）

C. 本土品牌向洋品牌学习先进经营模式，力争在市场占有一席之地（343人，85.75%）

本题涉及"国家意识"板块中的"国家利益教育"。有11%的学生选择"禁止外国品牌进入，大力发展中国本土品牌"，3.25%的学生选择"外国品牌已经能满足市场需求，本土品牌存亡并不重要"，85.75%的学生选择"本土品牌向洋品牌学习先进经营模式，力争在市场占有一席之地"。从中可以看到，大多数学生认为应该学习洋品牌的成功经验，提升竞争实力。这说明学生拥有海纳百川的气度和胸怀，懂得在全球化时代的多元复杂环境中为了国家利益必须开拓国际视野、不断进取的道理，这与本学科教材中的教学内容相契合。少数学生选择了错误答案，其原因为：年龄限制认知，学生对于"市场竞争"与"国家利益"之间的关系不理解。

7. 看中一套心仪很久的电子产品，但是价格昂贵遭到家长拒绝，你会_____。

  A. 千方百计缠着父母一定要买下来（6人，1.5%）

  B. 心里很抱怨，生闷气，不理睬他们（5人，1.25%）

  C. 想想也不是生活的必需品，的确太贵，以后再说吧（389人，97.25%）

本题涉及"公民人格"板块中的"自强合作教育"。有1.5%的学生选择"千方百计缠着父母一定要买下来"，1.25%的学生选择"心里很抱怨，生闷气，不理睬他们"，97.25%的学生选择"想想也不是生活的必需品，的确太贵，以后再说吧"。从中可以看到，绝大多数的学生通过本学科相关内容的学习后，面对心仪物品的诱惑时，能冷静面对，具备一定的勤俭节约的意识和宽容的心态。当然，还有极个别学生对于这一方面的认知还有待提高，学校教育与生活实际还需有机衔接。

8. 爸爸要开车去离家不远的超市买点零食，你认为_____。

  A. 超市有停车场，开车购物方便（8人，2%）

  B. 那么近不用开车，节能减排（389人，97.25%）

  C. 无所谓，反正大家都开车（3人，0.75%）

本题涉及"公民人格"板块中的"身心健康教育"，有2%的学生选择"超市有停车场，开车购物方便"，97.25%的学生选择"那么近不用开车，节能减排"，选择"无所谓，反正大家都开车"的学生占比0.75%。从中可以看到，大多数学生对于本题涉及的知识有所了解，具备关心自然的意识，这说明教师对于"健康身心教育"比较重视，在教学相关内容时不仅重视知识点的教学，更关注与生活实际相联系。但还有少数学生选择了错误答案，其原因为：① 受到身边人、事、物的影响；② 缺乏相关知识的了解。

9.（判断题）钓鱼岛自古以来就是我国的领土。　　　　　　　　（　　）

认为对的372人，93%；认为错的28人，7%

此题属于"国家意识"中的"国家利益教育"板块。认为钓鱼岛是我国领土的学生占比超过90%，但仍有将近10%的学生选择错误。因此，对于中国历史以及在全球化时代的多元复杂环境中自觉维护国家领土完整方面仍需要加强教育。

10. 现在我还是小学生，所以建设国家和我无关，那是大人的事。

（　　）

认为对的252人，63%；认为错的148人，37%

本题属于"公民人格"中"身心健康教育"板块。只有37%的学生认为建设国家和自身密切相关，这点值得进一步探讨。首先，对个人成长与国家繁荣富强之间的关系，需要通过研究与讨论，在成人群体中达成共识；然后要引导学生认识到并增强自身作为公民的责任意识，树立起正确的人生观和价值观，并且引导学生能将个人理想与祖国命运结合起来，真正地落实社会主义核心价值观教育。

11. 中国的加工制造业很发达，但是我认为"中国制造"还应该发展为"中国创造"。（　　）

认为对的322人，80.5%；认为错的78人，19.5%

本题属于"文化自信"中"时代精神教育"板块。在科教版教材中要到第二学期才有此相关内容，因此学生在答题时反映的是他们对此题的原始认知，从回答中可以看出，大多数学生具有开拓创新、锐意进取的精神状态，这反映了我们当前在这方面的教育比较成功。但也要看到仍有近二成的学生相对比较保守，可能基于自身个性方面的原因，也可能尚未形成奋勇争先的良好品质。因此，提醒我们在教育中需要关注学生个性化的需求和思考，对症下药，培育学生不惧风险、锐意创新的信心和信念，以健康积极的心态迎接各类挑战。

12. 简答题：请介绍一下自己班级选举学生干部的基本程序。

（1）首先由学生自荐—然后有一段时间准备竞选演说，进行自我介绍，有些还会进行才艺展示或辩论，让大家观察—接着不参与竞选同学根据学习成绩/关心同学/才艺展示/管理能力/自己认为比较靠得住的等标准进行无记名投票—当场唱票及统计—票数最高者作为大队委员候选人参与学校竞选，之后根据票数情况确定中队长和小队长人选，有的还会由各科老师过目认可，有的是由老师决定当选者的各个岗位分工。

（2）还有一种形式：学生和老师提名候选人名单，人数一样就直接当选，人数超过岗位数就投票决定，人数少于岗位数就再推荐。

（3）个别学生写道：在选举过程中会有拉票行为（1颗糖换1票），有时教师也会在同学投票时对其希望入选的候选人有所暗示，还有的从一年级之后就没有再进行过民主选举，有时是由教师根据学生的进步表现和学业成绩来直接任命干部。

4人未填写，1%。

本题属于"公民人格"中的"诚信尽责教育"板块。从学生的回答中可以看到，绝大多数的学校和班级在学生干部公推直选方面做得比较规范，虽然个别细节有所不同，但是整个选举流程比较公开透明，而且充分建立在民主集中制的基础上，主要发挥了学生的主观能动性，尊重了全体学生的意愿。但也有学生反映在选举过程中的一些不公平现象，或有贿赂嫌疑，或有教师威权行为，值得引起关注和反思，需要增强教师的育德意识和育德能力，提升教师引导学生开展公正公平选举活动的方式和策略。

（三）小结

在小学阶段，学校教育和家庭教育都是价值观教育的主要战地。相对而言，小学生更容易接受与个人的生活和实践相关的教育内容和方式。比如对个人安全、个人规范、传统文化、国情等的了解等。另外，小学生关于"安全"和"诚信"等方面的选择，也在一定程度上反映了家庭教育的重要性。学校教育很大程度上被家庭教育影响和制约着。在教学中，如何与家庭教育基本保持一致，争取家长的正面引导，是必须认真考虑、周密策划和积极实践的重要任务。社会结构的变化、社会氛围的渲染也在极大程度上对小学生的价值选择和判断造成极大影响。比如对亲属的正确称谓，一定程度上受家庭结构的变化影响，而出现一些淡漠或者式微；另外，学生对我们的传统节日了解不多，兴趣也不是很高，当然这一定程度上受当今社会上热衷过洋节的影响，但关键还在于教师的引导。希望教师在教学中要选取鲜活的事例，生动地展现中华民族传统节日的魅力以及传统节日的意义，同时能结合实际，适当地开展与传统节日相关的活动，加强传统节日的教育，增强其感染力、吸引力和感召力。

学生言行统一的践行有一定难度。从调查中可以了解，学生有很强的明辨是非的能力。但是，实际生活中有些学生还是会"明知故犯"。因此，要不断教育，反复训练，真正让学生做到"言行统一"，形成习惯，走向自觉。另外，健康身心、守法诚信、自由平等和自强不息是公民人格的重点内容，在学校教育和家庭教育中要加强学生自信、自立、不怕困难的教育，通过一些训练和活动来增强学生的抗挫折能力，从而为未来的发展打下基础。除此之外，还可以在学校专题教育中增加国情教育、历史文化教育、革命传统教育等相关内容。教学时，与学校专题教育结合在一起，提高教学的实效，增强学生的爱国情怀。

学校、家长及社会要关注多元资源的开发与运用，为学生创造更多的实践、反思的机会。如"身高超过130 cm，家长不愿给孩子买票，能混就混"，"学校的爱心活动，家长不是很支持"等回答就可见家庭教育在这方面的缺失，因此需要各方联手，形成合力，共铸德育教学实效。在教材修订过程中，可以针对德育内容要点，适当加入相应的教学内容，并用学生能够理解的语言进行表述，例如"中国梦""我国的政治制度"等，进一步丰富教学内容。教师在开展课堂教学活动时，要更多地关注教材与生活实际的整合，使课堂更真实、更与时俱进，并要加强教学策略的研究。

第三节 推动社会主义核心价值体系融入小学教育的路径与方式

小学生德育的重要内容之一则是社会主义核心价值体系。而目前学界关于社会主义核心价值体系与小学德育相关研究成果比较少，主要有通过校园文化促进社会主义核心价值体系的建设；以传统文化节日为有效载体，充分利用红色文化资源来加强社会主义核心价值体系教育等，也有学者指出要将社会主义核心价值观主要内容融入语文、历史等中小学其他相关课程中，开设选修课和专题讲座等。总的来说，社会主义核心价值体系教育的"载体研究"是目前的理论成果的主要聚焦点。事实上，在中小学生社会主义核心价值体系的教育中还有许多有效的路径和形式，需要进行系统的总结和提炼，以进一步创新融入的路径和方法。

根据小学生易于接受感性材料的特点，从社会主义核心价值体系融入小学教育的现状研究出发，我们需要系统规划，创新实践方式，探索社会主义核心价值体系融入小学德育课程、融入校园文化的路径和方法，充分发挥家庭这一价值观教育阵地的作用，探索学校与家庭、社会有效结合进行社会主义核心价值观教育的方式，要批判地吸收国外价值观教育的经验，通过开展丰富的校内外活动引导学生的价值观选择。

一、在系统规划中全学科融入

首先要系统规划社会主义核心价值体系教育。《国家中长期教育改革和发展规划纲要（2010—2020年）》（以下简称《纲要》）指出：加强马克思主义中国化最新成果教育，引导学生形成正确的世界观、人生观、价值观；加强理想信念教育和道德教育，坚定学生对中国共产党领导、社会主义制度的信念和信心；加强以爱国主义为核心的民族精神和以改革创新为核心的时代精神教育；加强社会主义荣辱观教育，培养学生团结互助、诚实守信、遵纪守法、艰苦奋斗的良好品质。加强公民意识教育，树立社会主义民主法治、自由平等、公平正义理念，培养社会主义合格公民。加强中华民族优秀文化传统教育和革命传统教育。《纲要》中的很多提法与改革开放以来的社会主义核心价值体系教育政策一脉相承。从20世纪80年代的"五讲四美、文明礼貌"活动，到作为中国社会主义道德建设基本要求的"五爱"教育，再到21世纪初中共中央颁发的《公民道德建设实施纲要》，我国社会主义核心价值观建设的具体表现形式和不同的历史时期都在其中体现出来。我国如今的社会主义核心价值观成果的取得就是因为有这些政策的一脉相承。新时期，为了推进社会主义核心价值观教育的贯彻落实和不断发展，我们仍然需要一个良好的持续的政策环境。

其次是社会主义核心价值体系教育要纳入学校发展规划之中，然后加强落实。坚持将社会主义核心价值体系融入国民教育和精神文明建设的全过程中，并且贯穿到现代化建设的各个方面，新时期小学生思想品德教育的重大课题是帮助广大少年儿童树立社会主义核心价值体系，坚持正确的价值取向，这也是一个必须付诸实践的现实任务。小学生是社会主义核心价值体系教育的起点，也是重点，如何塑造他们的核心价值观是至关重要的。在小学阶段，要发挥价值观教育主渠道的功能和优势，把社会主义核心价值观教育纳入学校总体发展规划之中，体现在学校教学和管理的各个方面，贯穿于思想道德建设的各个环节，研究制定加强社会主义核心价值观教育的工作计划，细化社会主义核心价值观教育的工作目标和步骤，明确工作责任，落实工作措施。

再次，发挥课堂教育的主渠道作用，在中小学教材中融入社会主义核心价值体系，充分发挥教学的力量和挖掘价值教育的潜能。个体知识和经验的积累有助于价值观的形成。以小学生的心理特点与认知能力为根据，采取灵活多样的方法和途径，注重双向互动，变单纯灌输为多向渗透，寓教于乐，通过主题鲜明、形式新颖的活动，吸引学生积极参与，自我教育。课程是进行价值观教育的主要载体，要充分利用"品德与生活""品德与社会"等德育课程，对学生进行社会主义核心价值体系的教育，使社会主义核心价值体系教育进入教材、进入课堂、进入头脑。例如《品德与社会》五年级下册《温情寄给希望小学》一课，通过教学使得学生了解到我国还有一些欠发达地区，那里的孩子生活、学习条件仍然比较艰苦，需要我们伸出援助之手，尽力改善他们的学习和生活条件。通过此类教学，对学生进行团结友善、关爱他人的教育。除品德与思想政治课程之外，还应该充分发挥各学科教学活动的载体以及渗透作用，要在教学中对学生进行系统的、分层分类的社会主义核心价值体系教育。比如，在语文课本中就蕴含着丰富的价值观教育资源，教师可以通过引导学生对课文中的人物及中心思想进行解读，让学生在不知不觉中感受到正能量的熏陶和感染，形成文化认同和民族意识；在科学课或地理课的学习过程中，教师可以利用课程资源引导学生对大自然和祖国的热爱之情，学习和自然的和谐相处之道；学生可以通过音乐、体育、美术等学科学习和掌握相关的知识和技能，接受美的陶冶和健康的教育，并逐步形成自由、平等、民主、和谐的价值观。除此之外，学校还可以结合当地地方特色，通过创建校本课程对小学生进行社会主义核心价值体系教育。

二、创新实践方式的全过程融入

知行统一是社会主义核心价值体系的重要特征，这需要内化为学生的精神追求，外化为学生的自觉行动，不仅要"说"，更需要"做"。因此，关键的问题是如何将大量抽象的理论观点转化为小学生喜闻乐见、切实需要、能够理解和接受的东西，将社会主义核心价值体系转变为小学生自身道德发展的需要。因此，小学生的社会主义核心价值体系教育，不能只是知识和理论的教育，更应该是一种实践方式和习惯的养成教育，唯有如此才能真正地入脑入心。

课堂教育是小学生教育的主渠道，但在加强课堂教育的同时，也要倡导学生开展社会实践和公益活动，在社会实践中强化和突出社会主义核心价值体系教育的具体要求，教育引导学生从小事做起、从自身做起、从点点滴滴做起，把树立和弘扬社会主义核心价值体系的客观要求内化为自觉行动，在日常学习生活中自觉地养成良好的道德品质和正确的行为规范，真正做到知行合一、诚实做人、诚信做事。学校可以通过开展内容丰富、形式多样的社会实践活动，来引导学生在服务他人、奉献社会中升华对社会主义核心价值体系的认识和理解。例如鼓励学生积极参加力所能及的家务劳动和校内劳动，鼓励学生组织开展植树造林、变废为宝、争做文明志愿者、参与社团和队报宣传等活动，潜移默化地增强实践活动的熏陶培育作用。还可通过组织观看爱国影片、参观革命教育基地、参加社区义务劳动等形式多样的社会实践，使学生了解和践行社会主义核心价值观。此外，还可以运用网络等小学生喜爱的载体，通过开设辅导员、班主任教师博客和班级微博微信等，争取邀请教育专家、教学名师、优秀导师参与社会主义核心价值体系进网络，加强教育的针对性和实效性。

另外，学校还应该精心设计和组织开展内容丰富、形式多样、吸引力强的校园文化活动，调动学生主动参与的积极性。可以长期开展爱学习、爱劳动、爱祖国等主题教育活动，或是勤俭节约、助人为乐等专题教育活动；另外，可利用好盛大的传统节日，以及利用入学毕业、入队离队等有特殊意义的日子，开展爱国主义、民族传统和礼节礼仪等教育。

总之，要利用不同的时机，采取不同的教育方法，不断丰富社会主义核心价值观教育的内容和形式，通过学生喜闻乐见、参与性强的校园和社会实践活动，让社会主义核心价值观更容易被学生接受。

三、构建学校、家庭、社会"三位一体"的立体化教育网络的全方位融入

环境具有潜移默化的育人功能，并且小学生更容易受到环境的影响。因此，在小学生中开展社会主义核心价值体系教育，要特别注意营造良好的氛围，做到全方位地融入。小学生的社会主义核心价值观教育是一项复杂的社会系统工程，在发挥学校教育主渠道的同时，也要充分地发挥校外教育优势，努力搭建学校、家庭和社会"三位一体"的未成年人思想道德教育网络体系，为培养小学生的社会主义核心价值体系发挥积极作用。

首先，加强校园文化建设。校园文化指的是"弥散在学校场域中的观念、制度、关系、行为及物理环境等构成的生活环境和生活方式。……社会主义核心价值观的提出，为学校价值观的凝练提供了指导"[①]。学校要以社会主义核心价值体系教育为导向和内涵，把德育放在更加重要的位置，全面养成优良的校风、教风和学风，加强师德建设，坚持教书育人，开展丰富多彩、健康向上的校园文化活动，弘扬主旋律，不断满足学生日益增长的精神文化需求。同时，要根据少年儿童的特点以及成长规律，循循善诱，做好感受性融入，努力做到不仅传播知识，还要传授美德，让每一堂课、每一次活动都能健康身心、陶冶性情，让社会主义核心价值观的种子在学生们的心中生根发芽。

其次，与家庭教育结合。家庭是孩子的首个课堂，父母是孩子的第一个老师。家庭在小学生的价值观教育中起着重要作用，家庭教育也是社会主

---

① 石中英：《中小学校开展社会主义核心价值观教育的基本途径》，《人民教育》2014年第18期。

核心价值观内化最为首要的、基础的、重要的路径选择。父母和其他家庭成员要对孩子在情感上加以熏陶、引导,通过言传身教,用正确的行动、思想和方法教育和引导孩子,从小事中教会孩子欣赏真善美、远离假丑恶,帮助孩子形成正确的世界观、人生观、价值观。

再次,营造良好的社会氛围。小学生传承和实践社会主义核心价值体系的过程中,需要整个社会的"言传"和"身教"。在小学生的核心价值观方面,诸如诚实、友爱、尊重、合作等核心价值,必须加强感受和引导教育。在核心价值观的构建上,成人应该承担社会的示范作用的责任。师长要为人师表,父母要为人楷模,从而为小学生树立榜样。"全社会都要了解少年儿童、尊重少年儿童、关心少年儿童、服务少年儿童,为少年儿童提供良好的社会环境。对损害少年儿童权益、破坏少年儿童身心健康的言行,要坚决制止和依法打击。"①

学校和家庭、社会校内外合力开展道德价值观教育,为小学生营造良好的环境,历来都是小学德育所提倡的有效途径。教育部的《构建大中小学德育体系以及关于深入贯彻中共中央国务院关于进一步加强和改进未成年人思想道德建设的若干意见》提到,中小学德育工作中,学校教育要与家庭教育和社会教育联手,全社会也要营造适合未成年人健康成长的氛围。新中国成立以后,各地的少年宫、文化馆等校外教育基地也一直很好地配合着小学德育教育,近年来,博物馆的免费开放成为小学生道德价值观教育的又一有效空间。

但不容忽视的是,我们有时依然会遇到家长的不理解、不支持,社会整体不具备良好环境等各种各样的问题。例如,有些家长只关心孩子的成绩或者学习各种特长,强迫孩子参加过多的辅导班;又如家长本身言行无度,价值观不正确,这些都潜移默化地影响着小学生的道德价值观。在这方面,国外一些国家的价值观教育为我们提供了良好的借鉴。

四、积极借鉴国外优秀的教育经验

价值观的形成是一个长期发展的过程,而价值观教育是塑造和影响人

---

① 习近平:《从小积极培育和践行社会主义核心价值观》,《人民教育》2014年第12期。

类价值观形成的重要形式。在如今这样全球化、多元化的文化背景下，不同的价值体系之间的交流、交锋和交融都可以为我们的价值观教育提供诸多启发。西方价值观教育模式有的强调道德认知能力的发展，有的强调道德情感的发展，有的则主张加强行为习惯的培养，有的强调个体经验的重要性……尽管它们各自产生的时代、文化、国家背景不同，出发点、理论基础和方法也各异，但是其研究成果和实践经验却是值得我们学习和借鉴的。国外的价值观教育呈现出许多新元素、新理念，它强调以人为本、涉及价值观结构的多重向度、重视情感和体验等。通过不同价值体系的交流、交锋和交融，可以为价值观的发展创设新情境，提供新思路和新方法。

小学生的价值观教育应侧重道德价值观教育。在价值观教育的内容上，虽然各国的提法不同，但主要都体现为道德价值观的教育，这是与价值观教育的要旨、小学生生命成长阶段的规律相对应的，例如美国的品格教育、澳大利亚和新加坡的公民教育、日本的心灵教育等。

美国价值观教育的突出特点是将价值观转化为生动具体的实例，把学校价值观教育转化为学生日常生活的学习和实践。公民价值观教育作为美国教育的主线，是美国教育系统坚持发展的重要科目。在总结历史经验、维系社会平衡的基础上，美国政府对于社会、家庭和学校联手开展公民价值观教育的方式颇为重视，形成了个人、家庭、学校、社会四位一体的教育体系，环环相扣，效果显著。尽管美国的价值观教育并没有呈现出专业化特点，但他们普遍采用了"隐性课程"的模式，将社会所倡导的核心价值观和公民应当具备的价值观融入课程体系之中。"美国在核心价值观的教育上，除了一般化的学校课程之外，还调动社区、家庭、公司、非政府组织等在内的其可以发动的力量参与到核心价值观的教育之中，同时将一般课程个性化也是美国核心价值观教育的创新之处。"[①]

在澳大利亚的思想教育中，他们倡导的主要是"公民教育（Civics Education 或 Citizenship Education）"和"价值观教育（Values Education）"。学校的公民教育从20世纪80年代就被澳大利亚政府列为政府政策的重

---

① 邓达、刘颖：《美国中小学核心价值观教育及其启示》，《教育科学论坛》2015年第1期。

点，1994年组织成立了澳大利亚公民学专家小组（Australian Civics Expert Group），用来专门制定公民教育发展规划。1997年，澳大利亚教育部颁布了"发现民主计划"（Discovering Democracy）。2005年初，澳大利亚教育、科技与培训部发布了澳大利亚学校价值观教育大纲，自上而下地持续推动全国学校价值观教育的开展。"澳大利亚以'价值观'教育为核心对青少年进行思想教育，把'做一个好公民'作为青少年价值观教育的最终目标，通过课堂教学和课外活动等形式，对青少年进行个人权利和价值教育，从而有利于青少年树立正确的价值观念。"[1]

宣传爱国主义以及捍卫国家利益是新加坡公民教育政策的首要内容，除此之外以儒家的忠孝仁义等为主导思想，强调种族和谐和发扬亚洲人的传统价值观。作为一个深受西方文化影响的多元化现代国家，新加坡的公民教育不仅体现了亚洲价值观，即以儒家伦理价值追求为基本精神，强调正直、忠诚、诚实、信任、同情心和责任感，而且吸取了西方的科学理性精神和其他民族的精神气质。新加坡小学的价值观教育以《好公民》教材为蓝本，强调对学生德育发展不同阶段的考虑，从思想行为的发展范围把德育划分为六个不同层次的重点，即德育应该先从学生个人开始，然后扩展到家庭、学校、邻居、国家乃至世界和全人类。因此，其课程内容的重点是随年级而发展的，从"个人""家庭"到"邻居""学校"，再扩展到"国家"和"世界"。新《好公民》课程的主题有七个，它们分别是：培养品格；发挥个人潜能；培养人际关系；肯定家庭生活的意义；促进社区精神；助长文化与高尚品德；发扬献身国家建设精神。

日本在第二次世界大战之后曾经提出把公民科改成社会科，用美国式的德育来代替日本德育，在学校中不设德育课，而强化智育。但后来还是重新在中小学开设德育课，旨在恢复儒家伦理、佛道精神等。随着时代发展，日本越来越重视学校内的德育教育，强调要把德育放在学校工作的首要位置，改"智、德、体"为"德、智、体"，实行家庭、社会、学校一体化战略，在倡导尊重个人和个性的同时，突出对社会责任和纪律的教育。日本在中小学校中开设

---

[1] 董轶文、姜相志：《澳大利亚青少年价值观教育》，《思想政治教育研究》2008年第2期。

"特设道德时间"课，每周一节，在课外或特别教育活动时间进行，主要由班主任负责指导。文部省的《学习指导要领》对"特设道德时间"课的目标、内容、教学计划和上课时的注意事项都作了明确规定，并具体指明了道德标准和内容。就教育目标和内容来说，在小学，日本的价值观教育按照低中高三个阶段以道德教育的形式进行。根据学生年龄和理解程度来安排进程，每个年龄段的道德教育内容都分为自身方面、自己与他人、自己与自然、自己与集体和社会四个层次，使得道德教育内容循序渐进，各个年级都有重点、有目标。

与国外的价值观教育相对比，结合我国学校价值观教育的发展现状，由此可以发现我们教育中的不足之处：如师生间对话的匮乏、教育目标缺少较为具体的描述、教育内容不够生活化、人文思想有欠缺等方面。为了进一步提高我们的社会主义核心价值观教育的水平与优化实践效果，我们需要加大小学生价值观教育的力度。尽管随着我国素质教育的推进与深入，小学德育工作不断得到了加强，但受"应试教育"等因素的影响，小学的价值观教育还是没有得到应有的重视。从国外价值观教育的分析中可见，它们有很多专门的价值观教育机构与组织，这很有利于推动小学价值观教育的开展与深入。虽然我国已有一些地区或学校建立了价值观教育机构与组织，但很多地区和学校还是缺乏自己的机构与组织。所以我国应该借鉴这样的形式，在不同层面上组织价值观教育专项工作，成立专门的研究机构、研究小组，不断推动与深化小学生价值观教育的实践与研究。

另外，我国关于价值观教育的实证研究、经验研究较少，因此在具体操作上可能缺乏一些针对性和有效性，这一点也需要借鉴国外相关的研究经验。另外，鉴于我国的价值观教育与意识形态紧密联系的特殊性，如何发挥教师（特别是思政课教师）职业认同的积极性，以及发挥教师对学生的思想引领和榜样作用，这是我们需要进一步挖掘的资源。

第四章

社会主义核心价值体系融入中学教育研究

中学是一个人人生中重要的阶段,初中生已经逐渐脱离了具体思维,进入了抽象思维,能够对事物做出概括的、间接的反应;高中生的思维发展开始进入抽象逻辑思维和辩证思维阶段。以中学生的思维现状为遵循,针对性开展社会主义核心价值体系的教育活动,实现社会主义核心价值体系尤其是社会主义核心价值观与中学生有机融合。本章在阐述理论的同时,专门介绍几个中学所进行的社会主义核心价值体系的融合试点经验。

第一节 社会主义核心价值体系
融入中学教育的条件

习近平总书记强调,"青少年阶段是人生的'拔节育穗期',最需要精心引导和栽培"。[①]在中学阶段进行社会主义核心价值体系教育,以回应社会转型对价值体系学习提出的新要求。青少年儿童的价值观发展呈现马鞍形,即儿童时期与成熟期发展水平较高,而包括中学学段在内的发展却有倒退现象。

---

① 《习近平主持召开学校思想政治理论课教师座谈会强调 用中国特色社会主义思想铸魂育人 贯彻党的教育方针落实立德树人根本任务》,《人民日报》2019年3月19日。

造成这个现象的原因是中学生处于由儿童的他律道德向成熟的自律道德的"转型期",中学生身心发展规律说明了对中学生进行价值观教育很有必要。

一、社会转型对价值观学习提出新要求的回应

人是社会性的存在。自从改革开放以来,我国以经济建设为切入点所导致的社会整体转型是讨论价值观及其教育最大的、最根本的背景。我国社会的转型是从经济转型开始的,由此引起全方位变革,包括由计划经济向市场经济的转变,从封闭保守向开放包容的转变,从道德社会向法治社会的转变以及公民意识的觉醒等。这些变化导致了价值观念的冲突和较量,诸如集体主义与个人主义、道德至上与利益为先、价值多元与核心价值观、个性自由与社会秩序等[1]。而市场经济体制的建立与完善的过程是当今中国社会最伟大的实践。市场经济推崇独立自主的判断、选择与行动,崇尚平等、自由的竞争,它与我国传统的伦理道德社会取向有着不同的性质和追求。道德所关心的是社会的和谐与协调,个人行为的出发点和归宿是"贡献",在于"行义";与道德有所不同,经济的本质在于"为利",尽管这种"为利"也包括"为社会的利",但是,从事经济活动的任何单位或个人首先关注的却是"自己的利",即所谓"私利"。改革开放几十年,既是社会经济、政治结构发展根本转变的几十年,也是青少年价值观风云变化的几十年。吴育林[2]认为,我国改革开放后,人们道德价值观念的变化呈现两种趋势:一是世俗化。即从过去神圣崇高的、道德、理想的价值观,向以追求现实的物质生活和个人幸福为核心的价值观方面转化。二是多样化。中国传统社会的价值取向往往是单一的,即以特定时期的某位历史思想家设计的某种崇高理想为人们的确定价值选择。改革开放打破了这种单一僵化的格律和秩序。人们开始反叛迷信,鄙视依赖,追求个性,强调主体,接受多元,渴望自由选择自己的行为生活方式。这种心理,从具体表现形式看,有自主、平等、自由、务实、竞争、创新、效益等新的积极方面的观念的出

---

[1] 刘巍巍:《小学生利他行为培养研究》,辽宁师范大学博士学位论文,2013年,第38—40页。
[2] 吴育林:《论改革开放过程中道德价值观念的变化》,《现代哲学》1996年第3期。

现，同时也产生了个人主义、拜金主义、享乐主义、本位主义等消极颓废意识。姚军毅[①]对社会道德、个体品德的进步方式做了研究。他认为，社会道德的进步是随着生产方式、经济关系的调整而变化。在社会转型期间，由于既往占主导地位的道德规范体系与变化了的社会生活不相适应，不能有效地规范人们的行为，所以社会生活中会出现多种道德规范体系并存，人们各行其是或无所适从的状况。在这种情况下，道德评价标准出现紊乱，道德"失范"的现象增多，道德代沟明显，代际理解的难度增加，成年人看不惯青少年，青少年也往往埋怨成年人。由此可见，在社会传统的价值逐步受到消解而与新型社会相配套的价值体系暂时没有形成的过程中，社会的价值纷扰、个体的价值行为的失范成了一种新常态，社会主义核心价值体系的提出与教育对于稳定价值阵脚、引领发展方向无疑具有十分重要的意义。社会主义核心价值体系一直是我国党和政府扶持关心的问题，在经过学者专家的广泛讨论以后，党的十六届六中全会第一次明确提出把建设社会主义核心价值体系作为重大命题和战略任务。而2012年党的十八大提出的核心价值观具有独特的意义，这些价值观源于我国的传统和现实的需要，具有引领中国价值文化未来发展方向的重要价值。中学生作为我国未来社会发展的主要推动力，学习和践行社会主义核心价值体系其战略意义更加重要。

二、中学生身心发展规律的需要

儿童的成长以自我意识的萌芽发展为先导，到青少年期逐步拥有"成人感""独立感"。这样，他们由以往对父母的心理依赖向反抗成人过多的保护和干涉转变。心理学将这段人生命名为"心理断乳期"，是指少年儿童在心理上摆脱对父母的依赖。但是，摆脱依赖（be free of）只是成长的一个方面，人还需要有自由支配自己的能力（be free to）。然而，在断乳期，孩子想摆脱父母的管制却自身缺乏掌控自己的能力，所以，这时期的青少年经常体验到各种矛盾冲突，如：一方面自己以为是一个独立的人，另一方面又发

---

① 姚军毅：《道德进步的方式、过程与途径》，《现代哲学》1996年第1期。

现自己各种能力的不足与不完善；一方面渴望得到成人般的尊重，另一方面却又让师长不放心并且经常受到善意的干预。面对中学生自我概念的困惑以及与家长、教师之间的冲突感、对立情绪，社会主义核心价值观教育可以提供动力与方向的保证。

初中生逐步由具体思维向抽象思维过渡，其具备概括地、间接地反映事物的能力，但其反映的全面性、深刻性、灵活性有待提升。有研究表明，初二学生在进行道德判断时，"基本上都能够运用道德规范进行判断"，说明其形成了初步的抽象思维能力。研究还表明，从初中开始，才开始真正有了明确的报效祖国的情感，开始具有国家尊严感。所以，从初一到高二是学生热爱祖国观念发展较快的几个重要转折时期之一[①]。高中生的思维发展开始进入抽象逻辑思维和辩证思维阶段，他们不仅能够看到事物造成的后果，还能够抽象出这些现象背后的原理和意义，不仅能够看到事物显现出来的性质，还能够辩证地理解其隐含的或者反面的意义。从这个意义上看，选择以"知识性"融入的方式对中学生开展社会主义核心价值观的教育既有相应的知识基础，也可以从价值维度促进其认知能力的成长。

大量的调查发现，青少年儿童的价值观发展呈现马鞍形，即儿童时期与成熟期发展水平较高，而包括中学学段在内的发展却有倒退现象。造成这个现象的原因是中学生处于由儿童的他律道德向成熟的自律道德的"转型期"，小学儿童的道德认知发展以遵守他律为基础，他们依赖和服从于教师的指导和评价，渴求成为教师眼中的"好孩子"，加之良好的师生关系，可能会对儿童的价值观念起到积极的作用。伴随着中学生心理状态的"成人感""独立感"增强，思维方式由具象思维向抽象思维过渡，他们对于教师评价的关注度和教师形象的认可度再不如从前，加之人生第二个叛逆期的到来，学生可能会批判看待教师的正面引导作用。这使得以往书本所"认同"的社会主流价值观念被质疑和忽视，从而出现社会推崇的价值观认同难度随年龄的增长而不断增大的现象。在旧的价值观受到质疑，新的价值观尚没形成的"转型期"，中学生由于身体的快速发育也导致身心发展的不协调，他

---

① 杨韶刚：《道德教育心理学》，上海教育出版社2007年版，第103、104页。

们的价值观因此显得不稳定。一件事情，一次经历，甚至一个念头都有可能产生新的价值态度或者调整已有的价值态度。他们在价值观取向上的表态经常显得不深刻、片面和流于主观性。他们认为自己懂得很多，却实际上涉世不深，他们倾向于选择要么理想化要么感性低俗的价值观，抽象的宏大价值观如安逸享受、个人主义、消费主义、拜金主义往往集于一身。理想不现实，现实不理想，所以容易导致愤青。这个时候，给中学生提供什么样的核心价值观对于帮助澄清价值立场，指引价值学习的走向非常关键，也很有必要。

第二节　中学生与教材融入价值观的现状与分析

很多社会工作者对中学思想道德发展做了很多大面积调查，通过对中学生价值观的调查、价值观的学习环境的调查和中学教材融入价值观的调查，揭示了当代青少年价值观念特征、环境对中学生价值观形成的影响，尤其是教材融入价值观等一些带有规律性的东西，为社会主义核心价值体系融入中学教育提供了基础。

一、中学生价值观的调查

蓝维、王鹏[1]对北京市中小学生思想道德发展做了大面积调查，结果显示（2005年度测评结果），在爱国主义、民族情感、公共卫生、文明礼貌、集体意识、尊敬师长、学业道德和虚拟道德等方面，中小学生整体表现高于北京市常模指标；2005年测评各项指标比2004年调研结果普遍有所提升；思想道德的基本倾向集中而鲜明，统计数据表明：北京市中小学生整体平均分较高的测查项集中于国家意识和爱国情感。郑航、王清平[2]通过较大规模的问卷、访谈调查，发现广州市中小学生：① 爱国认识模糊，理想信念

---

[1] 蓝维、王鹏：《首都德育新探索——来自北京市中小学生思想道德发展测评工作的报告》，《北京教育·普教》2007年第5期。
[2] 郑航、王清平：《中小学生思想品德现状及教育对策》，《教育科学研究》2011年第3期。

淡漠；②自我关注过多，团队意识不强；③道德观念上情理相混，道德选择上知行分离；④生活满意度低，心理素质较差；⑤劳动意识淡漠，爱攀比、不节俭；⑥行为习惯不佳，品行问题较多。张瑶、梅宗奇[①]通过对一所高中学生在爱国主义情感、理想与信念、社会公德、与家长的关系等方面的调查发现，高中生的道德品质整体呈现良好发展势头，学校的德育工作取得较大实效。然而，市场经济、知识经济等社会环境的变化导致高中生思想道德观念的起伏，在现有时代条件下，其人生观和价值观并没有完全遵循既定的发展方向。赵丽霞[②]对山东、江苏、河北、湖南、四川和甘肃6个省份1万多名中小学生的调查研究发现，当前我国中小学生"孝敬父母""勤劳节俭""诚实守信"的传统美德有弱化倾向，"环保意识""公共意识""合作意识""语言文明"等现代意识与文明行为有待加强。研究还发现，中小学生的道德知行脱节现象十分普遍。王丹、冯立[③]对小学低年级守信的知行冲突所做的研究发现，在不付出代价、周围人守信、对权威人士的时候容易守信，但是知行脱节的现象比较多。杨宗英、刘晓丽[④]对绵阳市2 000名中小学生的正义观、权利意识、法律素养和法律权威意识等方面进行研究，发现：①法治正义观囿于日常道德准则，是基于一种朦朦胧胧的直觉，而非植根于法律文化。②有相应权利意识，但缺乏权利义务相对应的法律思维。③自我保护的安全意识较强，但缺乏一定法律权威意识，不习惯于考虑向法律求助。以上这些调查研究体现了：①当代青少年价值观念的地域特征。像北京的调查学生群体的道德价值发展水平属于比较高的群体，并且北京学生的国家意识、民族意识比较强；广州的调查结果也大概体现了改革开放前沿城市中小学生在价值观上的一些消极性特点。②中学生作为价值观"转型"的特征：高中生的价值观发展无法按照成年人预期的样式，因为每代人都会面对各自不一样的社会生活场景；在传统价值与现代价值方面，

---

① 张瑶、梅宗奇：《高中生思想道德水平调查分析——以南京十三中为例》，《法制与社会》2011第1期（上）。
② 赵丽霞：《当前我国中小学生基本道德品质调查研究》，《中国教育学刊》2012年第7期。
③ 王丹、冯立：《微调查：小学低年级学生守信知行冲突现状》，《中国德育》2012年第11期。
④ 杨宗英、刘晓丽：《绵阳市中小学生法治意识现状调查研究》，《成都师范学院学报》2015年第9期。

前者式微后者未成；知行脱节也是身心发展不协调的产物。③ 中国伦理文化背景下学生的法治意识特点——以习俗、道德乃至非理性的直觉去理解法律。

二、中学教材融入价值观的调查

价值观教育要通过校内外、显性与隐性课程全方位、立体地融入，而课堂教学是学生在校园里的主要生活场域。针对义务教育阶段中道德与法治、语文、历史三科教材建设，习近平总书记提出："要从维护国家意识形态安全、培养社会主义建设者和接班人的高度来抓好。我们培养人的目标是什么要搞清楚，现在非常明确坚定地提出要培养社会主义建设者和接班人。"① 因此，社会主义核心价值观教育要以各学科的课堂教学为基本途径，以学科教材为文本载体，落实价值观教育融入中学教育体系。通过分析教材中融入价值观的情况，我们大致可以看到中学教学与价值观的融入样状。

在分析教材之前，我们首先依据左亚文②《社会主义核心价值观的深层解读》对核心价值观12个条目确定了比较便于把握的定义，比如：富强是指国防实力的强大以及科技、教育、文化等的高度发展。文明是指与野蛮、无知和愚昧相对立的东西。和谐是指不同要素的有机结合和多样性的统一。自由是指不受压迫、奴役的基本人权，是人的潜力得到最大限度的发挥。法治与君权神授、个人崇拜相对立，是通过政党、选举、议会、司法、行政等方式展开的治理实践，是体现法律面前人人平等。友善是宽以待人、乐于助人，以仁善待人。其次，我们借助安德森教育目标分类对认知层次的分类，安德森在修订布卢姆教育目标分类学的基础上重新划分了对不同类型知识的认知层次，如：记忆、理解、有用、分析、评价、创造。最后，我们选择了人民教育出版社的初中《思想品德》、高中《思想政治》，江苏教育出版社、凤凰出版社的初高中《语文》。

---

① 习近平：《思政课是落实立德树人根本任务的关键课程》，人民出版社2020年版，第4页。
② 左亚文：《社会主义核心价值观的深层解读》，《湖北行政学院学报》2013年第5期。

(一)初中《思想品德》、高中《思想政治》(人教版)中的价值观分布

表4.1 初中《思想品德》、高中《思想政治》(人教版)中的价值观分布

认知层次 价值条目	记忆	理解	应用	分析	评价	创造	总计德目
富强	23	28	14	6	7	3	81
民主	18	20	14	2	1	6	61
文明	14	25	16	9	9	4	77
和谐	15	21	15	5	3	2	61
自由	6	4	2	1	0	0	13
平等	9	7	2	2	1	0	21
公正	12	11	6	6	3	1	39
法治	36	39	30	7	10	7	129
爱国	38	34	14	14	13	5	118
敬业	6	6	1	1	1	0	15
诚信	5	8	4	3	3	0	23
友善	11	17	11	2	1	4	46
总计知识	193	220	129	58	52	32	684

思想品德课是进行价值观教育的主要课程,这套教材是2008年第3版(其中八年级下册是2011年第5版),是在社会主义核心价值观发布之前编写的,但是,今天看来,该教材依然遍及了价值观的每个条目,从这个意义上说,党的十八大提出的社会主义核心价值观其实也反映了中国人民的价值观共识。如表4.1所示,在12个价值条目中,法治、爱国数量最多,爱国教育是我国思想品德课教育的传统重点,是党和国家教育中的一项特色;而法治内容多,主要是因为本套教材的八年级下册是法治教育专册。对法治教育的重视其实也是党和政府2015年对修改中小学思想品德课教材的一个导向,是依法治国理念对中小学生的必然要求,法治观念也是我国顺利推行市场经

济的保证。从前面的调查我们发现，中学生的法治观其实还受到较多的习俗、非理性直觉的影响，也经常与道德观念相混同。所以，加强法治教育是顺应时代发展的一项新内容。在其他价值观中，自由、敬业、平等相对比较薄弱，亟须加强。自由与平等是我国文化中本来比较弱的价值观，敬业则被认为与中学生关系不直接，如果我们把敬业渗透到学生对所做事情的心理态度、投入程度、责任意识联系起来，其实可教育的内容还是很多的。在认知层次上，目前的分布还是比较合理的，理解层次最多，记忆、应用层次的要求也很多，符合中学生的认知特征。尤其可贵的是，分析、评价、创造这些高级别的认知要求也不少，说明本套教材是比较适合中学生的价值观学习要求的。思想品德课教学需要优化的是价值观教学方式，摒弃单方向灌输、简单传授宏大的抽象观念的做法，多结合身边的情境，敢于直面现实问题，鼓励学生主体性辨析、判断、选择和辩护。对于中学生来说，价值观的学习主要依靠知识性的学习方式，只有懂得了价值观的来龙去脉，才能接受，只有建立在理性认识上，才能获得由衷的赞同，才能使价值观的信念不轻易动摇。

（二）初高中《语文》（凤凰出版社、江苏教育出版社）中的价值观分布

表4.2　初高中《语文》（凤凰出版社、江苏教育出版社）中的价值观分布

认知层次 价值条目	记忆	理解	应用	分析	评价	创造	总计德目
富强		1					1
民主		1					1
文明		9			1	22	32
和谐	3	28	2	7	3	8	51
自由	2	23		3		6	34
平等		5	1				6
公正		2				1	3
法治							0
爱国	41	118	3	11	4	22	199

续 表

认知层次 价值条目	记忆	理解	应用	分析	评价	创造	总计德目
敬业	1	8	1	3	2	1	16
诚信		6				1	7
友善	1	13		1		4	19
总计知识	48	214	7	25	10	65	369

如表4.2所示,《语文》中价值观条目总共出现369次,而爱国占199次,篇幅过大,法治教育没有出现,富强、民主、公正、平等、诚信都是个位数频次,德目之间频次悬殊。总体感觉是选文主题偏向传统,体现现代观念的课文主题偏少。如果说语文教材除了培养语文素养,还需要在社会主义核心价值观方面对选文主题做不小的调整,才能满足立德树人的要求。在认知层次上,对价值观的理解层次要求超过一半,同样显示出悬殊特征。一般来说,课文主题的选择与教材编写者有关,教师调整的空间不大;而在认知层次上,教师可以有更多的主动性。其实语文学科开展价值观教学有得天独厚的优势,因为课文里融入了大量哲理的、故事的、说明的、论证的成分,也容易避免简单的说教。

第三节 核心价值观教育的区域设计
——以上海市浦东新区为例

党的十八大以来,党中央高度重视落实立德树人根本任务,强调将加强社会主义核心价值观教育作为学校教育的重中之重。习近平总书记指出:"要坚持不懈培育和弘扬社会主义核心价值观,引导广大师生做社会主义核心价值观的坚定信仰者、积极传播者、模范践行者。"[①] 上海市浦东新区自2014年

---

① 《习近平在全国高校思想政治工作会议上强调 把思想政治工作贯穿教育教学全过程 开创我国高等教育事业发展新局面》,《人民日报》2016年12月9日。

下半年始,确立《浦东新区中小学社会主义核心价值观教育的实践研究》的研究课题,注重项目引领、研究先行、区校联动,在将社会主义核心价值观实践中融入学校教育探索的过程中积累了大量实践经验。浦东新区开展社会主义核心价值观教育项目有两个研究目标:一是在区域层面探索社会主义核心价值观的推进模式,二是在学校层面探索社会主义核心价值观的实践路径。模式研究与路径研究是相辅相成、相互促进的,模式的总结要依赖于对各种实践路径的梳理以及理论构建,路径的探索要在模式的框架下进行细化的可行性分析与操作化设计。

一、项目设计及推进简述

(一)政策视角:点亮浦东新区中小学社会主义核心价值观教育方向

1. 完善中华优秀传统文化教育,奠定社会主义核心价值观教育基础

习近平总书记强调:"要认真汲取中华优秀传统文化的思想精华和道德精髓,大力弘扬以爱国主义为核心的民族精神和以改革创新为核心的时代精神,深入挖掘和阐发中华优秀传统文化讲仁爱、重民本、守诚信、崇正义、尚和合、求大同的时代价值,使中华优秀传统文化成为涵养社会主义核心价值观的重要源泉。"[①]中华优秀传统文化是凝练社会主义核心价值观的本源、灵魂,培育践行社会主义核心价值观教育定要与弘扬中华优秀传统文化有机融合,只有找准教育关键,中小学生在文化教育的活动中,才能逐渐内化观念,匡正行为。

在实践过程中,中华优秀传统文化教育的核心内容强调家国情怀(热爱祖国、国家认同、爱国情怀、民族自信、做自强中国人)、社会关爱(心存善念、尊老爱幼、扶残济困、尊重自然、热爱公益)、人格修养(明辨是非、遵纪守法、坚韧豁达、奋发向上)等。教育途径对接文件中"六进"要求。教育方法要求多样性,如:书法、诵读古诗词、学习历史、欣赏音乐、欣赏喜剧、欣赏美术作品、参加传统礼仪和节庆活动等。

---

① 《习近平谈治国理政》,外文出版社2014年版,第164页。

2. 抓薄弱环节和关键载体，有效开展社会主义核心价值观教育

结合各类文件现状排摸基础以及浦东新区德育工作重难点，在全区开展的中小学社会主义核心价值观教育实践中，将工作重心及突破口放在加强中华优秀传统文化教育、加强心理健康教育、加强网络德育工作等方面。同时，在把握教育规律的前提下明确德育关键载体，发挥课程、实践、文化、管理的育人功能，培育践行社会主义核心价值观教育，从教育的目标、内容、过程、评价等环节提出具体要求，以彰显德育的实效性。

3. 强化"融入"教学全过程的有效性

在理解、贯彻、落实、执行相关社会主义核心价值观教育文件时，浦东新区开展工作重点围绕"融入"进行科学设计。"融入"不是"渗透"，"融入"的理想境界即为"无痕"。例如：无论是哪一种类型的课程教学，教育设计中善于利用各类教育资源，特别是学生生活周围的教育资源。在一堂讲述《机械能守恒定律》的物理课中，教师在教学过程中利用上海轨道交通3号线某车站的设计方案讲述对机械能守恒定律的理解。由于站台建得稍高，车进站时要上坡，出站时要下坡（忽略摩擦力），这种设计的优点就是进站前关闭发动机，机车凭惯性上坡，动能变成重力势能储存起来，出站时下坡，重力势能变成动能，节省了能源。而传达给学生的育人思想就是科技是第一生产力，科学技术的发展不断改善着人们的生活，让人们过上富足幸福的生活，这便是对社会主义核心价值观教育中"富强"物理学科教学的有效融入的设计关键。

（二）规划视角：引领浦东新区中小学社会主义核心价值观教育持续发展

配套跟进上海市教委、上海市德育发展中心2015年度德育工作计划，浦东新区年度德育计划中，明确提出要加强社会主义核心价值观教育的研究工作，创新社会主义核心价值观教育活动形式，丰富活动主题和活动内容。

例如："浦东新区中小学社会主义核心价值观教育系列主题实践活动"，该活动系列化平行开展四大形式的主题活动，分别为社会主义核心价值观教育的实践研究活动、社会主义核心价值观24字宣传金点子评选活动、"我们

的价值观,我们的中国梦"高中生小论文评选活动、社会主义核心价值观班级主题教育活动。而其中"金点子"宣传形式汇集师生智慧,学校特点,有将社会主义核心价值观编成儿歌童谣、有将其谱成曲子传唱、有将其排成校园剧表演等。再如:开展2015年浦东新区中小学生"我的中国梦"系列主题实践活动。活动重点围绕传承"我的中国梦",从传承中华优秀传统文化、抓住浦东开发开放25周年的重要契机、结合推优、学优、育优等角度培育践行社会主义核心价值观教育。

通过上海市教委社会主义核心价值观培育项目——《浦东新区中小学社会主义核心价值观教育的实践研究》为期一年多的探索,在中小学教育教学全过程有效融入社会主义核心价值观教育中积累了丰厚的实践经验,并且以工作项目"浦东新区中小学社会主义核心价值观教育的行动研究项目"启动后续相关工作。工作的预期目标首先是形成区域培育践行社会主义核心价值观教育的实施意见,其次要形成校本培育践行社会主义核心价值观教育的典型案例集。为此,规划建设具体包括三项内容:一是以研促建。开展新一轮的浦东新区社会主义核心价值观教育的实践研究工作,重点围绕教育目标、教育内容、教育过程、教育评价进一步梳理成果经验,总结行之有效的教育模式,为制定浦东新区社会主义核心价值观教育的实施意见奠定研究基础。二是区校联动。积极培育条件成熟的学校孵化社会主义核心价值观教育的实践成果,以活动案例形式展现学校风采,以点带面,带动全区学校相关工作发展。三是宣传辐射。加强舆情工作,通过教育刊物、网络媒体等资源,宣传实践成果,扩大影响。

(三)研究视角:规范浦东新区中小学社会主义核心价值观教育科学发展

1. 项目驱动,区校联动

研究先行、区校联动是浦东新区开展社会主义核心价值观教育的最大特点之一,相关研究成果也将为制定区域社会主义核心价值观教育实施意见奠定基础。为保证实践探索成效,区域总体设计并发布《浦东新区中小学社会主义核心价值观教育的实践研究》子项目申报指南。研究总项目由浦东新区德育室承担,中小学开展社会主义核心价值观教育分成4个板块16个子项目，具体设计思路分为：

板块一：课程开发实施中融入社会主义核心价值观教育的实践研究

（1）基础型课程（如：语文等）实施中融入社会主义核心价值观教育的实践研究

（2）拓展型课程（如：心理辅导活动课程等）实施中融入社会主义核心价值观教育的实践研究

（3）.探究型（研究型）课程实施中融入社会主义核心价值观教育的实践研究

（4）校本课程（如：传统文化教育校本课程、法制教育校本课程等）建设中融入社会主义核心价值观教育的实践研究

板块二：各类教育资源开发利用中融入社会主义核心价值观教育的实践研究

（5）学校教育资源（如：校史、校训、校箴、校友等）利用中融入社会主义核心价值观教育的实践研究

（6）各类场馆资源（如：传统文化教育、法制教育场馆资源等）利用中融入社会主义核心价值观教育的实践研究

（7）社区资源（如：学校与社区合作、志愿服务、社区资源走进校园等）利用中融入社会主义核心价值观教育的实践研究

板块三：学校文化建设中融入社会主义核心价值观教育的实践研究

（8）校园文化活动（如：主题教育活动等）建设中融入社会主义核心价值观教育的实践研究

（9）校园文化环境建设中融入社会主义核心价值观教育的实践研究

（10）班级文化建设中融入社会主义核心价值观教育的实践研究

（11）社团文化建设中融入社会主义核心价值观教育的实践研究

（12）校园网络文化建设中融入社会主义核心价值观教育的实践研究

（13）学校管理与评价（如：学生综合素质评价等）中融入社会主义核心价值观教育的实践研究

板块四：教师育德能力建设中融入社会主义核心价值观教育的实践研究

（14）教师学科德育意识和能力提升中融入社会主义核心价值观教育的

实践研究

（15）班主任育德能力提升中融入社会主义核心价值观教育的实践研究

（16）学校管理者德育领导力（如：发挥家校合力等）中融入社会主义核心价值观教育实践研究

通过项目学校的实践研究，将重点在正确理解社会主义核心价值观教育内涵、形成培育践行社会主义核心价值观教育的操作路径等方面取得研究成果。

2. 荟萃经验，凝练案例

聚焦"课程、实践、文化、管理"四类教育载体育人功能，有效融入社会主义核心价值观教育成果，以项目学校为内核，借助全区德育中心组骨干力量，形成一批在全区有代表性的校本培育践行社会主义核心价值观教育的实践成果，同时凝练优秀的实践案例，集结成册，为更多学校提供学习借鉴的教育资源。

（四）管理视角：助力浦东新区中小学社会主义核心价值观教育成效落地

1. 研修一体，完善以研促建德育管理机制

一方面，健全管理机制。区域搭建平台，为项目学校的研究构建导师制，上海市德育专家组成导师团队，一对一辅导，跟踪式服务，解决学校疑难问题。从课题征集、立项发布、中期督导、宣传展示到终期论证，各个环节围绕"效度"不断努力，完善各个环节的工作质量，保证成果孕育。专家团队有德育行政领导、德育特级教师、德育领域老教授等，每次论证会议，专家跟踪式给予学校研究过程中的炙手问题的解决方案，扶持学校专业成长。另一方面，创新工作方式。借力教师培育成功模式，采用边研讨边培训的方式，带着问题参加讨论，获取专家导师团的培训辅导，"研修一体"的工作模式深受课题负责人认可及推崇。

2. 宣传辐射，拓展研究成果影响范围

德育成果有其实效性的突出特征，借助网络平台、报纸杂志、学校风采展示等宣传形式，采用文字报道、图片展示等方法，集中展示区域及学校在社会主义核心价值观教育中取得的成功经验。

二、研究成效简述

以立德树人教育目标为指引,浦东新区作为教育综合改革实验区,力求做到社会主义核心价值观教育落实、落细、落小。新区开展社会主义核心价值观教育金点子宣传征集、高中生社会主义核心价值观教育小论文征集等各类主题实践活动,更重要的是形成了较为有效的工作机制,具体表现在开展社会主义核心价值观教育的管理机制与研究机制上。

(一)社会主义核心价值观教育管理机制上的突破

一是区校联动。区德育室总体设计研究方案,探索社会主义核心价值观教育的有效工作模式,学校根据需求形成开展价值观教育的实践路径,如:教育途径、教育方式方法等。这里的工作模式与路径研究之间是相辅相成、相互促进的,模式需要由实践路径加以建构,而路径的实施又是在相关模式下的具体细化。二是研修一体。区域搭建平台,为项目学校的研究构建导师制,上海市德育专家组成导师团队,一对一辅导,跟踪式服务,解决学校疑难。从课题征集、立项发布、中期督导、宣传展示到终期论证,各个环节围绕"效度"不断努力,完善各个环节的工作质量,保证成果孕育。同时,借力教师培训模式,采用边研讨边培训的方式,以问题解决为导向的研修一体的工作模式深受专家及课题负责人认可及推崇。三是"最后一公里"宣传展示。借助《浦东教育——当代教育家》杂志平台,以图文并茂、高度浓缩的形式对多数项目学校进行报道。在《思想理论教育》上,预期对区域研究成果以及课程育人、实践育人、文化育人、管理育人板块的实践成果着力宣传。同时,在全区开展了社会主义核心价值观教育征文活动,在区内杂志《浦东教育》刊载优秀论文及案例。

(二)社会主义核心价值观教育研究机制上的突破

一是顶层设计。项目研究指南精细化地从课程育人、管理育人、实践育人、文化育人四方面设计社会主义核心价值观教育融入的实践命题,将市教委"六进"(进教材、进课堂、进课外、进网络、进队伍建设、进评价体系)有效落实。二是研究程序。从课题指南设计、立项评审、开题论证、中期研讨、终期论证,严把每个环节的质量关。三是"融入"成效凸显。整个项目提出的关键词就是"融入"的研究策略。在区域层面，要从教育目标设计、教育内容梳理、教育途径、教育方式方法上形成初步的"融入"策略；在学校实践层面，要具体从课程育人、管理育人、实践育人、文化育人上形成具体的实践经验。其中，不同育人载体在融入社会主义核心价值观教育中取得的初步成果简述如下：

第一，课程育人中融入社会主义核心价值观教育的研究策略。① 教育内容。深度挖掘学科教材中的德育资源、明确教育主题，规划各类教育资源。② 教育过程。在教育方式上，要充分利用主题课堂、主题活动、社团课程的教育优势。在教育策略上，思想品德课教学要围绕社会主义核心价值观，在课程育人目标内容上"落细"，在生活事件中"落小"，在家校社活动中"落实"，讲清讲透价值观概念，在理性上解决懂不懂、信不信的问题。③ 教育评价。在将社会主义核心价值观教育与基础型课程融合的过程中，将重点放在品德发展与公民素养、修习课程与学业成绩、创新精神与实践能力三个维度上。同时，在非基础型课程与社会主义核心价值观的融合上，许多中小学结合少先队争章活动设置"友善章""诚信章""爱国章"等，设计争章评价说明以明确达标要求，通过自评、互评、师评的方法完善争章评价体系，开展争章评价。

第二，管理育人中融入社会主义核心价值观教育的研究策略。重点在提升班主任社会主义核心价值观教育的育德能力上提出了基本功建设基本策略。① 观念建构，形成共享价值观念。班主任工作，找到突破口——"主题教育课的设计及实施"，在完善主题教育课过程中，开展青少年社会主义核心价值观教育。② 制度建构，规范能力成长路径。通过颁发文件，完善班主任管理制度，使得班主任开展社会主义核心价值观教育的活跃起来、有效起来。③ 合作育人立格局。构建学校、家庭、社会三位一体的育人联盟，提高班主任运用各种社会资源的能力，推进家校交流与治理水平提升，增强社会主义核心价值观教育的育人效果。④ 网络宣传燃活力，显成效。浦东新区开设"德行千里"公众微信平台，及时有效地宣传班主任工作技巧，助推社会主义核心价值观教育的成效孵化。

第三，文化育人中融入社会主义核心价值观教育的研究策略。① 开展思路。浦东新区在项目研究中,从校园文化环境、校园主题教育文化活动建设、社团文化建设、学校管理与评价文化建设等多角度融入社会主义核心价值观教育开展研究实践工作。② 教育内容。软环境是校园文化建设的重中之重,同时将社团教育内容细化到学生行为的每个环节点,将校园活动文化实实在在地建立在班级价值取向上,同时坚持行动跟进、评价随行。③ 教育策略。通过"五点"教育策略——"找到对接点""把握融入点""践行细小点""抓住关键点""创设共振点",有效地将上述社会主义核心价值观教育内容在过程中落实。④ 教育评价。学校文化评价中,根据社会主义核心价值观倡导的"平等",建立多个评价主体,做好真实记录,坚持评价常态化。

第四,实践育人中融入社会主义核心价值观教育的研究策略。这里的"实践"主要是指学生的校外社会实践活动。整个过程中,依据德育主题需要,加强学生德育实践的资源建设,主要是进行基地资源的整合,拓展实践活动的空间,收集基地信息,优化基地育人功能,补充新的德育基地,整体规划基地资源。进行活动机制的整合,促进学校与基地的规范管理。学校整体规划设计实践活动的德育目标,把德育目标合理分解到各个年级,分层实施;进而丰富德育实践活动,形成多样化的活动形式,最后建立评价体制,促进学生感悟成长。

在课程育人、管理育人、实践育人、文化育人中融入社会主义核心价值观教育的过程中,学校实践积累了大量的研究成果,并由此形成可在一定范围内推广、复制的教育模式,这将重点在本章第四节中展开论述。

第四节　核心价值体系融入中学教育的校本实践

学科教学是学校教育的主渠道,本节以高中理科教学中融入核心价值体系教育的实践作为研究对象。作为培育和践行社会主义核心价值体系的"文化场",探索中学校园文化建设融入社会主义核心价值体系教育的实践路径具有重要价值,我们对其作了专题分析。

一、高中理科教学中融入核心价值观教育的实践探索[①]

学校教育的主渠道是学科教学,其主阵地是课堂教学,由此可见,学科课程与课堂教学是开展德育教育、促进学生全面发展的重要载体与主要阵地,学科教学必须在教学过程中履行育人的光荣职责,从而实现社会主义核心价值观的教育。上海海事大学附属北蔡高级中学(简称"海大附中")深刻领会社会主义核心价值体系的内涵,深知学校教育肩负着"十年树木,百年树人"的重任,为此提出要办"有特色的学校,成就每一位学生,在学科教学中融入社会主义核心价值观的教育"。

作为浦东新区实验性示范性高中,海大附中定位于航海文化教育特色办学,依托上海海事大学的资源和学校航海创新实验室,架构了航海特色教育系列课程,航海特色教育的实施为学校开展德育教育提供了崭新的平台。浦东新区2015年开展中小学社会主义核心价值观教育的实践研究为学校在高中理科教学中融合社会主义核心价值观教育提供了良好的支持和保障。学校自成为浦东新区实验性示范性高中后,连续三年班级配额都在增大,大量青年教师的加盟,让老校焕发着新貌,但是新进的教师均为90后的一代,他们在家里都是独生子女,从小养尊处优,特定的成长背景,让他们在成为教师后学科育人能力上明显不足,他们在自己的授课中往往只重视知识的传授,在育德意识上较差,尤其是理科教师,育人能力上更是欠缺。为此,学校提出在数学、物理、化学、生物教学中开展《高中理科教学中融入社会主义核心价值观教育的实践研究》,经过近一年的课题实践研究,我们总结出了社会主义核心价值观教育与高中理科(物理、化学、生物、数学)教学有效融合的知识点框架表及教学范式,构建了在理科教学中对学生进行育德能力培养的有效课堂。

(一)研究内容

以高中理科(数学、物理、化学、生物)基础型课程为实践研究的载体,挖掘教材与社会主义核心价值观教育的契合点,继而研究两者的有效融

[①] 本案例由上海海事大学附属北蔡高级中学杜颖老师撰写,浦东教育发展研究院王宇老师修改。

合性。基本内容如下：社会主义核心价值观的校本化解读；高中理科教学的学科核心素养梳理；高中理科基础型学科的分类叙述（数学→物理→化学→生物：根据学科发展历史），与其对应的社会主义核心价值观、教学侧重点内涵解读、学科解读和知识点提炼。

1. 社会主义核心价值观"富强、和谐、自由"与高中数学学科教学的融合

"富强"——解斜三角形、三角函数的应用，平面向量的坐标表示，算法初步，圆锥曲线及其应用，排列组合等与数学应用相关的内容——使学生认识到数学学科对于实际生活以及建设国家的重要性，只有不断地发展科技，巩固生产技术才是国家富强的根本。"和谐"——和谐的内涵，凝聚为和而不同，在"不同"的基础上形成"同"，才能促进事物的发展。数学教学中的"化归思想""代换思想"都很好地体现了知识与知识间的融合与渗透。通过数学课堂对于此理念的灌输与培养，帮助学生在潜移默化中理解和谐对于数学，甚至是社会的深远影响。

2. 社会主义核心价值观"和谐、爱国、法治"与高中物理学科教学的融合

"和谐"——内能、能量守恒定律、太阳能的利用，例如：在讲《能的转化的方向性　能源开发》一节时，教师讲到能源转化的不可逆性，而人类社会对能源消耗需求日益增加，开发新能源以减缓当前能源枯竭、保护和改善人类生存环境，以及目前在能源利用和开发中面临的难题。倡导学生节能环保，与地球和谐发展。"爱国"——从牛顿到爱因斯坦、物质的放射性及其应用、重核裂变链式反应，例如：在讲《重核裂变　链式反应》一节时，教师介绍我国"两弹元勋"邓稼先，为了祖国的发展毅然放弃美国提供的丰厚的待遇回来报效祖国，为了我国的核科学事业而兢兢业业、呕心沥血，以致最后献出了自己宝贵的生命，使学生树立自己立志成才、长大后报效祖国的爱国主义情怀。"法治"——牛顿第一定律、牛顿运动定律的应用，例如：在讲《牛顿第一定律　惯性》一节时，教师讲到惯性大小由物体的质量决定，质量越大惯性越大，展示一张因超载而发生事故的大货车图片。学生倒吸一口凉气，感受到超载的危害。这时教师提到交通法规中对于车辆载重量的严格规定，督促学生争做一个懂法守法的好公民。

3. 社会主义核心价值观"富强、法治、诚信"与高中化学学科教学的融合

"富强"——工业合成氨、制硫酸，电解饱和食盐水，海水提溴，海带提碘，漂粉精的制法，石油的分馏和裂化，煤的干馏等与化工产业相关的内容——使学生认识到化学学科对于国家富强的重要性，不断地发展科技才是国家富强的根本。"法治"——有毒有害的物质，例如《危险化学品安全管理条例》与《中华人民共和国禁毒法》等与化学相关的法律法规对于一个社会的安全很重要，要从刚刚开始接触化学就清楚地认识到部分物质的危害性，摆正自己对于化学的认识，以后也不会为了自己的利益或者冲动而随意应用所学的化学知识。"诚信"——对于化学实验数据的如实记录，除了培养学生诚信的品质，同时也让学生认识到科研人员严谨的科学态度，认识到只有坚持不懈地重复实验、实践才能得到确实可靠的结果。

4. 社会主义核心价值观"爱国、和谐、诚信"与高中生物学科教学的融合

"和谐"——生物进化理论、光合作用、生物多样性及其价值、人类活动对生物多样性的影响、生物多样性保护与可持续发展等与生态文明相关的内容——使学生认识到面对全球气候变化、水资源短缺、臭氧层破坏、土地荒漠化、城市雾霾等影响到人类生存和发展的全球性生态环境问题，和谐发展是我们人类实现可持续发展的基本原则之一，让学生认识到生态文明是人类社会发展到一定阶段的产物，体现了人类文明发展理念的重大进步。将生态文明倡导的人与人、人与社会、人与自然和谐共荣、持续发展的核心理念融入教育教学的全过程中，致力于培养既有益于社会又有益于自然和生态持续发展的新型生态人。"诚信"——走进生命科学实验室、DNA复制和蛋白质合成、基因工程与转基因工程，除了培养学生诚信的品质，同时培养学生严谨的科学态度，让学生认识到只有坚持不懈地重复实验、实践才能得到确实可靠的结果，要合理高效地利用自己所掌握的生物学知识。

（二）研究成果

1. 立足教材，构建框架

研究中重点将知识点梳理维度精简为"教学章节知识点""对应社会主

义核心价值观教学侧重点的内涵解读""学科德育融入操作方式"三个方面，形成社会主义核心价值观教育与高中理科（数学、物理、化学、生物）教学有效融合的知识点框架表（表4.3），教师们梳理出了本学科可融合的知识点（鉴于版面原因，只节选成果中的部分知识点梳理内容）。

表4.3 社会主义核心价值观与高中理科教学有效融合的知识点框架表（讨论稿）

学科	教学内容知识点（年级 章节 课时）	对应核心价值观教学侧重点内涵解读	学科德育融入操作方式
化学	化学变化中的能量变化：铜-锌原电池及其原理（高一上第四章第二节第1课时）	对应核心价值观： 文明 和谐 教学侧重点内涵解读： 国家的文明与和谐要从每个人身边的小事做起，例如废旧电池的处理。从化学知识的角度出发，认识金属腐蚀和废旧电池的危害，从日常生活中的点点滴滴做起	通过了解钢铁生锈的原理与防治、废旧电池对环境的危害和处理，认识合理运用化学知识对于国家文明与和谐的重要性
化学	以食盐为原料的化工产品：海水晒盐、氯碱工业、盐酸和烧碱（高一上第二章第一节4课时）	对应核心价值观： 富强 教学侧重点内涵解读： 化学工业可以说是国民经济的命脉，一个国家的富强与否，人民生活水平的高低亦由其决定，不断地发展科技才是国家富强的根本	通过介绍化工生产在人们生活中的重要性，培养学生努力学习科学文化知识，为国家富强做贡献
生物	生命科学探究的一般方法、高倍镜和显微测微尺的使用方法，并能够利用这些仪器设备进行简单的探究实验（高一上第一章第二节1课时）	对应核心价值观： 诚信 教学侧重点内涵解读： "显微观察与测量"是学生步入高中后的第一节实验课，培养学生严谨的科学态度和良好的实验纪律，需要有一个严谨治学的科学态度和诚信的品质	通过实验，体验严谨求实的科学精神，培养对生命科学学习的兴趣。培养小组合作意识和习惯，并能够遵守实验纪律。对高倍镜和显微测微尺的使用方法要求不弄虚作假，以诚信的态度去面对，从遵循学生认知发展的规律来开展诚信教育

续 表

学科	教学内容 知识点（年级 章节 课时）	对应核心价值观 教学侧重点内涵解读	学科德育融入操作方式
生物	人类活动对生物多样性的影响以及生物多样性保护与可持续发展（高二下第十章第三、四节第1课时）	对应核心价值观： 和谐 教学侧重点内涵解读： 地球上每种生命形式都与人一样有生存的权利，然而人类活动正在严重威胁许多物种的生存，为了生态的平衡与和谐，我们应当防止这种悲剧的发生，构建人与自然的和谐相处、相互依存的世界	以小组讨论的方式为主，鼓励学生自行在互联网上搜索保护生物、生态多样性的重要程度，总结我们应当如何保护自然、保护生态，构建人与自然和谐社会，每组展示成果
数学	函数的性质：定义域、值域、奇偶性、单调性、周期性、对称性（高一上第三章第四节4课时）	对应核心价值观： 和谐 教学侧重点内涵解读： 函数性质研究中所用的数形结合法，使零散的数学知识用逻辑的链条串联起来，形成完整的知识体系，在本质上体现了部分和整体之间的和谐统一	在函数定义域、值域、奇偶性、单调性、周期性、对称性的研究中，通过例题的选择，将它们有机结合在一起，来解决实际问题
物理	"机械能守恒"定律的应用（高一下第五章F节第1课时）	对应核心价值观： 和谐 教学侧重点内涵解读： 体会物理学严密的理论体系，使学生正确认识客观世界，体验能量守恒中蕴含的社会主义和谐之美	利用身边的事和物联系游乐场、杂技、交通工具和体育运动中的"机械能守恒"现象，感悟物理学和日常生活之间的密切联系，体会能量守恒的和谐之美
物理	重核裂变 链式反应（高二下第十二章D节第1课时）	对应核心价值观： 和谐 爱国 教学侧重点内涵解读： 懂得核裂变技术是把双刃剑，感悟核问题对建立一个和平、和谐世界的重要意义	通过介绍中国核事业的发展，两弹元勋邓稼先、王淦昌，激发学生的爱国情怀，激励学生提升科技，建立和谐社会，从实验、历史，一步步将学生把物理和社会生产力、科技联系起来，形成敬业、爱国情怀

注：表格中的化学素材由海大附中刘红云、钱丽青老师提供；生物由海大附中金天华、朱秀华老师提供；数学由海大附中彭晖、孙琪敏老师提供；物理由海大附中朱军英、陆冰晔老师提供。

2. 激发兴趣，感受价值

（1）创设情境，转变方法。不同教材，教学方法迥异，要灵活生动地进行社会主义核心价值观教育，须讲求教学方法的艺术性。教学方法力求"新"。有些老素材要陈话新说，在进行教学过程的设计时潜移默化地将社会主义核心价值观的融入点凸显出来。教学方法要灵活多样，比如：在物理教学中可以利用图表、挂图、视频、实验等增强其趣味性、可接受性。如：教师在教授高二物理"第十二章D节 重核裂变链式反应"时，通过播放"我国第一颗氢弹升空"的视频激发学生爱国情怀。在讲解我国原子弹发展历程时，通过介绍中国核事业的发展，"两弹元勋"邓稼先、王淦昌，激发学生的爱国情怀，激励其提升科技、建立和谐社会意识，从实验、历史，一步步将学生把物理和社会生产力、科技联系起来，提升学生敬业、爱国情怀。再如：一位化学年轻教师在上完德育实践课后，反思中写道：

> 在社会主义核心价值观教育与高中理科教学有效融合的课题下，本人选择了铜-锌原电池及其原理开设公开课，并尝试通过创设情境的方式融合社会主义核心价值观中的"和谐"与"文明"。具体的设计方案如下：
>
> 利用上海办牌照难的现象引出上海今年对新能源汽车所颁发的免费牌照发放、购车补贴等优惠政策，例如比亚迪的油电混合汽车、特斯拉纯电动汽车等。除此之外，还有目前不断增加的电动汽车租赁站点，都体现出政府推广环境友好型的新能源汽车的力度。新能源汽车的大部分都借助了电能，而电能则由电池提供，借此让学生对于电池产生学习兴趣。同时，让学生认识自己出行所选用的代步工具对于环境的影响，并体会新能源汽车的普及对于我们国家环境和谐的重要意义。在教学主体内容结束以后，介绍原电池原理在生活中各种各样的应用和庞大的年消耗量，借此转到废旧电池的危害和处理之上。利用"一颗纽扣电池弃入大自然后，可以污染60万升水，相当于一个人一生的用水量"，"一节五号电池就可以使1平方米的土地荒废"等触目惊心的真实数据让学生认识到随意丢弃废旧电池的危害，让学生体会回收废旧电池这一小小的

文明行为对于我们国家环境的重要作用，并告知学生我校回收废旧电池的场所，力求养成学生分类处理垃圾的好习惯。同时，通过介绍新能源汽车的优点和废旧电池的危害，形成强烈、鲜明的对比，让学生认识化学学科，就如同一把双刃剑一般，可能带来益处，也可能带来害处，从而体会合理运用化学知识对于国家环境和谐的重要性。

——海大附中周霆婷老师

（2）分组讨论，合作实验。我们围绕社会主义核心价值观教育与教学的融合开始重新设计教学。在物理、化学、生物教学中通过让学生探究实验，体验科学研究的艰辛和喜悦，培养勇于创新、积极实践的科学精神和科学态度，进而培养学生自我探究的能力，让学生在分组合作讨论、实验中，实现以学生为主体，从而达成德育育人目标。如在高一化学学科"化学变化中的能量变化：铜-锌原电池及其原理"一堂课中，通过让学生自行设计实验、探究并讨论构成原电池的一般条件，学生在探究过程中提高了科学探究能力，教师培养了学生勇于创新、积极实践的科学态度与团队协作能力。通过介绍生活中各种各样的电池、废旧电池对环境的危害（有害元素和相关数据）和处理（我校回收废旧电池的办法）以及学生讨论回收废旧电池的意义体会这一文明的举动对于人与自然和谐相处的重要性，使学生正确认识化学与生活、化学与自然的发展关系，具有环保意识与合理使用自然资料的意识，树立可持续发展的思想，形成自然、社会和人类和谐发展的观念。在一节生物课堂中，教师提出问题"大头娃娃、三聚氰胺的事件同学们听说过吗？""老师，知道，就是前几年电视、报纸上报道的'毒奶粉'事件，一些黑心商贩用淀粉代替了奶粉中的蛋白质，造成孩子营养不良，他们害了很多婴儿""老师，他们怎么可以这样残害襁褓里的婴儿？""同学们知道吗？为什么这样的奶粉居然还销售了那么长时间而没被人发现？吃了这样的奶粉婴儿为什么会发育畸形？同学们下面进行分组讨论，大家能从我们刚刚学习的生物体内的三大营养物质的转化解释吗？""通过这件事告诉我们，诚信多么可贵，只有我们每个人都讲诚信，才能构建我国良好的信用体系，提高我国的国民素质。……"教师通过生活事例，讲解糖类通过转氨基形成的氨基酸为非必需氨基酸,进而对学生进行诚信教育。在这节课中,同学们在学习学科的本体知识时,正在潜移默化地形成自己的人生观和价值观。再比如:生物课《伴性遗传》一节融合社会主义核心价值观教育授课后,我校年轻教师赵冉冉老师在反思中这样写道:"本节课与以往的课堂有很大的不同,就是将社会主义核心价值观教育融入实际的课堂教学当中。社会主义核心价值体系是兴国之魂,是社会主义先进文化的精髓,是中华民族的一面精神旗帜。在讲解'性别决定'这一知识点时,涉及男女比例关系,自然情况下,男女人口比例应当是1∶1,但是实际的情况并非1∶1,而是男性远远多于女性,引导学生思考此种现象发生的严重后果,学生根据自己的知识经验和生活经验,会回答出一系列的不良后果,比如,性犯罪、人口买卖、家庭不和谐等。那么,这些严重后果最终都会导致社会整体的不和谐;然后,让学生说出具体的对策措施。通过这一块知识点的教学,来引发学生对于生物学某些现象的认识,使其能够根据自身已有的知识和生活经验来建构健康合理的观点,对于学生今后的发展意义重大。"从这样的课堂讨论中,教师可以初见育人成效,也让学生能够明辨是非,真正理解国家提出的社会主义核心价值观的意义所在及其重要性。

3. 构建范式,初见成效[①]

海大附中通过课题的开展,构建了和谐、法治和具有航海文化特色的校园文化,同时在具有SAIL(航行)特点的课堂教学范式中,逐步融入社会主义核心价值观教育。SAIL指:Student,以学生的兴趣与发展需求为中心(教学内容);Activity,创设各种体验性、实践性活动(教学方法);Intellectual,给学生带来挑战性(教学目标);Linked,学习方式的连接与整合(教学方式)。在这种课堂教学范式中,以课堂教学的基本规律为遵循,在综合考量特定师生的个性特点的基础上,采用更加符合学科特点、教师个性和学生实际的教学方式方法,发挥每一节课堂教学过程内含的隐性价值引导功能,提升师生的社会主义核心价值观。我们将以不同学科的特点、不同学段学生成长的特点和规律为依据,推进社会主义核心价值观的"富强、和

---

① 本部分内容主要由海大附中薛晟提供。

谐、法治、爱国、敬业、诚信"内容融入学科教学中，通过课堂教学三维目标的达成分阶段、有步骤地落实了社会主义核心价值观的教育，进而打破四门理科教学与社会主义核心价值观教育的天然壁垒，实现两者的有机融合。以高一物理第三章牛顿运动定律《作用与反作用　牛顿第三定律》一课教学为例，教师在本节课的主题知识点讲解后，通过分析火箭升空原理，巩固所学的知识，再引出"两弹一星功勋奖章"获得者钱学森的事例，培养学生的爱国情怀。教师通过带领学生阅读课本教材P90历史回眸，给学生介绍一则钱学森的爱国小故事，激发学生的爱国情怀。

因为我是中国人

在美国的20年里，钱学森一直保留着中国国籍。他回忆说："我在美国那么长时间，从来没想过这一辈子要在那里呆下去。我这么说是有根据的。因为在美国，一个人参加工作，总要把他的一部分收入存入保险公司，以备晚年之后用。我一块美元也不存，许多人感到奇怪。其实没什么奇怪的，因为我是中国人，根本不打算在美国住一辈子。"

通过近一年的德育实践课题研究，海大附中初步探索出社会主义核心价值观教育与高中理科基础型课程（数学、物理、化学、生物）融合的途径和模式，提供可融合的相关学科教学知识点和课例，具有推广价值。塑造具有主体性文化人格的学生。通过在高中理科基础型课程教学过程融合社会主义核心价值观教育，使学生树立起远大理想，具有向上的道德情操，会合作、会创造，具有良好的行为习惯和健康身心素质。通过课题的实践研究，海大附中提升了年轻理科教师的育德能力。青年教师在课堂教学的过程中，不再单单只讲述知识点本身，而是通过大量的情景创设、问题架构和社会事件挖掘事件反映的本质对学生进行教育，提升学生的社会主义核心价值观。

社会主义核心价值观教育与高中理科基础型教学有效融合的课题研究成效目前还没有一套完整的评价体系，而且对学生的德育教育是一个长期潜移默化的过程，我们的研究很难有量规进行评价，目前，只能从教师的主阵地——课堂中进行实地观察评价，因此，还需要一个长期将社会主义核心价值观融入课堂教学的过程与实践,进行有效的评价和反馈。

在德育课题研究过程中,我们积累了一定的经验,后期我们将在海大附中基础型、拓展型和研究型课程中全面开展社会主义核心价值观教育与课程教学的融合,让我们的德育教育扎根于学校的沃土中,让社会主义核心价值观根植于孩子们的心中,让我们的学校实现教育的真谛,让我们的国家繁荣富强,实现我们的"航海梦""中国梦"!

二、中学校园文化建设中融入核心价值观教育的实践探索[①]

社会主义核心价值观是中华民族发展过程中长期秉承的价值观念集合体,是社会主义本质和建设规律根本原则的反映。社会主义核心价值的影响应该是"无所不在、无时不在"的,这样才能使学校的品位和境界得到全面提高。培育和践行社会主义核心价值观是推进社会发展进步、促进人的全面发展的必然要求。学校作为培育和践行社会主义核心价值体系的"文化场",进行价值观教育是学校建设的应有之义,也是学校的基本功能。社会主义核心价值观的影响"像空气一样无所不在、无时不在",将其融入学校教育全过程中,实现办学品位与境界的整体提升。

(一)研究设计概况

近年来,上海市施湾中学以"关爱每一位学生,让每一位师生都得到充分发展"的理念为指引,聚焦"和"文化建设,并与时俱进地对社会主义核心价值观进行了详细的解读,随后将"关爱、责任、和谐"的校园文化与社会主义核心价值观进行整合,确立并细化校园文化关键词为"知礼·守义·行仁·谦让·诚信·合作"。围绕整合后的关键词"知礼·守义·行仁·谦让·诚信·合作",要求教师"行仁·守义",即公平对待每一位学生,有师爱之心,爱岗敬业、为人师表、尽心尽责、勇于奉献;要求学生"知礼",即尊敬长辈,尊重他人的劳动,有敬重之心,努力学习,乐于探究,自尊自爱,遵守公德;要求同事之间、同伴之间"谦让·合作",即和谐相处,有友爱之心。同时,学校着眼于战略发展角度,先从硬环境熏陶和

---

① 本案例由上海市施湾中学唐艺荣老师撰写,浦东教育发展研究院王宇老师修改。

软环境引领两方面入手，着力培养"德智双全、身心健康、全面发展、学有所长"的时代新人，努力打造老百姓满意的家门口学校。学校以《校园文化环境建设中融入社会主义核心价值观教育的实践研究》为抓手，全校统一思想，高度重视，各部门和衷共济，通力合作，围绕课题研究内容层层落实项目。

（二）研究的目标

1. 形成校园文化环境建设和社会主义核心价值观结合的校本解读

学校围绕"关爱、责任、和谐"校园文化的核心内容，结合社会主义核心价值观的24字关键词，整合并细化施湾中学校园文化关键词为"知礼·守义·行仁·谦让·诚信·合作"。通过组织多种形式的实践和读书活动，让每一位师生都成为校园文化以及社会主义核心价值观的弘扬者。同时，在学校的文化环境建设方面，争取做到让校园的每一堵墙壁都会"说话"，力求让校园内的每一处都成为无声的文化传播资源，让校园环境充满生命灵动的自然景色。

2. 以"培育践行社会主义核心价值观"为主题，形成校本特色"和"文化建设管理机制

形成以校长室为领衔，德育处为主体，年级组长、班主任为骨干的课题研究组，各部门和衷共济，通力合作，围绕课题研究内容层层落实项目。校长室负责课题的申报与策划，德育处负责项目的筹备与总结，年级组长、班主任负责具体的组织与实施，引导学生广泛参与，赢得家长积极配合，争取社区领导提供支持，保障课题研究的顺利开展。在课题推进中培养校本特色文化建设的骨干，为学校发展储备力量。

3. 以"培育践行社会主义核心价值观"为主题，形成校本特色"和"文化环境建设路径

搭建以"硬环境""软环境"两个维度和"校园环境""班级环境""办公室环境"三位空间相结合的课题实施构架。把社会主义核心价值观的培育与校园"和"文化建设活动紧密结合，在校园"和"文化建设的过程中体现社会主义核心价值观的日常化构建，使社会主义核心价值观具有自我认同的厚实基础。

（三）研究的内容

1. 开展社会主义核心价值观教育与校园"和"文化环境建设相融合的文献研究

（1）组织课题参与人员学习相关文件、文献等，围绕"德智双全、身心健康、全面发展、学有所长"的培养目标和"知礼·守义·行仁·谦让·诚信·合作"的行为实践目标，研究、建立分层教育目标，注重教育的针对性。

（2）开展师生读书活动，征集读书案例（体会），组织读书交流活动。

（3）组织专题辅导会、研讨会，构架课题研究的蓝图。

2. 开展社会主义核心价值观教育与校园"和"文化环境建设相融合的路径研究

（1）校园硬、软环境建设。

（2）班级硬、软环境建设。

（3）办公室硬、软环境建设。

3. 开展社会主义核心价值观教育与校园"和"文化环境建设相融合的评价研究

（1）开展校本培训形成正向的教师评价。

（2）结合校园活动累积连续的学生评价。

（3）利用项目研究获得客观的家长评价。

（4）依托展示活动取得中肯的专家评价。

（5）接受检查评估赢得科学的领导评价。

（四）研究实施

1. 社会主义核心价值观教育与校园"和"文化环境建设相融合的解读

（1）组织专题辅导会、研讨会，构架课题研究的蓝图。为提高课题研究的有效性、及时发现问题、研究出解决问题的策略，课题组进行了明确的分工，细化了分工研究的方向。针对分工研究方向，组织课题参与人员进行了课题研究的专题辅导会，通过辅导让每一个参与人员对研究内容有了一个全面的认识，有目标地根据自己的分工研究方向收集需要学习的资料。为切实抓好青少年的核心价值观教育，担负起立德树人的根本任务，在课题研究之初，课题组就选择适应少年儿童的年龄和特点，从"记住要求、心有榜样、从小做起、接受帮助"等方面规划研究蓝图，以学生思想教育和校园文明建设为着力点，探索社会主义核心价值观有机融入校园文化建设途径和方法，构筑社会主义核心价值观全过程教育环境。

（2）研究、建立分层教育目标，注重教育的针对性。课题组根据长期的德育实践发现学生在学校中的行为习惯和价值观形成主要依靠教师和学校文化氛围的引导。学生的发展和社会的发展是我们确立培养目标最基本的出发点。许多调查结论指出学生在不同的年龄阶段，他们的发展需要也是不同的。因此，学校在组织课题研究参与者学习资料的同时，还组织了课题参与人员围绕"德智双全、身心健康、全面发展、学有所长"的培养目标和"知礼·守义·行仁·谦让·诚信·合作"的行为实践目标，基于各年级学生不同的身心发展需要，有针对性地研究、建立了各年级的分层教育目标（表4.4）。

表4.4　施湾中学社会主义核心价值观教育各年级分层教育目标

总目标	年级段	学校培育目标关键词	社会主义核心价值观培育目标侧重点	综合归纳目标
德智双全、身心健康、全面发展、学有所长	预备年级	知礼	关爱	食堂静，地面净，知文明，懂礼仪
	初一年级	守义	友善	会学习，能自励，善发问，懂合作
	初二年级	谦让	诚信	诚处世，实做事，守规则，懂谦让
	初三年级	合作	和谐	举止优，谈吐雅，严律己，宽待人

预备年级是从小学进入到初中的一个过渡年级，此年级段的学生的身体和心理发生了显著的变化，面对的是从童年的身份逐渐转变到少年的身份。初步进入到少年身份的他们，理性发展的思维还不够，知识经验、行为习惯还较多的保持着小学生的形态。个人意识还比较模糊，有了一定的价值评价能力，也开始注意塑造自己的形象，希望得到老师和周围人的肯定，在各个

方面会比较认真，愿意听从教师的指导，希望得到教师的称赞。然而他们思维的独立性和对错误行为的判断还处于萌芽状态，各方面容易受到周围大部分人的影响，很多学生都容易产生从众的心理。基于此分析，课题组研究后认为预备年级是打好基础的重要一年，教师必须要起到良好的引导作用。而这里的引导作用不仅仅是学习知识上的引导，还包括行为习惯、价值观形成、综合素质的引导。

初一年级的学生已经进入了青春期，他们的身体和心理在预备年级的基础上有了更明显的独立意识。这个年纪的学生往往想要标新立异又不想要脱离集体。于是，他们中的很多人容易产生焦虑、不安、叛逆、浮躁等不良心理。由于身体和心理发展的不平衡性，就会不同程度地出现对抗性行为，说谎、逃避、破坏等不良行为，个人的独立性被强烈的需要发展着，但是又缺乏明显的自律性，学习能力大大提高，希望平等地和老师讨论问题。希望通过独立或者合作的方式开展自己喜欢的活动，结交更多的朋友，自尊心也随之变得强烈，希望自己的行为能够得到教师和家长的理解和认同。基于此分析，课题组研究后认为初一年级的教育引导是承上启下的重要一年。面对学生个人发展的强烈渴望，应该要引导他们在行为自律方面不断加强。改变说教灌输式引导，转而更多地关注与学生的沟通交流。给予学生及时的心理疏导和帮助其树立正确价值观，保证学生在健康的心理轨道上发展。

初二年级的学生心理和习惯趋于稳定，他们的行为习惯、心理成长发展迅速，是趋向于稳定的阶段。观察力敏锐，学习成绩也趋向于稳定。意义识记占据了主导地位，个人思维有了抽象和概括能力，学习兴趣稳定，个人价值建立也趋于稳定。心理更加的成熟，学习态度和学习目标也有明显的进步。基于此分析，课题组研究后认为初二年级是调整和雕塑的关键一年。教师应更多地注重对于学生个体思考的鼓励，在为人处世方面要给予正确的引导，帮助他们在提升学习成绩的同时稳定正确的价值观。加强学生自主管理的实践指导，指导学生养成更为良好的生活和学习习惯，培育学生拥有健康阳光的心态，践行社会主义核心价值观，守规则，讲诚信，懂谦让。

初三年级的学生随着自我意识的明显增强，独立思考和处理事务方面能力的发展，行为和心理上独立性会更加的突出。他们迫切地希望个人的发展不受束缚，感情变得平稳，内心世界活跃，但是感情交流方面变得更加的不明显，容易造成师生交流的不畅达。个人变化的分层性也更加明显，在学习中得到认可的学生变得更加自信、认真；在学习中无法获得乐趣的学生变得灰心、自卑，这样的分层会有固化的倾向。随着学习兴趣的变化，行为举止、自我认同感也发生着变化。基于此分析，课题组研究后认为初三年级是培养学生进取心，固化优点弱化缺点的重要一年。面对学生表现的分层性，给予不同策略的关心和帮助，更加注重与学生的沟通方式，走进他们的内心，攻克其灰色心理地带，教师的理解和关注将给予他们莫大的鼓励。并且要帮助他们通过不断的反思正确认识自我的优点和不足，帮助他们身心健康发展。加强对学生的爱国主义、集体主义，以及理想诚信教育，坚定理想和信念，树立正确的世界观、人生观和价值观。牢记自己的责任和追求，不断提高个人的综合素养，为走向社会奠定扎实的基础。

2. 开展社会主义核心价值观教育与校园"和"文化环境建设相融合的路径研究

校园文化环境作为学生成长的外部重要影响因素，是促进学生身心健康发展的重要环境力量。校园文化环境建设的终极目标在于创设一种氛围，来陶冶学生情操、构建学生健康人格、形成符合社会主义核心价值观的价值评判体系，全面提高学生素质。学校主要致力于将社会主义核心价值观教育与建设校园"和"文化环境建设相结合，雕塑学生健康、向上的价值品德。

（1）硬环境建设。

1）校园硬环境。以校园"和"文化为主题，凸显学校的办学理念、校训、校风、培养目标等。按照"面面墙壁会说话，一言一行显真情，一草一木见精神"的原则，进一步规划设计校园环境，使校园能绿化、净化、美化，遵循经济、实用、美观的原则，围绕"关爱·责任·和谐"的校园文化精神，精心设计校园文化的呈现内容和呈现形式，从行政大厅、教学楼、实验楼到主题墙、礼义廊、桃李苑，主题突出、特色鲜明，彰显社会主义核心价值观教育。宣传栏展示相关经典诵读的资料，橱窗、走廊、墙壁等处，布置名人警句、诗词佳句、教师心语、梦想墙、笑脸墙等，从整体到局部营造浓郁的文化环境，展示施中人阳光自信的风貌；古诗墙以诗情画意对师生进行文化浸润；责任感教师宣传栏，成为树立典型、弘扬师德风范的窗口；师生在美丽的校园中，感受家一样的温馨，懂得为班争光、为校添彩的责任与担当。

2）班级硬环境。教室是学生学习、生活、交际的主要场所，是教师传道授业、教书育人的主阵地。优美的教室环境能给学生营造良好的生活与学习的氛围，增强班级的认同感和归属感。例如：学校针对本课题开展并组织评比了"社会主义价值观在我班"的班级布置比赛，通过此次活动，发挥学生的主观能动性，让社会主义价值观彰显在学习园地、班级标语、班级公约、黑板报、书橱、植物角等地方，真正将社会主义核心价值观"入眼、入脑、入心、入行"。通过班级的"和"文化建设，有意识地培养学生的是非观念、集体荣誉感，养成良好行为习惯，增强班级凝聚力，促进构建校园"和"文化，营造有益于学生健康成长和学习的良好班级环境。

3）办公室硬环境。繁忙是教师工作的常态，通过打造文雅情趣的办公环境，从外在提升教师工作的舒适感和愉悦感，从而助力教师工作效率提升。在办公室硬环境的建设方面，我们围绕"关爱·责任·和谐"的校园文化精神，安排了座位、橱柜，布置墙面、盆栽，做到室内清洁卫生，物品摆放有序，布置合理规范，彰显文化品位。

（2）软环境建设。

学校在"软环境"的塑造中，重点关注了制度文化、行为文化以及环境文化三方面的建设。围绕"关爱、责任、和谐"校园文化的核心内容，以校园现存实物为载体，设计多样化图案传达价值理念，力争校园每一物都能诉说生命的灵动，每一处都能传达教育的理念。

1）校园软环境。学校在"软环境"的塑造中，重点关注了制度文化、行为文化以及环境文化三方面的建设。以各类实践体验活动为载体，让师生在活动中融入校园文化建设过程，自觉践行社会主义核心价值观。

① 开展师生实践活动。通过引导教师明确学校"和"文化理念与核心价值观，浸润在"内和外顺，助力成长"的氛围之中，培养个人对集体的归属感、责任感。同时，深入实施学校"德育校本课程"，依托"跳绳与健身""古诗吟唱""手工制作""上海话与海派文化"等社团课程，实施丰

富多彩的德育体验式活动和实践活动,在活动中培养学生做到"知礼·守义·行仁·谦让·诚信·合作"。通过开展施湾中学践行社会主义核心价值观金点子征集活动、"阳光团队·美丽校园"优秀青年教师社团展示活动、"发现·奉献"学雷锋活动、"传统文化在身边"手抄报评比活动、艺术节、科技节、读书节、体育节等文化活动,引导全体师生主动参与,积极体验,并在"知—情—意—行"四个环节培育和践行社会主义核心价值观。强化精细管理,将社会主义核心价值观纳入学校网络化管理体系。一方面从组织管理层面,将"社会主义核心价值观教育"融入党政工团及少先队的思想组织管理中;另一方面从制度管理的层面,以严明的校纪班规管理学校、年级和班级,并与学生素质教育综合评价相结合。开展"放飞梦想,让青春飞扬"十四岁集体生日活动、"少年向上 真善美伴我行"主题读书活动、开设"我身边的心理学""上海话海派文化学习"等特色课程,进一步帮助学生培养爱国、友善、诚信的社会主义价值观,推动校园"和"文化建设。

② 开展师生读书活动。学校将《习近平用典》《社会主义核心价值观专题解读》《社会主义核心价值观五讲》等书籍推荐给了每位课题研究参与者。课题研究组还针对此类书籍开展了读书心得分享会和读书案例体会撰写等活动。以《习近平用典》为例,课题组针对13个篇章的内容设定不同的特色主题交流活动,丰富了理论资料的学习形式,提高了课题研究参与者的学习兴趣和研究水平。此外,学校还围绕社会主义价值观开展了"我眼中的核心价值观"语段征集评选活动。通过开展"公正求'和','和'载公正"的系列专题活动,讨论如何践行社会主义核心价值观中的关键词"公正",从而服务于学校内涵发展。专题学习中课题研究带头人指出,教师要不断进行自励,讲奉献,在教育原则上倡导"有教无类",在教学原则上倡导"因材施教"。要"用细心、恒心对待工作,将热心、关心送给同事,把爱心、耐心献给学生",以"宽以待人,严于律己;推崇诚信,成为品德;有效沟通,养成习惯;完善自我,关爱他人;集体利益,高于一切"的目标激励自己不断前行,以身作则地通过实际行动成为社会主义核心价值观以及施中"和"文化的传播者。

2)班级软环境。课堂教学是教师引导学生成长的主要途径。因此,从教学目标的确立、教学内容的利用、课堂活动的设计、师生和生生的互动，到教学质量的检测与反馈，学校都要求教师坚持引导学生树立"关爱·责任·和谐"的校园文化精神，让社会主义核心价值观的培育落细、落小、落实，并能生活化、常态化。

① 班级管理方面，围绕分年级德育目标，开展了"社会主义核心价值观"系列主题教育活动，从而培养学生"知礼·守义·行仁"的良好品格。各班在充分了解班级学生性格、兴趣特点等前提下，明确班级奋斗目标及努力方向，并制定符合班级情况的有个性特色的班级发展计划，且根据年级变化进行调整、完善和充实。在此基础上，结合校本教材《上海市施湾中学学生礼仪规范手册》《星级文明班级考核条例》，制定围绕校园文化关键词"知礼·守义·行仁·谦让·诚信·合作"同时适合本班实际的班级公约、班级规范，从入校起就做好校园文化的宣传工作。

② 发挥班级在对学生进行思想道德教育中最基层组织的作用，促进学生的健康成长。精心设计和布置教室环境，例如：在教室内布置围绕校园文化关键词"知礼·守义·行仁·谦让·诚信·合作"布置黑板报、学习园地、特色角、绿化廊、书画展示等，通过温馨班级的建设，有意识地培养学生的是非观念、集体荣誉感。通过自主管理、志愿者服务、爱心义卖、新团员入团仪式、"梦想带我飞翔·歌声伴我成长"班集体合唱比赛、"小眼睛看我家，好家风我来传"践行社会主义核心价值观家教评选等宣传、实践活动，进一步学习校园文化精神，使学生成为施湾中学校园文化的传播者。

③ 学生入学后，有计划地开展新生入学教育，学习《上海市施湾中学学生礼仪规范手册》《星级文明班级考核条例》；开展大号红领巾换戴仪式、"向国旗敬礼"网上签名寄语活动、"美丽校园，成才乐园"校园文化知识大赛等活动，使全校学生明确施中校园文化的内容和内涵，促进学生养成良好的文明习惯、形成强烈的爱国心，更有效地弘扬社会主义核心价值观，构建施中校园"和"文化。组织学生参加"培育核心价值 弘扬传统文化"五三杯中小学生书画作品比赛、"爱绘西藏·施中接力"绘本捐赠活动等各类团队活动；以"与人生对话——我的中国梦"主题团日教育实践活动为载体，开展系列"社会主义核心价值观学习"主题班（中）队会；组织开展法制教

育活动、志愿服务活动等，引导学生主动参与到活动中，感悟志愿者的服务精神，塑造学生"诚信·合作·谦让"的优秀品质。通过委任专门的心理辅导员、设立"心情小屋"、开展教师节班级主题活动、开展"把人生的第一粒扣子扣好"五四活动等，以社会主义核心价值体系引领青少年健康成长，不断提高青少年学生的思想道德素质。落实"育人为本，德育为先，能力为重，全面发展"的教育总要求，帮助学生正确认识和理解真善美，增强学生的价值判断力和道德责任感，培育学生成为求真、求善、尚美的社会主义建设者和接班人。

3）办公室软环境。办公室文化是一所学校文化的重要标志之一，它彰显着一个学校的办学水平和办学品位，凸显着教师的综合素养、职业道德。只有各个部门默契配合，学校的各项工作才会有巨大的提升。因此，学校致力于提倡在工作上追求细节、力求完美，在人际关系上和同事和睦相处、互相体谅。学校高度重视班主任队伍建设和梯队培训，通过班主任例会、经验交流会、专题研讨等形式，培养一批既有较高政治觉悟又有较高理论基础和丰富实践经验的班主任。通过加强对青年班主任的培训工作，通过内培（拜师学教、班主任专项培训等）和外培（区、市级青年教师培训、班主任培训等）相结合，为班主任队伍的专业成长与发展搭建更好的平台。每年，学校在年度考核评优、在祝桥镇优秀教师评选考核时，采用滚动的骨干考核机制，考核中侧重考虑骨干教师带班、带教、科研等方面的能力和实绩，充分发挥骨干班主任在学校德育工作中的引领、辐射作用，打造了一支乐于奉献、业务精湛的班主任队伍。同时，在读书案例评选方面尽量做到人人有奖，以轮动获奖的形式构建校园"和"文化建设。

此外，还通过完善制度以及班组评比等活动加强办公室文化建设，构建团结互助、和谐向上的人际关系，践行"关爱·责任·和谐"的校园文化精神。

3. 开展社会主义核心价值观教育与校园"和"文化环境建设相融合的评价

研究评价是对某一事物的价值作出判断，"价值判断"是评价的核心。评价的目的不是为了检验、甄别或选拔，而是旨在通过评价促使被评价者改进，促进其发展。在开展《社会主义核心价值观教育与校园"和"文化环境建设相融合的实践研究》过程中，课题组按领域建立了多元化的综合评价体系，设计了来自教师、学生、家长、专家及领导等各领域的多元化的评价主体，以保证课题的顺利开展。

（1）开展校本培训形成正向的教师评价。教师是学校教育教学活动的执行者，对学校组织开展教育教学活动有参与的义务和评价的权利。为更好地促进本课题研究，课题组一开始就很重视教师对于课题开展的评价，并不断通过师德讲座、校本研修、专题报告等各类培训形成知性一致的正向评价。开展课题研究以来，学校通过软硬环境的建设，打造凸显"和"文化的校园环境，塑造一支敬业的教师团队。在礼义廊和道德讲堂的建设中，我们既着重彰显古今圣贤的敬业言行，又注重发挥身边模范的榜样作用，使社会主义核心价值观教育无声地荡漾在校园的每一个角落。2015年以来，学校邀请了于漪老师来校作专题讲座，以精神成长促教师专业成长；围绕《从教始于为学　垂范重在立德》为题组织师德讲座，要求教师努力成为学生成长道路上的引路人。组织祝桥镇优秀教师评选，弘扬"学为人师、行为世范"；通过对学校提出的"关爱·责任·和谐"核心价值观的解说，进一步推进学校"和"文化建设；围绕《学习"两会"精神　践行核心价值》组织形势报告，营造了"美丽校园，成长乐园"育人环境，培育"知礼""守义""诚信"的新一代，积极弘扬健康、向上的社会主义核心价值观。

在2015学年"教师全员代言学校形象"培训活动中，教师们能够主动将学校"和"文化的建设与培育和践行社会主义核心价值观相融合，认识到社会主义核心价值观教育与校园"和"文化环境建设相融合能更好地组织开展各类教育教学活动，积极主张在教育教学活动中强化社会主义核心价值观教育与校园"和"文化环境建设相融合的广度与深度。

（2）结合校园活动累积连续的学生评价。学生是参与教育教学活动的主体，更应该参与到学校教育教学活动的评价中来。本课题研究是在2014年区级德育课题《校本化实施"做一个有道德的人"主题实践活动的研究》基础上，反复研究学生学情，思考学生发展方向后规划设计的。因而，课题组在开展活动过程中，不断收集和整理学生对于课题活动的评价，以使课题研究活动更好地体现"为学生发展服务"的功能。

在课题研究过程中，主要通过一系列丰富多彩的实践活动，以社会主义核心价值观为引领，推进"和"文化建设，使学生不断地将"爱国、诚信"等个人层面的价值观转化为自身的道德习惯。每一项活动后，德育处都会组织部分学生进行活动评价，了解活动的效果，掌握课题研究的第一手数据，作为下一项活动的开展的重要依据。这一年来，学生由不了解到了解，由茫然未知到融入其中，不仅能在教师的引导下积极参与各项活动，还能在活动后认真总结、客观评价，使自己成为校园生活的小主人。例如，在"向国旗敬礼"网上签名寄语活动的反馈中，就有同学这样评价：我们都是炎黄子孙，都为我们伟大的母亲而自豪。网上签名活动很有意义，当我们路过旗台，站在国旗下，更应该庄严地举手，虔诚宣誓：永远忠实于祖国！看到这样的评价，大队部立即在升旗仪式上做了倡议，倡导每个队员珍爱国旗、热爱祖国，将"向国旗敬礼"活动推向深处，并再次向队员征询评价意见，校园中掀起一股"爱国"风潮。在这样的连续累积中，课题组发现同学们的评价越来越主动，还能关注学校"和"文化建设与社会主义核心价值观教育的切合点，并提出自己的建议。

（3）利用项目研究获得客观的家长评价。学校教育实践告诉我们，争取家长、社区的信任、支持、配合，是关系学校发展和生存的大事。为此，我们把家校社工作作为一项系统工程，通过构建学校、家庭、社区合作协商制度，与家庭、社区之间建立常态化、制度性的沟通渠道，构建现代学校"民主协商、共商共治"的新局面，打造老百姓满意的家门口的好学校。课题研究开展过程中，学校能结合"构建学校、家庭、社区合作协商制度"项目开展，获得家长对《社会主义核心价值观教育与校园"和"文化环境建设相融合的实践研究》课题开展的评价意见。

如在学校的《让爱照亮梦想》为主题的"道德讲堂"活动中，有施湾社区党委班子、支部全体同志，施湾社区村居书记、主任，学生家长等近300人参与。营造出"施湾"这一大家庭的祥和景致，不仅展示了学校"和"文化的建设成效，也潜移默化地融入了社会主义核心价值观教育。在活动中，有家长这样评价：这次"讲堂"的主题，呈现了"施中人"互帮互助、互敬互爱的"和"文化的氛围，来宾都感受到了施中的"文明、友善"，作为学生家长我们不仅参与了,也确实是融入这个和气致祥的大家庭中了。一位初二年级的学生家长在"家长征文"中这样评价学校:两年多的时间,欣喜地见证了学校的变化。学生的行为道德规范、学习成绩在不经意中提高了。走进施湾中学,校园清洁整齐,各种宣传栏内容丰富全面,教室明亮,走廊整洁。一眼望去就产生一种欣欣向荣,朝气蓬勃的感觉。

家长的评价,是学校办学的动力,也是课题研究成效的见证。课题组在研究中注重发挥家长、社区在孩子成长过程中的作用,共同引导学生在家做个好孩子、在校做个好学生、在社会上做个好公民,培养学生拥有健康的体魄和阳光的心态,学会学习,学会做事,学会相处与合作,能主动发展、和谐发展。

(4)依托展示活动取得中肯的专家评价。展示活动是最能反映学校素质教育成果的途径之一。教育专家们从学校教师与学生的精神面貌中就能感受到学校教育的成效。因此,在本课题研究过程中,我们积极筹办各个层面的展示活动,让教育专家来评价学校的办学成效,从专家的评价中汲取前进的养分。

例如,邀请上海教育科学研究院谢诒范教授参加"美丽的校园,成长的乐园"校园文化巡礼区级展示活动。谢教授一早就来到学校,全程参加了活动。作为市级专家,他高度肯定了学校的办学理念,称学校不仅是一个大花园、大家庭,还是师生的精神家园和成长舞台,在这样有"爱"的环境中,师生的梦想、教育的梦想定能实现。

为更全面地取得专家评价,推进课题研究,课题组还在校园软环境建设上做足了功课。在学校教学周活动期间,分别邀请了区语文教研员王顺民老师、区英语教研员王瑛老师来校指导。两位老师评价学校的青年教师有主动向上、积极进取的专业追求,有团结协作、和谐发展的精神面貌,有敬业爱生、民主亲切的师德形象,这都与学校在价值引领方面的努力分割不开。

2015年10月16日下午,在祝桥镇党委、镇政府的大力支持下,上海市施湾中学举行了"教师的精神成长与使命担当——于漪老师专题报告会",于漪老师在报告中这样评价我们的学校:施中老师对学生的无私奉献,尤其是对随班就读学生的无悔付出,让我十分感动。当下经济社会中的一些负面的价值追求，对教育工作的冲击是很剧烈的，学校教育任重而道远，我们选择了教师就是选择了高尚。

在学校开展课题《社会主义核心价值观教育与校园"和"文化环境建设相融合的实践研究》期间，能够取得这么多专家的中肯评价，不仅是课题推进的动力，更加是学校办学绩效的"功勋章"。

（5）接受检查评估赢得科学的领导评价。课题研究的成效如何？除了师生评价、社区家长评价、教育专家评价外，当然离不开上级领导的认可。本课题在开展过程中，始终关注上级领导对课题开展的评价，及时根据领导意见调整研究思路，在综合考虑学校校情、学生学情、区域地情等多方面的因素下，接受各层领导的检查评估，赢得领导的科学评价。

如，在浦东电台《智慧立方体》栏目对施中办学特色做了专题报道，施湾社区党委书记兼主任周惠君女士对学校工作作出了中肯的评价。她说：施湾中学是施湾社区唯一的一所中学，这几年来，学校认真贯彻党与国家的教育方针政策，全面推进教书育人的各项工作。学校有一个好的工作团队，坚持文化立校、科学发展，教师责任心强，教育氛围好，教育质量逐年提升，在培育时代新人方面有创造、有收获，受到家长、社区的一致好评，是我们家门口的满意学校。

在"美丽的校园，成长的乐园"校园文化巡礼区级展示活动中，祝桥镇王斌副镇长说：作为一名离开学校已经十年的老德育主任，看到今天施湾中学的初步成果，感慨万分。作为地方政府领导，他感谢施湾中学为"办好家门口的学校"所做出的努力，同时，祝愿施湾中学蒸蒸日上，不断取得新的成绩。

2015年9月22日、23日，学校接受了浦东新区人民政府教育督导室的发展性督导。督导专家评价学校：确立"关爱每一位学生，让每一位师生都得到充分发展"的办学理念、"求真知、教真理、做真人"的校训，建设"关爱、责任、和谐"为核心的校园文化，自主发展意识强，发展思路清晰，规划目标达成度高。学校高度重视德育工作，德育基础管理规范，加强班主任队伍建设和校园环境建设，形成全员育人氛围。学校积极搭建学生发展平台，重视学生自主管理，培养学生良好行为习惯，学生举止文明有礼貌，待人朴实、热情，得到家长、社区的认可，学生对教师、对学校认同度很高。

纵观课题开展以来的这一年，各层面对于学校德育课题开展的成效都作出了满意的评价，这既是对学校办学的认可，也是对课题组的鼓励。社会主义核心价值观教育与校园"和"文化环境建设相融合的评价研究初见成效。

（五）实施效果

1. 学校环境不断完善

校园环境是校园文化的外在体现，施中以课题研究为抓手，积极推进师生将社会主义核心价值观内化于心、外化于行，力求做到明大德、守公德、严私德，真正实现社会主义核心价值观的种子在师生心中生根发芽。为此，学校重新规划并设计了连接教学楼之间的走廊，并命名为"礼义廊"。礼义廊不仅陈列着师生们共同推荐的"美德小故事""道德名言"等内容，还在社会主义核心价值观和《中学生日常行为规范》的基础上，将其细化的"知礼、守义、行仁、谦让、诚信、合作"等教育内容上墙，分别体现"集体主义教育""礼仪礼貌教育""自理能力培养"等，引导师生关注社会上、校园里的凡人善举，并通过"知礼、守义、行仁、谦让、诚信、合作"等实践目标，将学校的核心价值观加以落到实处、小处、细处，进而融入行为规范，"以小见大"，使我们全体师生能更好地践行社会主义核心价值观。此外，学校还增添了"桃李苑"这一师生互动角。并将"施中精神"的核心词和以"施中人"为题的小诗为主线，以"师魂颂"和"桃李歌"为主题，陈列展示出"身边的榜样"——本校优秀师生的故事，展示着师生的们可爱的笑脸。

2. 师德修养不断提升

学校以德育课题研究为抓手，开展"规范办学行为专题培训"和《讲规范提高社会声誉　抓实效提升办学形象》《从教始于为学　垂范重在立德》《德立而百善从之》《强化四种意识　提升师德修养》《做阳光教师　创美丽校园》《关爱　责任　和谐——对学校提出的核心价值观的解说》等师德修养讲座。认真贯彻落实《中小学教师职业道德规范》的实施细则，并通过

"教师年度考评"、《上海市施湾中学教职工业绩考评办法》对教师的师德修养作出公正评价。此外,学校还通过道德讲堂活动在全校范围内开展"施中责任感教师"评选,以发挥榜样的引领辐射作用。

3.文化环境日益提高

学校在"关爱每一位学生,让每一位师生都得到充分发展"理念指引下,在全校师生共同参与学校核心价值观征集活动的基础上,将师生在校园工作、学习、生活中表现出来的富含正能量、体现本校特色、具有广泛共识的目标和行为要求的词语提炼出来,形成了"关爱、责任、和谐"的集中表述,明确为学校的核心价值观,通过有意识地推行,在师生的言行实践中发扬光大。学校围绕校园文化的核心内容开展了题为"关爱 责任 和谐——对学校提出的核心价值观的解说"的主题会议,并组织全校师生撰写相关心语、征集名人名言。为了更好地将社会主义核心价值观教育与校园文化环境建设相融合,2014年,学校聚焦"和"文化,积极准备,举办"美丽校园,成长乐园"区级德育主题展示,以此进一步推进校园文化建设。同时,学校致力于课题研究,2014年完成区级课题《校本化实施"做一个有道德的人"主题实践活动的研究》,并获2013学年度浦东新区德育实践研究课题成果三等奖。此外,学校采用"因势利导,化堵为疏,形成合力"的方式管理教师队伍,尝试推行一种"柔性管理"的模式。除了一些必要的制度规范以外,在研修制度、教师发展等方面,均没有太多刻板规定,即使比较刚性的作息制度,也力求柔性执行,尽可能为教师创设一个宽松的环境。

三、初中班级文化建设中融入核心价值观教育的实践探索[①]

(一)研究背景和意义

1.问题的提出

在《社会主义核心价值体系融入中小学教育指导纲要》(实施意见稿)

---

① 本案例由上海陆行中学北校潘玲丽、高淑梅老师撰写,浦东教育发展研究院王宇老师修改。

中指出：中小学班主任要把班级工作中的各个工作细节作为社会主义核心价值体系教育的契机，即要认真抓好班级和团队工作，建设良好班风，倡导营造充满正气的浓厚氛围，引导学生形成正确的理想、世界观。在此基础上，我们把社会主义核心价值观教育与班级文化建设有机结合起来，形成了以社会主义核心价值观为主导的班级舆论环境，从而形成具有时代特色的班级文化——团结友爱，快乐和谐，健康向上；努力营造良好的班级风气，推动以社会主义核心价值观为核心的校园文化氛围，增强学生对社会主义核心价值观的认同与使命感。以此为指引，我们将社会主义核心价值观教育与班级文化建设有机结合，形成了以社会主义核心价值观为导向的班级舆论氛围，构筑了团结友爱、快乐和谐、健康向上、争做主人的良好班风，展现出鲜明的具有时代特征的班级文化，以班级文化带动校园文化，促进以社会主义核心价值体系为核心的校园文化氛围的形成，帮助学生增强对社会主义核心价值体系的认同度和使命感。

2. 研究的意义

主要体现以下三点：一是本课题以学生人格塑造的需要为着眼点。班级文化潜移默化影响学生人格的形成，是培养学生人格的阵地。本课题重点研究的是在班级文化建设中，如何引导学生在践行以社会主义核心价值观（个人层面）为核心的班级文化活动中，获得情感的体验。以激发学生的成就动机，促进学生对社会主义核心价值观认识水平的提高，以形成正确的理想、世界观，培养学生良好的人格。二是本课题的研究是对学校现有班级文化建设的优化和补充。班级文化最核心的内容是对学生进行基本的思想道德和价值观念的培养和教育。本课题重点研究的是以社会主义核心价值观为导向的，班级文化的核心"教育理念"和"价值取向"的确立，通过创设以践行社会主义核心价值观（个人层面）为主流文化的班级文化氛围，以增强学生的目标意识，引领其思想和行为朝着主流的方向发展。三是本课题的研究是对营造健康和谐的校园文化的有力推动。班级文化在一定程度上影响着校园文化，它是反映和传播校园文化价值取向的重要载体，班级文化是否具有鲜明的时代气息和现代化标志，是衡量现代学校校园文化管理的重要指标。本课题的研究对校园文化中的社会主义核心价值体系融入建设工作起到积极的推进作用。

（二）研究目标与内容

1. 目标

（1）结合初中生身心发展特点和学校德育分层目标，构建和实施社会主义价值观（个人层面）教育与班级文化建设有效融合的德育工作机制。

（2）探索以社会主义核心价值观为核心的班级文化建设，践行以社会主义核心价值体系（个人层面）为核心的班级活动，并形成相关的活动案例。

2. 内容

（1）结合学校德育分层目标，开展在班级文化建设中如何有效融入社会主义核心价值观（个人层面）的研究。

（2）开展以重点凸显爱国、诚信、友善、敬业为内涵的班级物质文化、行为文化、制度文化和活动文化研究。

（三）研究过程

表4.5　陆行中学北校各年级德育分层目标

融合内容 \ 年级分层德育目标	预备年级（行规教育）	初一年级（爱心教育）	初二年级（理想教育）	初三年级（责任教育）
社会主义核心价值观	诚信	友善	爱国	敬业

项目组基于学校年级德育分层目标的基础上，将本项目实施的重点定位于将社会主义核心价值观中个人层面的内容"爱国、敬业、诚信、友善"有机融入各年级的德育分层目标中，一个年级凸显一个重心，预备年级行规教育抓诚信，初一年级爱心教育抓友善，初二年级理想教育抓爱国，初三年级责任教育抓敬业，并开展以重点凸显爱国、诚信、友善、敬业为内涵的班级物质文化、行为文化、制度文化和活动文化研究，各年级具体的实施路径如表4.6—4.9所示。

表4.6 预备年级"诚信教育"实施路径框架表

	教育目标	教育途径	教育内容
物质文化	不说谎话，实事求是；勇于认错，知错就改；作业不抄袭，考试不作弊；遵守时间，说到做到；借用物品及时归还；真诚待人，珍惜荣誉	张贴诚信格言和警句、编辑"诚信伴我行"黑板报、开辟荣誉墙、图书角、队员风采专栏	言必行，行必果。人无信不立。一诺千金
行为文化		通过少先队活动课、班会课、队会课	以真诚的言行对待他人、关心他人，不欺骗自己，不欺骗父母和老师，平时使用礼貌用语，遵守学校各项规章制度
制度文化		共同讨论制定诚信班级公约、班级标志、班级口号、班级吉祥物，诚信之星、礼仪之星、行规之星评选制度	守时守信，承诺的事情一定要做到，遇到失误，勇于承担应有的责任，知错就改
活动文化		诚信考试活动、社团活动	严格要求自己，言行一致，不说谎话，独立完成作业，遵守考场规则，考试不作弊，向身边的亲人、朋友进行诚信宣传

表4.7 初一年级"友善教育"实施路径框架表

	教育目标	教育途径	教育内容
物质文化	能友善地对待他人、对待社会、对待自然；乐于助人，善于合作；与同学和睦相处；孝顺父母，尊敬师长；富有爱心和同情心	张贴关于孝、礼等的格言和诗词，编辑"友善伴我成长，感恩与我同行"黑板报，开辟"心语卡"专栏、植物角	老吾老以及人之老，幼吾幼以及人之幼。谁言寸草心，报得三春晖
行为文化		通过少先队活动课、班会课、队会课	教导学生团结友爱、合作互助。人人都要为班级事务和活动出谋划策，积极参与，人人都要为班集体争取荣誉，懂得个人荣誉即集体荣誉；如果同学遇到困难，大家都要及时伸出援助之手，互相帮助。在相互见面时要经常说"你好、再见"；在接受别人帮助或不小心做错事时，要懂得说"谢谢、对不起、请原谅"

续 表

	教育目标	教育途径	教育内容
制度文化		共同讨论制定友善班级公约、班级标志、班级口号、班级吉祥物，春晖之星、施助之星、尊师之星评选制度	教育学生要常怀感恩之心。对父母长辈生育、抚养自己长大的感恩之心；对老师的谆谆教诲和同学、朋友之间无私帮助的感恩之心等
活动文化		一片纸献爱心活动、敬老院慰问、雷锋月义卖活动、志愿者活动	引导学生奉献爱心。同学家里遇到难事了，大家尽自己所能奉献一点爱心；学校或社会需要帮助了，大家携起手来共同渡过难关

表4.8 初二年级"爱国教育"实施路径框架表

	教育目标	教育途径	教育内容
物质文化	树立正确理想、信念、人生观、价值观，传播正能量；热爱祖国传统文化，积极学习民族技艺；具有民族自豪感；尊重国旗，唱响国歌；具有努力学习的积极行动	制作理想树、编辑"爱国——做有道德的人"黑板报、电子小报、开辟学习园地、作品展示栏	爱国，即做一个有道德的人、一个有理想的人、一个有文化的人
行为文化		通过少先队活动课、班会课、队会课	爱国不是一句口号，而是体现在平时的点滴小事、微小细节中，如升旗时严肃认真，面向国旗立正敬礼，高声唱响国歌，外出及外宾来访时个人形象即代表学校形象、中国形象，既要热情有礼，又要不卑不亢。愉快主动地学习中华古诗词和民族器乐
制度文化		共同讨论制定理想班级公约、班级标志、班级口号、班级吉祥物，学习之星、理想之星、赤子之星评选制度	将爱国之情、理想之志转化为努力学习的动力
活动文化		爱国主义教育基地参观活动、升旗仪式、社团活动、社会实践活动	引导学生将个人梦融入中国梦，对真善美、美好人生和社会理想的追求，打下树立正确的世界观、人生观、价值观的基础，憧憬美好未来，初步树立为实现理想不懈奋斗的决心

表4.9 初三年级"敬业教育"实施路径框架表

	教育目标	教育途径	教育内容
物质文化	学习主动，能不断钻研，不断进取；能全心全意、尽职尽责地完成各项工作和学习任务；面对困难，勇于担当；具有较强的服务意识和责任意识	张贴关于责任和敬业的名人名言，制作责任之花，编辑"做有责任感的人"黑板报，开辟畅谈责任专栏	业精于勤，荒于嬉；行成于思，毁于随。功崇惟志，业广惟勤。知之者不如好之者，好之者不如乐之者
行为文化		通过少先队活动课、班会课、队会课	明确担任不同角色时"我的责任"，初三学生的责任体现在本着为自己负责的态度端正态度、努力学习，向着目标努力拼搏，踏踏实实做事
制度文化		共同讨论制定责任班级公约、班级标志、班级口号、班级吉祥物，班干部职责，自强之星、勤勉之星、进取之星评选制度	敬业即是责任心，我们的职业是学生，首要的任务是学习，把学习视为自己的必要工作，所以要做好敬业，就即是要努力学习
活动文化		演讲活动、征文活动	化"要我学"为"我要学"，逐渐养成不停歇的攀登精神，让学习生活中都有坚强的意志

在研究和实践的过程中，项目组具体研究参与实践研究的实验班级的特色和学生的年龄特点，充分挖掘班级全体师生的智慧，并鼓励班级的创新，重点开展了以社会主义核心价值观教育在班级文化的"物质文化、行为文化、制度文化和活动文化"四个领域的相结合的实践与研究。遵循以物质文化为基础、制度文化为核心、行为文化为关键、活动文化为保障的思路，各班级科学架构班级文化体系、建设环境文化、完善班级制度文化、打造班级文化品牌等，努力实现社会主义核心价值观（个人层面）在师生日常行为中的渗透与内化。

1. 墙壁说话，环境育人——在班级物质文化建设中融入凸显社会主义核心价值观教育

板报是班级环境的重要组成要素，是班级隐性思想道德教育的重要载

体。制作板报的过程是培养学生实践能力的过程，也是内化板报内容的重要方式。建设以社会主义核心价值观为主题的板报文化，将学科、时事政治及社会生活有机融入板报内容，通过设计生动新意、内容有趣的内容，倡导爱国、民主、自由等社会主义核心价值观要求，如："爱国——做有道德的人""树立理想，知行统一"等。同时要结合班级重大事情、班级评比情况通报，以简洁、明快、富有时代感的内容宣传，引导学生关注班级和观察社会（图4-1）。

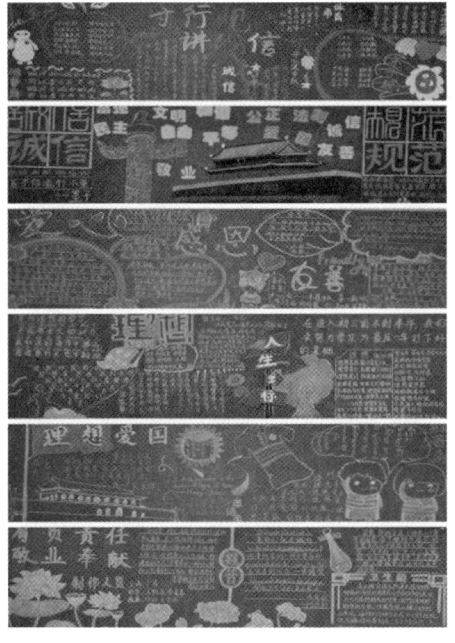

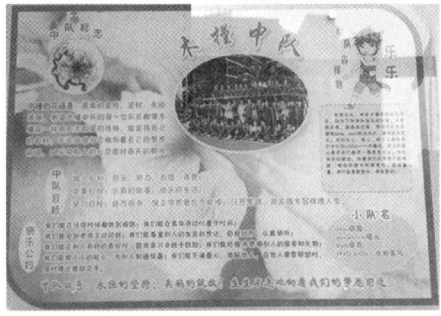

图 4-1　班级环境文化建设之一——板报　　图 4-2　班级环境文化建设之二——教室两侧墙报、卫生角、图书角等

苏霍姆林斯基曾经说过，要使教室的每一面墙壁都具有教育的作用。师生们在教室门口最醒目的位置布置班规、班训和班级口号等内容，这些独特的设计、精美的文字与手绘无不体现着学生的个性风采和班级所特有文化。关注教师卫生角建设，注意用具归类摆放和垃圾分类存放，通过张贴"美丽中国"宣传标语营造班级卫生工作建设良好氛围，创建良好的班级卫生环境（图4-2）。

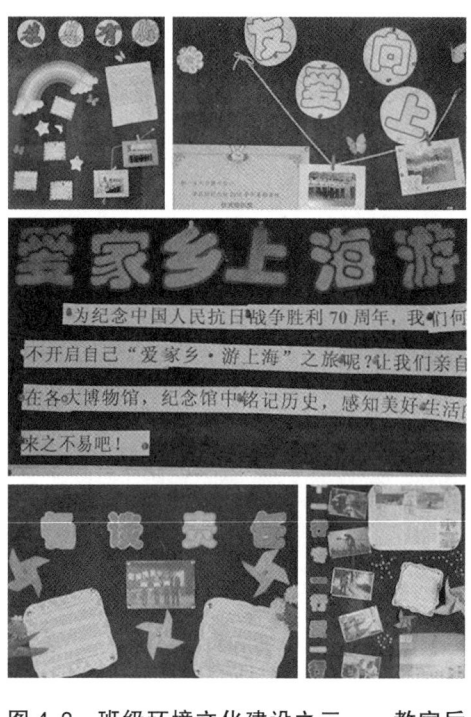

图4-3 班级环境文化建设之三——教室后侧墙报

结合温馨教室评比活动，各班的学生充分利用教室的有效空间资源，用自己创造力，积极将"爱国、诚信、友善、敬业"的理念，融入温馨教室的布置工作去。以教室两侧的墙壁为载体，张贴充满激情和梦想，围绕爱国、诚信、敬业、友善的核心价值观关键词阐发的班级名言，如："心志决定命运，态度决定高度，用激情点燃中考，用拼搏换取成功""严不信者，行不果""读万卷书借文字感受古今乾坤，行万里路用实践书写辉煌人生"等；以教室的后墙为载体，按照才艺园地、激励园地、理想园地和风采园地分模块进行个性化布置，展示孩子们特长才艺，激励学生学生的团队意识和竞争意识，引导他们坚定理想信念，彰显学生的优秀风采。通过全方位教师文化布置，发挥其隐性教育功能，潜移默化帮助学生树立正确的人生观、世界观（图4-3）。

实践证明，优美、充满正能量的班级环境文化的建设，使学生们在不知不觉中自然而然地受到暗示、熏陶和感染，让每个学生将班级当成自己的大家庭，产生强烈的归属感，并从中体验到自身存在于班集体的价值，发自内心的更加热爱班集体，增强自身对社会主义核心价值观的认同。

2. 不以规矩，不能成为方圆——在班级制度文化建设中融入凸显社会主义核心价值观教育

班级制度的建设是班级文化建设的制度保障，班级文化建设的发展是逐渐完善班级制度的过程。在每学年开学期间，每个班级都采取全班同学讨论的民主方式制定或完善包括学习、纪律、生活等方面的班级规定。民主参与

式的制度制定方式保障班级同学"参政议政"的权利,保障每位同学行使民主权利,提高班级同学自觉遵守班级规定,提升学生自我管理的能力,达到自我反思、自我教育的思想政治教育效果。

"爱国、诚信、友善、敬业、公正、法制"的班集体,无疑是最有发展活力的班集体。班级共同目标是班级发展的动力源和指明灯。班级目标的制定要以民主决议为基础,鼓励班级每一位同学积极提出自己的意见和建议,在此前提下集中大家一致的想法追求,形成共同的价值目标。通过民主集中制形成的班级共同目标,有助于提升每位同学对于班级制度的认同感和执行力,从而凝聚战胜困难的勇气和信心。

2015年9月,开学伊始,结合"快乐中队"建设(图4-4),在班主任的指导下,学生们加强班级制度建设。如:班名、班级标志、班级口号、班级吉祥物、班级公约等,旨在通过班级制度文化建设,提升学生对"爱国、诚信、友善、敬业、公正、法制"内涵的理解,培养学生的主人翁精神和提高自尊心、自信心,以及建立民主的师生关系和民主的同学关系,从而帮助他们养成良好的行为规范。在班级制度制定过程中,各班级注重对不同程度的学生的激励作用。例如:初三(1)悦音中队制定班级公约中,师生结合班级日常学习事务,总结了十条班规,形成班级公约。并提出班级口号:"每个

图4-4 "快乐中队"建设

人的生命都是一只小船，理想便是小船的风帆。让我们从身边的一点一滴做起，树立信心，一步步接近理想"，以此共勉；初一（1）小飞龙中队，在班级公约中，制定了"我们应该尊敬师长，友爱同学，做一天善良的小飞龙；我们应该待人诚恳，实事求是，做一条诚信的小飞龙……"这一公约，并提出了"让我们散发光彩，追逐成功的希望"班级目标。

在实现班级目标的过程中，各班级将社会主义核心价值观与学生的日常行为习培养相结合，并注意终结性评价和过程性评价的有效结合，鼓励学生争当先进。并将制度落实检查评比的主动权尽量地下放到学生手中，让学生自己掌握操行等第评比的主动权。如：初一（1）班实施的"菜单式"评价与管理、初三（1）班实施的学生个案跟踪观察管理、初一（3）班实施的值日班长负责制等，有力地推动了学生们自觉遵守班级各项制度，提升了学生自我管理的能力，达到了自我反思、自我教育的效果。在此过程中，学生们还懂得了合作，理解了团队精神，逐步形成了共同的价值取向，增强了责任感，学会了自我发展，同时也营造了良好的校园氛围。这一切也都让学生践行着社会主义核心价值观，核心价值观春风化雨润物无声，这样的学生必定会用自己的努力和拼搏回报家长、老师、家乡和祖国！

3. 春风化雨，润物无声——在班级行为文化建设中融入社会主义核心价值观教育

班级行为文化的建设，就是班主任有目的、有计划地指导和开展形式多样、内容健康的文化活动。班主任要在研究学生生活现状和发展需求的基础上，充分发挥学生主体地位，组织学生开展内涵丰富且形式多样的集体活动，引导学生在健康有益的班级活动中体验、感悟、发展，帮助学生养成好的行为，从而形成良好的班风。

参与项目组研究的班主任们积极以社会主义核心价值观为指导创建班级行为文化，使学生自觉地约束自己的思想言行，抵制和排除不符合班级利益的各种行为。如：参与项目组研究的班主任们以创建融洽、平等的师生关系及和睦的同学关系为着力点进行班级建设时，在营造轻松、愉快的学习氛围的基础上激发学生学习和生活的热情，塑造学生良好的人格品质。如：陶琴老师围绕"友善"组织学生开展了读书、爱心志愿者等活动，她从小处入

手,充分信任每位学生,经常主动地与学生平等地交流与沟通,班级中的大事小事,尊重学生的知情权和参与权,鼓励他们发表自己的意见,也积极听取每个同学的意见,从中也能发现有些认识的偏差,及时纠正。通过一年多的实践与研究,她所带领的班级文化建设取得了丰硕成果。班风积极向上,班级秩序井然,充满正能量,师生和谐,班级获得了许多荣誉,如:荣获了校文明班级称号以及"温馨教室""汉字拼写大赛""运动会"等比赛优秀组织奖。此外,还表现在该班的学生积极参与班内外各项活动,得到了老师、家长的好评和支持。如:班级中吴某同学被评为"市优秀少先队员",卫某同学被提名"市金爱心少年",在各级各类征文、心理案例设计和话剧表演等方面好评不断。

与此同时,项目组还积极挖掘校内外资源,引导学生践行"爱国、诚信、友善、敬业"社会主义核心价值观。如:本学期,黄俭益老师从社会主义核心价值观入手,以预备年级的分层目标为切入点,以关爱和诚信为目标,为创造友善、文明、和谐的校园环境,规范学生的行为,养成良好的生活和学习习惯,开展学习《弟子规》养成良好道德品质的活动。又如:谢翠芳老师结合"十四岁,迈开青春第一步"——理想主题队活动,注重挖掘家长资源,在队会课准备阶段,谢老师组织需要家长配合拍摄视频,因此,几乎所有的家长都积极参与视频的录制,对孩子们提出了自己的期望。当她得知班中的一位学生的外公的中学时代在陆行中学度过,他找到理想的年纪和队员们现在的年纪一般大,而他对导弹事业的毕生追求更是令我们钦佩,就主动与老先生联系。当他得知班级组织这样一堂队课,就将自己的心路历程写了整整2页报告纸。当学生们阅读文章后,都受到了老人的鼓舞,都对自己的未来更加充满了信心,对自己现在的理想也更为重视了。因为,他们知道,或许,现在的一个小小的理想就会和老先生当年那样,最终会在几十年以后为我们国家建设添砖加瓦。在队课正式举行时,谢老师还邀请来了家长参加观摩,家长们都对这次班会给予了很大的肯定。队会课后,看着孩子们一点点的改变,家长们都感觉很欣慰。很多家长都与谢老师联系交流这次班会后学生身上所发生的变化,并表示希望以后能举行更多类似的活动。

此外,项目组通过主题宣讲会、主题班会等形式,充分发挥集体智慧,践行"爱国、诚信、友善、敬业"社会主义核心价值观理念,积极推进社会主义核心价值体系大众化,灵活运用思想政治教育理论,营造科学的班级文化建设氛围。如:预备年级各班开展的"友谊天长地久,预备年级欢乐无穷"的主题教育活动;初一年级各班开展"同一屋檐下,友善共成长""融入集体 团结合作""放飞理想,做向善的好少年"等主题班会;初二、初三年级各班开展"我为社会主义核心价值观代言""追逐理想""责任之重"和"我的五年计划"的读书、演讲等活动,使全体学生明确个人与国家的关系,明确践行社会主义价值观要从身边的点滴做起等社会主义价值观的关键理念。

4. 青春自主,梦想飞扬——在班级活动文化建设中融入凸显社会主义核心价值观教育

活动文化是班级文化中重要的组成部分,一个班级的管理主要通过开展各项活动得以体现,开展班级活动是凝聚学生合力的有效方式,是发展学生综合素质的基本途径。各个班级通过引导学生自主开展喜闻乐见的活动,积极推进"爱国、诚信、友善、敬业"理念的大众化,营造学生主动发展的班级文化建设氛围。如:诗歌朗诵比赛、"美丽中国 我的中国梦"主题教育读书活动、"十四岁,迈开青春第一步"——理想主题队活动等这一系列学生自行组织的活动,让社会主义核心价值观理念深入人心。

例如:初二(1)班的学生们结合自身的民乐特长,积极参加了2015年上海市"我爱中华诗词美——上海中小学创新学习展示活动"。学生们自行组建小组,进行班级的选拔。最终有一组的作品苏轼的《水调歌头·明月几时有》配乐小合唱赢得了大家的一致赞赏。为了有更高质量的作品参赛,班委会会议一致决定集全班"精英"之力来共同来演绎这首作品。最后,这个凝聚班级集体智慧的作品在成百上千的作品中被挑选了出来,最终由专家评审团评为"我爱诗词美——上海市中小学创新学习展示活动"十大优秀作品(青少组)。该活动扣准了学生个人兴趣爱好与古诗词学习共鸣点,在两者的结合中激发学生学习传统文化经典的热情,在满足学生发展需求的基础上认知与弘扬传统文化,真正实现寓教于乐,培育和践行社会主义核心价值观。

又如:预备(1)班的学生们围绕"诚信"主题,通过制定"诚实守信"

的班级公约、设计和举办"抱诚守真,学做真人"主题活动,布置以"诚信"为主题的温馨教室,利用网络、图书馆等收集方式,收集有关诚信的案例、名人传记、名人名言等,开展"诚信"读书会和主题辩论会以及"诚信之星"的评选等形式多样的活动,学生在各种实践活动中感悟了诚信的重要性,提升了诚信意识,并在学习生活中不断修正自身的不良行为习惯,懂得了诚信从现在做起、从自我做起、从一点一滴做起,做到诚信待人、诚信处事。

2015年10—11月,学校分别接待芬兰与英国教育考察团来访,由学生志愿者担负接待任务,同学们良好的精神风貌、得体的举止、热情大方的介绍给到访的领导和嘉宾留下了深刻印象,得到了他们的高度肯定。

习近平总书记指出:"道不可坐论,德不能空谈。于实处用力,从知行合一上下功夫,核心价值观才能内化为人们的精神追求,外化为人们的自觉行动。"[①]这一重要论述,突出强调了社会实践对培育和践行社会主义核心价值观的养成作用。项目组除利用重要仪式和重大节庆日等契机,以社会主义核心价值观引领学生自主参与各类社会实践活动,如:"我是陆北小小兵"预备年级军训校报制作,学生自行设计的"我的飞行日记"学习工作攻略,"走进档案馆"实践活动、"阳光地下铁"志愿服务和"我的理想宣言"网上微博讨论活动等,同学们通过自主设计和自愿参加这一系列的实践活动,进一步树立了"爱国、爱浦东家乡、争做有理想、敢担当的新时代少年"的理想。这些活动既坚持了先进文化的前进方向,又兼顾了不同层次学生的思想状况,每种个性特征的学生在不同的活动中得到互动,体验团结与协作,在这"爱国、诚信、友善、敬业"的土壤中健康成长,各方面能力得到锻炼。

(四)研究成效

经过近一年的实践与研究,项目组教师不断创新教学管理理念,以此为指引推动学生个性素质发生一定程度的变化,在生生交流、师生交流和师师交流中推进班级管理策略的完善和发展,提升师生认同感、参与感,构建融洽与和谐的班级范围。具体表现如下:

---

① 《习近平谈治国理政》第1卷,外文出版社2018年版,第173页。

1. 学生方面

（1）对班级文化建设认同感和参与度增强。在参与本项目研究的实验班级中，学生在班级精神的指导下，主动地参与到班级制度建设中来，形成了明确的班级建设目标，积极思考和创造了"快乐中队""温馨教室"等的班级文化建设活动结晶。在班级各项文化建设的实践与研究过程中，在班主任引导下，学生自主开展丰富多彩的各种活动，以活动为载体进行社会主义核心价值观教育，在活动中锻炼自主能力、实践能力和创新精神。

（2）对社会主义核心价值的认同感增强。学生自主参与到班级管理的实践过程中，在对班级管理制度增进理解的同时，还增强了对"爱国、诚信、友善、敬业"理念的认同感。如：有位学生在参与活动后，写到"我的梦想就是美丽中国梦的一部分，大梦的实现需要无数个小梦的累积。梦不需要惊天动地，梦只要带给你一份希望，使你努力为这个目标奋斗，并为社会出一份力就够了。"

2. 教师方面

（1）班级管理能力增强。项目组的教师中，经过自己的不懈努力和教师之间互相合作，他们在彼此协作和共同探讨中提升了能力，成为学校班级管理中的骨干，赢得了学生的尊重与信任。例如：谢翠芳和龚莉华老师，被评为学校首届最受欢迎的教师；参与项目的班级多次被评为校、区级文明班级等。

（2）教科研能力有所提高。参与项目实验的教师在课题研究的过程中，进一步感受到教育科研对于学校教育教学质量提升的重要意义。项目组的教师将班级的管理与项目研究实践相结合，在班级管理实践中，提升自己的科研水平，每位老师都撰写了相关的案例或论文，其中陶琴老师撰写的《社会主义核心价值观教育与班级文化建设的若干做法之我见》论文，被项目组推荐到浦东新区德育室。与此同时，项目组的教师都围绕"爱国、诚信、友善、敬业"为主题，开展主题班会，在谢翠芳老师与其班级学生共同努力下，成功组织了"放飞理想，做向善的好少年"等主题班会，并被项目组推荐参加浦东新区中队队会比赛。教师的教学科研积极性带动了全校教学科研热潮，在项目组教师共同探讨的氛围下，形成了青年教师"子衿社"社团组织。

表4.10 陆行中学北校主题班会或队会课一览

序号	主题班会或队会课名称	执教者
1	《让诚信回归》主题班会	龚莉华
2	《十四岁,迈开青春第一步》理想主题队会	龚莉华
3	《融入集体 团结合作》主题班会	沈小勇
4	《同一屋檐下,友善共成长》主题班会	谢翠芳
5	《友谊天长地久,预三欢乐无穷》主题班会	陶 琴
6	《践行社会主义核心价值观,争做文明守纪好学生》主题班会	雷显飞
7	《放飞理想,与祖国共成长》主题班会	谢翠芳
8	责任,让我们璀璨生光!——《做有责任感的人》主题班会	许力慧
9	《责任伴我成长》主题班会	龚莉华

3.班级管理建设方面

营造了凸显"爱国、诚信、友善、敬业"的班级物质文化环境。学校每个班级的板报,每一期都精心制作,教室两侧的墙壁上,张贴了快乐中队公约,布置了文化角、学生作品角、班级荣誉角,都凸显与各年级相结合的社会主义核心价值观核心理念。凸显"爱国、诚信、友善、敬业"的班级物质文化环境的营造,给学生以积极的心理暗示,激发学生强烈的上进心、增强班级的凝聚力等。这些精心的布置,时时刻刻都在无声地教育着学生。在2015年10—11月,学校分别接待芬兰与英国教育考察团来访,学校的班级物质文化环境建设得到了来访嘉宾的高度肯定。

通过近一年的实践与研究,参与研究的班级,班级文化建设取得了丰硕成果。这些班级班风积极向上,秩序井然有序,充满正能量,师生和谐,在市、区和校级各类活动与比赛中荣获许多荣誉。

2014年,习近平总书记在上海考察期间提出,"培育和践行社会主义核心价值观要在落细落小落实上下功夫,特别是要抓好青少年等重点人群"[①]。

---

① 习近平:《思政课是落实立德树人根本任务的关键课程》,人民出版社2020年版,第4页。

几年来，浦东新区以《关于培育和践行社会主义核心价值观的意见》为指引，开展社会主义核心价值观与中华优秀传统文化品牌培育系列活动，创新育人理论与实践，抓好课程育人、实践育人、文化育人、管理育人四大载体，探索构建区校联动工作模式①，推进"培育什么样的价值观"和"培养什么样的人"有机衔接，不断深化和拓展中学社会主义核心价值观建设，落实立德树人根本任务，让社会主义核心价值观成为浸润青少年学生的"心灵土壤"，以培养担当民族复兴大任的时代新人。

---

① 王宇：《区域推进中小学社会主义核心价值观教育的实践研究》，《教育参考》2019年第1期。

| 第五章 |

社会主义核心价值体系问题式融入大学本科教育研究

根据大学生智力发育成熟并具备相应知识等特点，社会主义核心价值体系融入大学本科教育应从知识进一步深入到问题，即从三个层面的社会主义核心价值观"是什么"，到"为什么"要提倡，再到"如何"践行，从而更有效地达到社会主义核心价值体系明理践行的效果。根据上海大学多年来对思想政治理论课（以下简称"思政课"）的教学改革实践和理论总结，基于问题逻辑的社会主义核心价值体系思政课教学模式，建立系统的问题体系，结合高校思政必修课的特点，探索出了有效融入的体系和方式。

第一节 社会主义核心价值体系问题式融入的实践和理论基础

问题不仅是科学研究的重要启碇点，而且还是有效教学的重要切入点；而问题逻辑则使问题在科研和教学中的重要作用得到更充分的发挥。作为社会主义核心价值观问题式融入的有效途径，基于问题逻辑的思政课教学模式建立在问题逻辑的基础之上。

一、社会主义核心价值体系问题式融入的问题逻辑基础

问题逻辑（logic of question）研究早在古希腊时期就已经开始。而问题逻辑作为研究问题的逻辑性质和关系的现代逻辑学的一个分支，直到现在还处在形成阶段。现代问题逻辑研究始于19世纪，20世纪50年代后开始逐渐活跃起来，而我国学界关于现代问题逻辑研究稍落后于西方国家，直到20世纪末才逐渐开始关注到这一领域。由于逻辑学界多以"问句逻辑"的名义涉足"问题逻辑"领域，对形式和结构部分研究较多，较少涉及非形式化的内容。因此，问题逻辑在大多时候等同于"问句逻辑"。就认识特别是教学而言，则更为重要的是对问题逻辑内容方面的研究。正是问题逻辑将问题纳入认识过程，而问题逻辑的教学意义也主要在于其内容方面。

由于问题逻辑研究正处于形成之中，且主要限于形式方面，内容方面几乎尚处空白的状况，因此，我们面临的形势是必须在发展问题逻辑的同时将其运用于认识和教学中。本章正是在对其内容方面进行探索的同时，讨论问题逻辑的教学意义。

问题逻辑是以问题及其解答为研究对象，属于哲学逻辑中的认识论逻辑。关于问题，有诸多不同定义。从问题逻辑更应当关注的是其内容方面而言，问题可以精准定义为：问题是已知信息在人脑中构成的指向未知信息的疑问。这种疑问具有希图得到问题答案的性质。而问题的答案可以是已知事实的信息，也可以是未知的创新性信息。

由于问题是在已知的信息基础上指向未知，所以问题往往处于已知和未知、确定和非确定之间，具有极为重要的探索性，从而具有非常特殊的认识和教学意义。这不仅因为问题本身具有极为重要的探索性，还因为问题具有特定的内在逻辑结构，问题之间具有重要的逻辑关联性。作为提高教学效果的一种思维方式或实践根据，问题的逻辑结构不仅可以使学生更有效地学习，而且可以使教学变成一个不断发现新问题、新信息的过程。

问题由问项和题项两部分组成。问项又叫疑项，是问题结构中的未知部分，包括问词和问号，直接导向未知信息，相当于问句逻辑结构中的问式。题项即问题的指向，是问题结构中的已知部分，既可能是一般的常识性

知识，也可能是隐含着未加确证的判断，相当于问句逻辑结构中的题式。例如：在"问题逻辑为什么具有重要教学意义？"中，"为什么"是问项，"问题逻辑具有重要教学意义"是题项。问题之所以可能导向创新性信息，就是因为问题的题项中包含或显或隐的预设。

预设是问题的重要逻辑特征。问题的预设即问题中包含当事人共同接受的或显或隐的前提。问题的预设可以有知识性预设和应答域（respondent territory）预设两种形式。应答域就是问题的提法中所确定的一个域限。应答域预设指预设的问题解的存在域，比如上面问题例子"问题逻辑为什么具有重要教学意义？"中的"教学"就是问题解的存在域。由于已知知识是形成问题的前提和基础，而构成问题的已知知识可以包含预设，甚至本身就是预设。同时，问题的预设可以包含科学假说，而这些科学假说可能成为新的发现。因此，问题和问题逻辑对于认识和教学就具有重要意义。问题不仅可以导向对新知识的发现，而且可以将教学变成充满吸引力和不断发现更多乐趣的过程，从而极大地提升教学效果。问题逻辑则不仅可以提高教学的理论深度，而且可以使学习成为一个更有效的知识获取过程。

问题往往具有系统性，同一领域的问题处于一个系统，一个问题系统中的问题与问题间也具有系统联系。问题系统一般有经验问题、经验—理论问题和理论问题三个层次。经验层次的问题由希图发现和确认经验事实的个别问题构成，是问题系统中的个别。经验—理论层次的问题由希图对经验事实做出初步解释的特殊问题构成，是问题系统中的特殊。而理论层次的问题则由希图对经验—理论问题的答案做出更深入解释的普遍问题构成，是问题系统中的一般。因此，在教学中，把任何一个问题扩展三个层次，都可以将理论和实践联系起来，从而使教学既有理论深度，又有现实根据。而且，问题之间的逻辑关联还是发散性思维的基础，更与拓展知识的广度、提升知识的有序度和整体把握知识密切相关。

总之，基于问题逻辑，教学不仅可以更有效地扩展知识广度，提升学生头脑中知识的有序度，而且可以通过问题的提出和解答过程进行（创新）思维训练，甚至直接形成创新思维成果。问题从已知到未知的过程所获取的新信息既可以是学生未知的新信息，也可以是真正的未知信息。而涉及知识基础的问题甚至意味着认识的进展，发现问题也可以是一种科学发现。因此，基于问题逻辑，不仅能够得到更好地发掘问题的教学功能，使问题引导人获得知识，走向创新，而且使教学可以更好地从知识走向问题，从而使学习成为一个认识甚至发现的过程。因而，问题逻辑在社会主义核心价值观融入大学本科教育过程中，具有极为特殊的意义。

二、从"是什么"到"应如何"：社会主义核心价值体系的明理践行

问题虽然具有不同的类型，但问题逻辑所涉及的主要有"是什么"（what）、"为什么"（why）和"如何"或"怎样"（how）的问题。"是什么"的问题主要是以问句形式表达一个陈述句，往往具有问句逻辑的形式性质。而"为什么"和"如何"或"怎样"的问题则涉及因果关系，即使我们把"为什么"和"如何"或"怎样"的问题改写成陈述句，仍然蕴含着问题，因而是真正意义上区别于一般知识的问题。

由于问题本身就可能包含对对象的认识，所以真正的问题就是智慧，提出真正的问题就解决了问题的一半，是积极的学习过程，也是不断深化认识和发现新知识的过程。因此，基于问题逻辑，一方面可以培养学生的问题意识，促进学生去思考有价值的问题，进而提升学生的提出问题的层次和深度；另一方面，不仅可以通过不断到位地解答学生提出的问题，真正为学生释疑解惑，而且还可以在学生"问"和老师"答"的双向互动过程中不断拓展学生的视野，培养学生的发散思维和联想能力。由此，我们在教学实践中得到教学改革的一个基本理念：高校思政课教学应当自觉地以问题逻辑的方式，从"是什么"全面推向"为什么"和"如何"，让学生在既定知识的基础上有尽可能多的问题。因此，从"是什么"到"为什么"再到"如何"或"怎样"的问题逻辑，为社会主义核心价值体系融入大学本科教育的明理践行之道提供了有效途径和方法。

三、社会主义核心价值体系问题反馈式融入模式

根据上述理念，我们可以看到思政课教学改革的一条重要思路：根据各

门思政课教材内容，以核心问题为基础，按照问题逻辑层层深入细化，建立起各门思政课程的问题体系，进行问题解析式教学。这种基于问题逻辑的教学模式就是根据问题逻辑，建立问题体系，通过问题的不断反馈循环，从而更好地将问题意识和问题导向贯穿到思政课的教学之中。这种模式不仅可以把大的难题分解为具体的小问题，以便教师进行深入细致的解答，更为重要的是可以通过问题把理论和实践有机地结合起来，通过问题反馈不断为学生释疑解惑，可以大大提高思政课的入脑入心和走深走实的效果。

就社会主义核心价值观融入大学本科教育而言，在这种教学模式的前提和根柢上，可以建立起问题反馈式融入模式：在准确把握、深刻领会社会主义核心价值观的基本精神和主要内容的前提和基础上，以教学重难点、学生关心的热点和社会时事的焦点问题为切入口，根据问题的逻辑结构和问题之间的逻辑关联，建立基于问题逻辑的社会主义核心价值观问题体系，通过问题解析式教学和问题随堂反馈，实现学生问题与社会主义核心价值观问题体系的对接，从而把社会主义核心价值观教学真正建立在问题逻辑的基础之上，从根本上提高教学的针对性和实效性，也使学生更有兴趣学习。

社会主义核心价值体系问题反馈式融入大学本科教育模式之所以能使学生更有兴趣学习，首先是因为问题能极大地激发起学生的探索兴趣，抓住学生的注意力。人的学习兴趣容易被其知识结构中的逻辑缺环刺激起来，而且这种刺激不是一时的心血来潮，而是对知识和理论体系本身的内在兴趣。当知识结构越有序，其知识体系中的逻辑缺环就更容易激起人们通过学习加以完善的强烈兴趣。因此，建立在问题逻辑的基础之上的具有严密逻辑结构和很强逻辑关联的知识体系最能抓住学生的注意力，从而引发强烈学习兴趣。

社会主义核心价值体系问题反馈式融入模式之所以会使学生更有兴趣学习，还在于能更好地满足学生成长成才的需要。学生在成长过程中会遇到许多问题，这些问题之间也有逻辑结构和关联，学生在某一个环节不通，整个理解可能就会陷入僵局，思想可能也会陷入迷茫。问题体系就像一张网，能使学生明确关键问题、症结之所在，以问题逻辑为基础，不仅有利于学生更好地理解成长过程中遇到的问题，还有利于学生更好地理解社会主义核心价值观内容，而且使融入过程更好地起到释疑解惑的作用。

社会主义核心价值体系问题反馈式融入大学本科教育模式，就是根据思政课教材，建立问题体系，使社会主义核心价值观系统融入教学；通过问题解析式教学使社会主义核心价值体系生动进课堂；在问题反馈过程中，不断采集和组织解答学生问题，并实现学生问题和问题体系的对接。通过建立问题体系、开展问题反馈式融入及明理和践行相结合等基本环节更加有效地展开社会主义核心价值体系融入思政课、融入大学本科教育，从而达到社会主义核心价值观有效进学生头脑的目的。

第二节　建立问题体系使社会主义核心价值体系系统进课程

社会主义核心价值体系问题反馈式融入模式有一个基本的指导思想，那就是强化问题意识。这种问题反馈式融入模式首先要根据内容梳理出问题体系。

一、建立社会主义核心价值体系融入大学本科教育问题体系

任何一个问题，只要根据问题逻辑创设起几个层次的问题体系，就能将经验问题与基础理论、理论问题与现实实践有机地关联进来。具有这种逻辑联系的问题体系，不仅有利于在教学中明确关键问题，使教学内容具有理论的深度和思想的魅力，而且能使学习成为一个充满乐趣的探索甚至"发现"过程。

第一，基于问题逻辑，根据社会主义核心价值体系建构的基本问题框架。立足于"为什么"和"如何"的问题，梳理出社会主义核心价值体系的基本问题体系，这是问题反馈式融入模式的第一步。问题体系的基本内容以中共中央宣传部《社会主义核心价值观学习读本》（以下简称《读本》）一书为蓝本，顶层问题就是读本的核心问题和重点问题。根据《读本》的基本内容，建立起社会主义核心价值体系的基本问题，就形成了社会主义核心价值体系问题系统的基本构架。社会主义核心价值体系问题系统的建立，必须以

问题逻辑为基础，根据问题的逻辑结构和问题之间的逻辑关联设计问题、建立问题之间的逻辑联系。

基于问题逻辑，立足于"为什么"和"如何"的问题梳理出的社会主义核心价值体系基本问题体系，可以直接将其融入大学本科教育，并使这种融入变成一个完全不同于简单知识传授的过程。

基于问题逻辑的社会主义核心价值体系内容梳理，问题体系使理解的重点和难点一目了然，不仅有助于学生理解社会主义核心价值体系内容的关键所在，而且可以使教师更容易把握学生理解的关键点。在融入过程中，基于问题逻辑的社会主义核心价值体系的问题体系可以做到"配菜"和"点菜"相结合，教师更清楚学生理解的问题所在，知道关键要解决什么问题，更能根据学生的需要有效融入。

第二，在问题体系基本构架的基础上，结合社会重大问题和热点问题，建立基于问题逻辑的社会主义核心价值观多层次问题体系。也就是根据《读本》，从顶层问题层层深入细化，建立起问题体系，形成基于问题逻辑的社会主义核心价值体系融入大学本科教育的基础平台。在问题体系建构中，必须做到社会主义核心价值观核心问题与现实热点问题相结合，理论问题和实践问题相结合，在理论和实践之间建立起密切联系，这样才能不断增强课堂教学的时效性和现实针对性，使课堂教学内容更好地为学生所理解和接受，使实践问题深入到基础理论，使理论问题具有实践说服力。

社会主义核心价值体系的问题体系的建构，事实上是一个在《读本》和教学实践的基础上不断完善问题体系的过程。有了社会主义核心价值观问题系统，就可以结合思政课教材，使社会主义核心价值观与思政课教材达到有机的结合，从而把社会主义核心价值观的内容有机地嵌入进思政课的主干课程之中，做到社会主义核心价值体系的问题体系与思政课教材体系的密切结合，使其既不淹没于思政课教材之中，又不游离于思政课教材之外。

在问题体系和教材的结合上，采取第一和第二层次问题基本按照"蓝本"，第三层次问题与教材相关内容灵活结合的机制，形成问题体系与教材的无缝链接。

二、兼顾知、情、意，将第三层次问题设计和解答得有血有肉

在问题体系的建构中，第三层次问题的设计除了以问题逻辑为基础，还要使问题能极大地激发起学生的探索兴趣，抓住学生的注意力。

问题是不是能够抓住学生的注意力，是问题反馈式融入模式有效性的关键。教学是否有效，关键的因素之一就是教学是不是符合学生成长成才的需要。要问题能够抓住学生的注意力，就必须使问题切近学生的需要，使问题不仅有利于学生的理解，而且有利于调动学生的感性参与。因此，在问题的设计和解答中，不仅要充分利用逻辑的力量，以理服人，同时还要做到以情动人。也就是说，在关注问题的内在逻辑结构和问题之间逻辑关联的同时，还要力求使问题设计和解答有血有肉，为达到感动学生甚至震撼的教学效果奠定问题体系基础，真正做到以情动人，以理服人，学生在情理交融中终身受益。为此，第三层次问题的设计和解答，不仅要建立逻辑关联密切、有利学生理解的问题体系，而且要力求把问题设计得有血有肉，并在问题解答中通过生动的案例等丰富问题的感性内容甚至情感内容。

与问题设计一样，问题解答不仅要以理服人，而且以情动人。问题的解答不仅可以通过生动感人的案例来解答，而且可以通过基于问题逻辑的问题体系与个性化教学相结合，使课堂教学更有血有肉。每一位教师都是有血有肉的，社会主义核心价值观的问题式融入不仅不会抹除教师的教学个性，而且更有利于发挥教师的个性化教学特点，从而使教学内容更为丰满；不仅可以以逻辑的力量予问题的解答以说服力，而且可以通过将感性内容引入问题解答，使融入在以情动人后以理服人。

第三节 开展问题解析式教学使社会主义核心价值体系生动进课堂

基于问题逻辑的社会主义核心价值体系的问题体系，在实施教学中必须要有与之相适应的教学方式与方法，更好地开展问题解析式教学。

一、根据问答逻辑释疑解惑

问题反馈式融入不仅在问题体系基本平台的基础上,根据学生自身的特点出发,注重问答逻辑,以分析和解答的方式进行课堂教学,使教学根据问题体系层层深入,在教学过程中不断通过问题解答为学生释疑解惑,而且通过问题反馈,使社会主义核心价值观能够更好地入脑入心和走深走实。

第一,根据问答逻辑,形成问题场。在问题解析式教学过程中,根据问答逻辑进行教学,在教学中形成问题场。

由于问题与其解答密切相关,问和答之间的逻辑关系是问题逻辑研究的重要内容,因此问题逻辑也叫作问答逻辑(the logic of question and answer),反映了提问和解答之间的逻辑关系。运用问答逻辑进行教学向来是一种非常有效的教学方式。早在古代中国和西方,许多大哲们就通过对话形式进行教学。孔子等中国古代哲学家常采用问答式教学方式进行教学。古希腊哲学家苏格拉底有名的"助产术"就是以问答的方式教授人道理甚至催生新思想。这种教学方式有利于在教学中形成问题场。

课堂教学中问题场的形成是问题解析式教学有效性的重要基础。在社会主义核心价值体系问题反馈式融入过程中,问题场的形成就是通过"是什么"的讨论营造问题气氛,即在讲"为什么"之前,先就"是什么"提问,这既是为深入讨论奠定知识基础,明晰概念前提,也是进入主要问题正式讨论前的预热,有利于在教学中形成问题讨论的气场,激发学生讨论问题和提出新的问题。

在具体教学实施过程中,尽管学生对社会主义核心价值体系内容中"是什么"的部分有所了解,但在提出"为什么"的问题前,必须就"是什么"的关键内容进行讨论,激发学生对问题的思考,通过"是什么"的问题的思考营造出良好的问题气氛,从而引导学生逐渐由"是什么"进入"为什么"的深层次问题。

在教学过程中营造问题场,让学生沉浸在问题的氛围之中,学生在"是什么"的表面问题的讨论基础上,往往会自然而然把思维上升到更深层次的问题上,即"为什么"的问题。在"是什么"的基础上提出或者引导学生提出"为什么"的问题,本身就是激发了学生的思考并提出进一步的问题,调动他们在学习过程中的积极性、主动性和创造性。

问题解析式教学过程中问题场的形成,能更加有效地激发学生思考问题的意识并进入到相互讨论问题、思维碰撞的状态。在课堂营造问题场的过程中把学生带进问题场,不仅使学生更好地理解提出的问题,甚至可能在教学过程中发现新的问题。

第二,直面学生问题,为学生释疑解惑。社会主义核心价值体系教学的主要环节就是针对学生的疑惑进行解释,当堂分析和解答学生问题,为学生释疑解惑。

问题解析式教学首先必须是直面学生问题,不能回避、不敷衍学生的问题。不回避、不敷衍学生的问题是问题反馈式融入模式至关重要的原则。只有坚持这一原则,才可能达到理想的教学效果。

学生问题的解答本身也是一个值得深入探讨的问题。

由于不同的特点,学生问题的解答可以分为三个层次:

(1)正面回答学生的问题。对于能够做出明确回答的学生问题,教师要尽可能地从正面进行解答,为学生释疑解惑。学生在课堂上所提出的大多数问题,我们都可以而且应当给予正面回答。当堂正面回答学生提出的问题,是达到为学生释疑解惑最佳效果的方式。

(2)解释问题的性质。对于一些需要进一步通过社会实践才能在理论上得以突破,才能给以明确解答的问题,可以先向学生解释问题的性质,并在此基础上,鼓励学生和教师一起深入研究问题,同时教师要不断完善问题的解答,做好引导和释疑解惑工作。

(3)提供不同观点供学生参考。对于一些尚在讨论之中,还没有定论的问题,则尽量全面地为学生提供具有重要参考意义的观点,给学生建立一个进一步认识问题的坐标系。

二、"项链模式"教学

以解答问题的方式在课堂上为学生释疑解惑,不仅有利于思政课专职教师以常规的教学方式进行教学,还有利于将其他学科专家学者引进思政课堂以"项链模式"到课堂释疑解惑。在上海大学多年的教学实践中,"项链模式"是问题解析式教学行之有效的一种方式。

上海大学实行的"项链模式",最初是指在思政课教学过程中,邀请有关专家和党政领导干部到"思政"课堂,共同承担和完成一定的教学任务。这种模式后来发展出三个层次的内容,在问题解析式教学中,这三个层次可以转化为三种问题解答方式,有效运用于社会主义核心价值观问题式融入:

第一,兼职教师的问题解答作为"珍珠"嵌入思政课专职教师课堂,构成社会主义核心价值观问题式融入的"项链"。思政课专职教师通过问题体系把握社会主义核心价值观主线,保证将问题体系准确完整地传授给学生,构成"项链"的基础,同时聘请其他学科的专家学者和党政领导以访谈等多种形式解答问题。这些问题的解答就像"珍珠"和"钻石"镶嵌在思政课专职教师的课程上,使社会主义核心价值观问题式融入更加丰富多彩。

第二,思政课专职教师的精彩问题解答作为"珍珠"嵌入其他科目教师的课堂,构成融入"项链"。思政课专职教师在通晓整个社会主义核心价值观问题体系的基础上,拿出精彩问题解答,作为"珍珠""钻石"镶嵌到其他并行班课程的"项链"上。

第三,专、兼职教师的精彩问题解答嵌入课件,构成融入多媒体"项链"。通过音像制作,将其他学科专家学者和优秀思政课专职教师的精彩问题解答做成积件,镶嵌到多媒体课件这条"项链"上,供并行班融入使用,并与时俱进,不断丰富完善,充分利用优秀教师资源,使多媒体课件这条"项链"也不断锦上添花,不断提升社会主义核心价值观问题式融入的问题解答水平。

项链模式之所以是问题解析式教学行之有效的方式,就在于这种模式可以基于问题逻辑,做成解答问题的教学方式。由于"项链模式"可以以问和答的方式进行教学,特别适合基于问题逻辑的社会主义核心价值观问题体系的讲授,问题体系的问题方式在"项链模式"中能得到很好的展开。

问题反馈式融入模式,在常规教学和"项链模式"教学相结合的同时,还可以采用课程专题研讨会、理论教学和实践教学相结合、课堂教学和课外教学相结合等方式,通过理论和实践相结合的问题讨论,使社会主义核心价值观更有效地入脑入心和走深走实。

三、在注重问题反馈中激发学生提出问题

问题反馈式融入模式，关键在于以问题体系激发学生提出更多问题，提出更加深入、更加有意义的问题。这一融入模式的最大特点之一也在于在教学中能激发出学生更多的问题。

在问题的内部结构中，已知信息是基础，没有知识就没有问题。但有知识未必有问题，如果只是知识堆积，知识点之间缺乏逻辑关联，就会出现有知识无问题的现象。因此，一般而言，问题的量与知识成正比。一个人的知识面越广，他与未知领域的接触面就越大，因此知道自己不知道的东西越多。知道自己不知道的东西越多，问题也就越多。但知识的量与问题的量并不是线性相关的，而问题的质与知识量更不是正相关关系。问题的质不仅取决于一定的知识量，更取决于已有信息的有序度。知识的有序度越高，知识的缺失越是关键性的，问题就越多，问题的质量也越高。问题的数量越多，由已知指向未知的范围越广；而问题的质量越高，已知和未知之间的张力就越大。正因为如此，问题和问题逻辑不仅在人类认识中，而且在教学中也具有重要地位。

大多数大学生都是有知识有问题的，但在某些领域也存在极端类型——有知识无问题。对于有知识无问题的学生，要在教学中通过问题激发他们提出问题。有知识有问题是大部分学生的现状，因此教学中要不回避学生问题，激发学生提出更深入的问题。基于问题逻辑，一方面可以促进学生思考，提升学生的提问层次，让他们提出越来越深入的问题。另一方面又不仅可以通过不断到位地解答学生问题，真正为学生释疑解惑，而且在问和答的师生互动过程中拓展学生视野和思维空间，师生一起自觉地以问题逻辑的方式，将社会主义核心价值观教学从"是什么"全面推向"为什么"和"应如何"，使学生在既定知识的基础上有尽可能多且质量越来越高的问题。

"项链模式"等问题解析式教学可以充分发挥基于问题逻辑的社会主义核心价值观问题体系的优势，它们既是解答学生问题，也是激发学生提出更多问题的良好方式。由于问题具有逻辑结构，问题解析式教学可以根据学生

的特点，针对学生的疑惑进行。大量的学生问题则为教师解答学生问题创造了更多机会。在这个环节，一个重要的机制是问题反馈。学生问题的当堂解答是问题反馈式融入模式中问题反馈机制的第一个层次，也是最基本的一个层次。

学生在课堂上提出的问题中，不乏有助于学生理解社会主义核心价值观内容的问题，甚至能够抓住学生的注意力的问题。因此，在问题解析式教学中除了课堂问题层层深入解答，还需要通过随堂反馈进一步激发和采集学生问题。

第四节 学生问题与问题体系对接使社会主义核心价值体系有效进头脑

基于问题逻辑的社会主义核心价值体系有效融入大学本科教育，除了形成社会主义核心价值观问题体系，还要通过在课堂内外广泛采集学生问题，把学生问题纳入问题系统，与问题体系对接起来，实现社会主义核心价值观问题体系与学生问题——也就是学生的需要相对接。多渠道采集和组织解答学生问题并实现与问题体系的对接，是使社会主义核心价值观有效进头脑的重要环节。

一、多渠道采集和组织解答学生问题

以问题逻辑为基础的问题体系属于问题反馈式融入模式，而这种形式会激发学生在课堂上提出问题。在课堂教学中，学生提问的积极性越充分，提出的问题越深入，问题的质量也就越高，课堂教学中回答问题的任务就越重，课堂上无法回答的问题也就越多。对于课堂教学过程中不能当堂解答的问题，可以课后组织专家进行解答。并且除了课堂，其他任意一个环节学生都可能提出问题。因此，在各环节多渠道采集和组织解答学生的问题，就是问题反馈式融入模式一个非常重要的环节。

第一，以随堂反馈为主，多渠道采集学生问题。社会主义核心价值体系

融入大学本科教育的效果不仅取决于问题解答的质量，在很大程度上还取决于问题提问的水平。因此，采集学生有水平的提问问题就成了提高融入效果的重要环节。

学生问题采集有许多方式，最有效的方式之一是与考试方式改革相结合，以具有采集学生问题功能的随堂反馈取代期末考试。

上海大学早就在研究生思政课中实行了这样的改革，受到学生的普遍欢迎。学生以书面形式提出问题、表达感受、确证理解、阐述观点，教师据此作为评定学生成绩的依据。提出问题即学生提出在教师当天讲授内容的理解上存在的问题或需要进一步讨论的问题；表达感受即学生表达对于当天课堂涉及的观点、思想、理论、思潮等的感受；确证理解即学生用自己的语言表述对当天教师讲授内容如有关理论、观点等的理解，以通过问题反馈确证理解是否正确到位；阐述观点即学生阐述自己对当天有关课程内容的独到见解。由于实行了这样的改革，因此其中的"提出问题"在学生问题采集中具有独特优势。学生问题可以来自课堂，也可以来自网络和实践教学等。问题反馈式融入模式必须以在课内外广泛采集学生问题为重要基础。

第二，以抓人和到位为原则，采集和解答学生问题。问题能否吸引学生的注意力，是此模式有效实施的关键。在收集学生问题的过程中要抓住那些既能引起学生兴趣，又能促使其理解价值观的好问题，尽可能做到问题抓人。所谓问题抓人，简单地说就是问题能引起学生的兴趣而吸引他们关注。这就必须使问题切近学生需要。为学生所关切，能满足学生需要的问题主要是学生在学习、生活中最关注、最需要解决的思想理论问题。围绕学生的现实需要和长远需要，可以引出学生自身发展过程中遇到的各种问题。而对于那些来不及当堂解答或课堂上一时难以解答的问题，则在教研室或组织相关专家进行讨论，尽可能做到解答到位。

"抓人"的问题能提高社会主义核心价值观融入大学本科教育的针对性和吸引力，到位的解答能增强社会主义核心价值观融入大学本科教育的有效性和感染力。问题是否"抓人"，解答是否到位，直接影响到社会主义核心价值观融入大学本科教育的效果。

第三，以学生问题的互动解答为切入口，不断提高问题反馈效果。在课堂反馈中收集到的大部分问题都可以在下节课之前由教师进行解答。这样，上节课收集到的学生问题可以在下节课开始时得到及时的反馈，下节课的教学也从上节课的问题的回答开始。这是问题反馈机制的第二层级，也是最重要的一级。在这一层级，可以以学生问题的互动反馈为切入口，不断提升问题反馈的效果。

学生问题的有效解答不应当只是一个学生提问、教师解答的单向过程，而应当是一个师生甚至生生互动的过程。在这个互动过程中，学生不仅只是提出问题，而且还参与问题的解答。

学生问题的互动解答主要有两个方面：其一，当教师在课堂上回答学生的问题反馈时，让学生讨论解决方案，在此基础上提出进一步的问题。其二，在组织回答学生问题的过程中，将回答反馈给学生，听取学生对答案的意见，更甚者可以进行深入讨论。这种互动回答过程是不断提高提问反馈效果、增强社会主义核心价值观融入大学本科教育实效的重要环节。

学生问题的互动解答不仅可以通过学生参与解答让学生更好地明确问题，深化学生对问题的理解，而且也是一个使问题反馈式融入模式更有血有肉的过程。在问题的互动解答过程中，通过教师和学生的互动解答，可以达到以情感激励和感动学生的目的。

组织相关专家进行解答的学生关于社会主义核心价值体系融入大学本科教育的问题，还可以形成问题解答集，作为教学参考资料，达到教学资源的共享。而一些有助于学生理解的典型问题，则可以纳入社会主义核心价值观问题体系，与教学内容对接。

二、学生问题与问题体系的对接

"抓人"的问题及其到位的解答，是反馈式融入模式提高针对性、有效性和增强吸引力、感染力的重要因素，它们对于学生理解社会主义核心价值观内容，从而对于社会主义核心价值观问题体系建设至关重要。因此，将具有代表性、能帮助学生理解的学生问题与问题体系对接，并将其纳入体系，是提高社会主义核心价值体系融入大学本科教育有效性的另一重要环节。

第一，社会主义核心价值体系内容与学生的现实需要的结合。问题体系作为社会主义核心价值体系的内容，在整合的过程中能够激发学生的提问，而学生的典型问题及其回答又能够被纳入其中。根据《读本》建立问题体系并对学生的问题进行多元收集和组织，将学生的问题纳入体系，就实现了社会主义核心价值体系的内容与学生问题的有效对接。

社会主义核心价值观内容与学生问题的对接就是与学生需要的对接。学生的现实需要就集中表现在学生提出的各种问题中，学生提出的问题集中反映了学生成长、成才过程中的困惑，是学生对自己成长、成才的直接需要，将学生的问题与社会主义核心价值观内容结合起来，就实现了社会主义核心价值体系内容与学生成长、成才需要的对接。

第二，问题体系建设与创新思维训练的结合。基于问题逻辑的整合与融入不仅可以更有效地拓展知识，改善学生头脑中的知识有序程度，还可以通过提出问题和回答问题来培养创新思维，甚至可以直接导向创新思维的成果。基于问题逻辑的融入可以更好地从知识到问题，能够使学习成为一个认知乃至于发现的过程。

问题，特别是自身便具有逻辑关联的问题体系，本身就蕴含着培养学生创新能力的良好途径。学生提出的问题越来越深入的过程即是培养创新思维的最佳途径之一。

在融入的过程中，学生提出的问题不仅是对知识的梳理和对知识结构的审视，也是引导思维走向未知、引领思考走向探索的过程。因此，提问和回答问题的过程对于创造性思维的培养是最好的训练，有利于将学生创新思维训练的典型问题纳入问题系统，是将价值观融入本科教育和创新思维训练对接的重要途径。

在问题反馈式融入过程中，学生通过不断提出问题并得到全面系统的解答，可以逐渐建立起属于自己的问题体系，从而有利于发现自己的问题所在，甚至发现新的问题。通过纳入学生问题，可以将问题体系同时建设成创新思维训练的问题体系。

第三，学生问题与问题体系建设的良性循环。在社会主义核心价值观融入大学本科教育问题体系建设过程中，学生问题与问题体系对接，就形成了一个根据问题体系的更新和学生问题的丰富不断发展的良性循环。这样，一个融入周期就是问题体系和学生问题的一次新的对接，每一次新的对接都是具有不同特点的学生问题与社会主义核心价值观内容的新的结合，而不同时期学生的问题，则不仅反映了不同时期学生的理解特点，而且反映了他们在特定社会发展时期成长成才的需要，这样就能在第三层次问题不断更新的基础上，通过在《读本》基础上的问题体系建设，使问题体系不断更新。由于这种问题体系更新可以是在《读本》的基础上，结合各校学生不同特点的更新，社会主义核心价值体系融入大学本科教育问题体系就有了更具体的针对性，社会主义核心价值体系融入大学本科教育效果的提高就有了更具体的根据。

学生问题与价值体系融入内容的对接实现了一个大的问题反馈循环。这是问题反馈式融入模式中问题反馈的第三个层次，也是最深入的一个层次。正是这三个问题反馈层次，构成了问题反馈式融入模式提高社会主义核心价值观融入大学本科教育的效果。

在社会主义核心价值观融入本科教育过程中，学生问题与问题体系的不断对接，就形成了一个根据学生问题的丰富不断发展的良性循环。这样就能通过在社会主义核心价值观基本内容基础上的问题体系建设，使社会主义核心价值体系问题体系不断更新，这样就形成了一个问题体系根据学生需要不断发展的过程，这是一个社会主义核心价值观越来越有效进学生头脑的良性循环。这种良性循环构成一个整体从而导入实践，社会主义核心价值观融入大学本科教育就有了从明理到践行的重要机制。

第五节 明理和践行相结合使社会主义核心价值体系外化为自觉行为

社会主义核心价值体系问题式融入大学本科教育，无论系统进课程，生动进课堂，还是有效进头脑，最终都必须在明理的基础上，达到践行的效果。

一、社会主义核心价值体系融入大学本科教育的明理践行机制

社会主义核心价值体系教育的效果关键在明理践行,探索价值观教育明理践行的行之有效的机制,对于切实落实培育和践行社会主义核心价值体系至关重要。在价值观教育明理践行机制探索的基础上,可以通过提升需要层次来提高社会主义核心价值体系融入大学本科教育明理践行的效果。

第一,社会主义核心价值体系融入大学本科教育明理践行的宏观机制。大学生已经建立起了家庭、学校和社会之间的广泛联系,在大学本科教育阶段,应当在(社会)存在方式、思维方式和行为方式的整体互动中有机地将社会主义核心价值观融入进来。

对于认知主体来说,客体世界的存在是不容置疑的。这不仅是认识的前提,也是理性人类存在的前提。世界总是以某种方式存在着;存在方式即是指客观世界本身的存在形式和运动规律,包括自然的存在、社会的存在和人自身的存在。就客体世界本身而言,它的存在方式是客观的,不受主体意志的支配和控制。但就主体的认识或作为认识的结果而言,存在方式是随着主体对客体的认识而不断改进的。也就是说,外部世界在人们脑海中的存在方式必须经过一个主体生成的过程,所以很大程度上,这取决于主体对客体的认知。而正是这种认识的过程,或者说外部世界存在方式在人们头脑中的主体生成过程,最终决定了人们的思维方式。无论是在对自然界还是在对社会的认识过程中,都是如此。

人们不仅认识社会,而且同时还在改造社会;而在改造社会的过程中,由于改造社会的内容、对象、目的、方法、途径的不同,影响了人们思维方式的不同,不同的思维方式又外化为不同的行为方式。行为方式决定人们社会实践的特点,因此又不仅在很大程度上决定了人们对社会的认识和改造,而且就主体而言在一定范围内改变了社会存在方式。

正是在这个意义上,思维方式是存在方式的内化,而行为方式则是思维方式的外化。社会存在方式、思维方式和行为方式构成一个三角互动结构。也正是这个三角互动结构,蕴含着社会主义核心价值观融入大学本科教育明理践行的宏观机制。

作为人类思维方式的重要客观基础，社会存在方式本身并不直接决定人类思维方式。其对人们思维方式的决定性作用，只有通过它在人们头脑中的概念形态才能发生，换言之，人们必须对社会存在方式形成一定的认识才行。从这个意义上说，在社会领域的方面，可以将思维方式视作社会存在方式的内化。这种内化是在人们认识社会的过程中发生的。实际上社会存在方式内化成思维方式的过程，与社会认知形成的整体过程是一个意思。因为这种内化是主体根据自身需要与社会存在相互作用的结果；而又由于这个内化过程实际上是一个认知过程，所以在社会认知领域，思维方式作为社会存在内化的结果，既包括认知结构，也包括了价值结构（例如，认知过程包含价值取向等）。而从整个社会来说，人们的思维方式在很大程度上取决于教育，特别是国民教育。也就是说，在很大程度上，国民教育决定着人们的思维方式和行为方式。在这个意义上，将社会主义核心价值观有效融入大学本科教育，应当是一个内化为大学生的思维方式，并外化为大学生的行为方式的过程。而社会主义核心价值观融入大学本科教育明理践行的宏观机制，正在于社会存在方式、思维方式和行为方式所构成的三角互动结构。

总之，社会主义核心价值观融入大学本科教育明理践行的宏观机制，就是从教育实践出发，根据全球化和网络化时代和市场经济条件，针对大学本科教育阶段学生的认知特点，通过展示社会主义核心价值观的理论魅力与两个层面创新，在（社会）存在方式、思维方式和行为方式的整体互动中，把社会主义核心价值体系融入大学本科教育。

第二，社会主义核心价值体系融入大学本科教育明理践行的微观机制。社会主义核心价值体系融入大学本科教育明理践行的微观机制，主要体现在观念、情感、意志与实践这四个层次。按照深入人心的程度高低，社会主义核心价值体系融入本科教育可分为四个层次：观念层次、情感层次、意志层次和实践层次。

在社会主义核心价值体系融入大学本科教育中，观念层次和情感层次涉及明理，意志层次和实践层次涉及践行。在观念层次，学生在教育中通过价值认识达到对社会主义核心价值观的认知；在情感层次，学生通过对社会主义核心价值观的理解影响到情感，达到对社会主义核心价值观的态度形成生理评价和体验，产生共鸣；在意志层次，学生进一步对社会主义核心价值观形成决定达到某种目的而产生的心理状态，社会主义核心价值观深入到动机；在践行层次，人们有意识、有目的、有计划地调节和支配自己行为的心理过程直接外化为行为，并形成与相应社会主义核心价值观相联系的稳定的行为方式。

第三，提高社会主义核心价值体系融入大学本科教育明理践行效果的根本机制。提高社会主义核心价值体系融入大学本科教育明理践行效果的根本机制，在需要层次的提升。在社会主义核心价值观教育中，价值认识不仅本身就是人的认知需要，而且与人的情感需要密切相关。

情感是人对客观事物是否满足自己的需要而产生的态度体验，意志已经是社会主义核心价值观深入到动机层面反映这种需要，而行为则是满足需要的外部活动。而且，社会主义核心价值观的提升也正是学生需要层次提高的过程。

对于大学生来说，社会主义核心价值体系融入大学本科教育是一个从一种外在要求变成人的内在需要的过程。它标志着社会主义核心价值体系从外在要求变成大学生内在需要的过程，一个在观念、思维和行为方面谋求个人需要与社会需要相统一的过程，在这一过程中，通过教化引导学生的需要和人性的发展是社会主义核心价值体系融入大学本科教育明理践行的重要机制。因此，无论从社会主义核心价值观融入大学本科教育明理践行的宏观机制还是微观机制看，提升社会主义核心价值体系融入大学本科教育明理践行的效果，都必须从提升大学生的需要层次入手。归根结底，提升需要层次是社会主义核心价值观融入大学本科教育明理践行的根本机制。

在社会主义核心价值体系融入大学本科教育的过程中，从课内到课外，从学校到社会，在社会存在方式、学生思维方式和行为方式的三角互动结构中整体融入，才能真正有效。

二、围绕主渠道使社会主义核心价值体系整体融入大学本科教育

社会主义核心价值体系融入大学本科教育有很多不同的路径和方法，包

括第一课堂和第二课堂,甚至包括学校的环境和制度安排等。作为社会主义核心价值体系融入大学本科教育的有效路径和方法,问题导向融合必须从问题出发,以思政课的主渠道为中心,建立价值观融入本科教育的整体体系,不仅需要将理论教学和实践教学等其他课程教学结合起来,而且需要将校园文化和网络文化建设、课外活动、环境优化、教师队伍建设、高校管理和制度建设等都联成一个整体,以达到社会主义核心价值观有机地全员全过程全方位融入大学本科教育的目的。

高校校园文化建设、社团建设、学生公寓服务、大学生社会实践基地建设等,对于大学生在实践中能够切实感受价值体系的重要性,能够真实体验其重大实践意义,能够着实领悟社会主义核心价值观的科学内涵和方法论价值,在新时代背景下都是非常重要的。这些与社会主义核心价值观融入思政课主渠道相结合,就能使第一课堂和第二课堂有机地融为一体,在社会主义核心价值观融入思政课的同时,以学生所关心的问题为重要出发点和根据,结合校园文化和网络文化建设等,使社会主义核心价值体系有机地融入大学本科教育,使社会主义核心价值观融入大学本科教育的路径和方法与社会主义核心价值体系本身融为一体,不仅和校园文化和网络文化建设,而且将思想政治理论课和相关课程乃至教师行为密切结合在一起,甚至可以开辟结合问题进行大学生反思性自我教育路径,通过问题体系建构进行高素质思想政治教育队伍建设,改善社会主义核心价值体系融入大学本科教育的学校环境和社会环境,以社会主义核心价值观问题体系为基础,在社会存在方式、学生思维方式和行为方式的三角互动结构中,将社会主义核心价值体系有效融入大学本科教育。

| 第六章 |

社会主义核心价值体系融入思政课一体化的多媒体支撑

资源建设已经成为社会主义核心价值观融入思政课一体化建设的重中之重,要把社会主义核心价值观融入思政课一体化,必须开展社会主义核心价值体系积件式数字化优质教学资源的研发。在数据挖掘技术的支持下,建造数据集成中心系统,为社会主义核心价值观教学提供丰富、全面的数据应用和共享,是其中的重要步骤。基于数据集成中心系统的社会主义核心价值体系师生交互型教学模式的开发与应用,是社会主义核心价值观融入思政课一体化的又一重要内容。

第一节 社会主义核心价值体系优质教育教学资源研发

从20世纪80年代中期以来,我国在教育信息化建设以及数字化教育资源建设方面取得了巨大的成就。《"十四五"国家信息化规划》明确要求,"要提升教育信息化基础设施建设水平,构建高质量教育支撑体系"[1]。这些年来,教育界致力于数字化教育资源及其共享机制的建设研究、数字化教材研

---

[1] 《"十四五"国家信息化规划发布》,《现代教育技术》2022年第1期。

发与推广、数字化教学模式设计等方面,并取得了不俗的成果。在习近平总书记关于教育的重要论述和关于网络强国的重要思想的指引下,资源建设作为社会主义核心价值观融入国民教育全过程的一个关键环节,已经成为构成社会主义核心价值观融入国民教育全过程的重要组成部分之一。

一、教育信息资源与数字化教学资源

资源是一种能够给人类带来价值的自然存在或财富。从教育学的角度看,教育资源是指教育系统中支持整个教育过程以实现一定的教育目的,包含一定的教育教学功能的各种资源①。教育资源的范围很广泛,主要包括四类:一是物质资源;二是人力资源;三是信息资源;四是综合性的资源系统②。如:教学传输系统、学习资源中心、电子阅览室、数字图书馆等③。此中,信息资源是教育资源的一个重要组成部分,它是随着信息技术在教育中的应用相伴而生的。从教育信息组成结构来看,教育资源中最核心的内容是信息资源,其他资源皆服务于信息资源的挖掘、传送、处理和使用④。教育信息资源可以被分为广义的和狭义的。所谓广义的教育信息资源,包括教育过程中教育者与受教育者之间所能发现、甄别、取得、利用的一切与教育信息相关的资源⑤。按照媒体形态和表征符号,大致可分为两类:第一类是用语言文字、图形符号、图表结构来表示各种概念、知识和理论,是教育者与受教育者在教育过程中所依靠的重要信息来源,包括教科书、参考书、报纸、杂志等。第二类是指各种视听材料、视听媒体和计算机多媒体、数字化的教育信息资源⑥。第二类也常被人们称为狭义的教育信息资源。当今社会,随着现代信息技术的迅猛发展,多媒体、数字化、智能化、虚拟化的教育信息资源越来越重要,也越来越丰富。尤其是计算机技术和网络技术的不断融合,给

---

① 胡小强:《现代教育技术》,北京大学出版社2007年版,第108页。
② 张爱华:《远程教育和传统教育有机结合的必要性初探》,《中小学电教》2010年第12期。
③ 刘新成、李兴保:《现代教育技术:信息化教学理论与方法》,电子工业出版社2009年版,第58页。
④ 武丽志:《现代教育技术:学科教师应用指南》,华南理工大学出版社2009年版,第92页。
⑤ 李康:《课程理论与教育信息资源开发》,《中国电化教育》2003年第7期。
⑥ 王继新:《信息化教育概论》,华中师范大学出版社2006年版,第105页。

教育教学信息资源的发展提供了极大的空间。

在教育技术领域，教学资源或学习资源一般可以被称为教育信息资源，在定义上它是指一切可以用来促进教师教学和学生学习、支持教与学全过程的各种支持系统和材料以及环境条件的总称[①]。在广义上，它是指能够促进有效学习的所有可资之源，即凡是有助于学生成长与发展的人、物和信息都是学习资源[②]。为了强调对教育领域以外的其他社会资源的利用，教学资源可划分为用于设计的教学资源和可以利用的学习资源。我们所说的设计性的教学资源，专门是指为开展教育活动而设计开发的一种资源；可以利用的学习资源是指一种设计之初并不是专为教育所设计的资源，最终结果却可用于教育的社会资源[③]。在教学过程中，设计的教学信息资源通常分为教学课件、网络课程、虚拟仿真系统、教育游戏、学习网站等几大类。设计开发和善于应用各类教学信息资源，是现代教育的一个基本特征。信息化教学的一个基本要求是：教师要能向学习者推荐优质的信息化学习资源，并根据自身教学和人才培养的需要开发优质的数字化学习资源。

数字化教学资源，是将各种教与学资源进行数字化、智能化处理，使之成为可以在网络环境下或通过数据库技术采集、存储、加工、处理、传输及呈现的多媒体数字化信息。其形式包括：数字音频与视频、多媒体课件与教学网站、学习支持平台以及互联网资源等。数字化教学资源的种类十分繁多，依照与教学内容的相关程度分类，大概可以分为三类：第一类是多媒体教学课件（如CAI、MCAI等）；第二类是学习支持工具与平台（如Blackboard等）；第三类是互联网学习资源（如CNKI、互联网等）。我们常说的优质教育教学资源更多的是指上述这些资源。其中，多媒体教学课件通常与教学内容紧密相连；学习支持工具和平台与学习过程发生联系；互联网学习资源是最为开放、包容最为广泛的学习资源环境[④]。

---

① 刘新成、李兴保：《现代教育技术：信息化教学理论与方法》，电子工业出版社2009年版，第58页。
② 闫寒冰：《学习过程设计：信息技术与课程整合的视角》，教育科学出版社2005年版，第124页。
③ 张立新：《教育技术的理论与实践》，科学出版社2009年版，第85页。
④ 张立新：《教育技术的理论与实践》，科学出版社2009年版，第85页。

当前，借鉴教育技术界提出的积件思想，研发积件式数字化教学软件系统，形成积件式优质教育教学资源，是开展社会主义核心价值观融入国民教育全过程优质教育教学资源建设的一项重要工程。

二、积件思想与社会主义核心价值体系优质教学资源

以计算机多媒体技术、网络技术为代表的现代信息技术，在世界范围内迅猛推动着信息技术与当代教育教学的不断融合。20世纪末期，在建构主义学习理论的指导下，为了克服传统CAI、MCAI的各种缺陷，我国教育界开始探求一种新型教学软件，这种软件带有可以拆分、灵活应用的功能。一时间，一系列新的教学软件形式与表达用词，如：插件、元件、构件、基件、群件、部件、积件等纷纷出现。1997年，上海师范大学教育技术学系的黎加厚教授提出的积件（Integrable ware）思想，引起了国内学界的极大关注。

1997年，《电化教育研究》杂志第3—5期连载了黎加厚的《从课件到积件：我国学校课堂计算机辅助教学的新发展》一文，文中主要探讨了我国研制CAI课件、开展CAI的历史进程以及CAI课件所遭遇到的问题和困难。这篇文章强调课堂计算机辅助教学的第二次重要转折正在我国学校中发生，开始由课件思想到积件思想的转折，并深入研究了有关积件的要素、特点及其未来可能对教育教学改革与发展产生的影响，在此基础上提出了发展新一代新型课堂教学软件——积件的建议。同年10月，黎加厚教授在《计算机世界》杂志发表《积件的组成、特点及开发》一文，详细阐述了积件的基本特点、组成要素及开发步骤，明确指出，为针对传统课件的各种局限性，积件逐渐发展起来，成为一种新的教学软件模式和新的教材建设思想[①]。此后，国内教育技术界的学者开始着力于开展积件的研究工作，掀起了一阵研究积件式课件的热潮。

而在此时，只有极少数教师注意到了教育技术界的这种转向。如前所述，大多数教师仍在致力于MCAI、网络多媒体课件的开发、研制工作。在社会主义核心价值观研究领域，尝试以积件思想为导向，开展积件式课件研制的教师更是寥寥无几。时至今日，关于社会主义核心价值观教育教学积件

---

① 黎加厚：《积件的组成、特点及开发》，《计算机世界》1997年第10期。

式课件的文章依然稀疏可见。与此相反，国内基础教育领域研制积件式课件风生水起，尤其在中小学的数学、语文、外语等基础学科领域。但近20年过去了，我们并没有见证当年积件式课件的倡导者所预想的这一番景象——"积件资源丰富，教师像搭积木似的做课件"[1]。但是，关于积件思想、积件的要素、特点及其积件式课件内涵，对于丰富和发展社会主义核心价值观教育教学资源建设具有重要启示作用。同时，也为我们进一步探讨社会主义核心价值观融入国民教育全过程提供了基本思路和策略方法。

从计算机技术视角看，积件是在传统课件（CAI、MCAI）设计制作的基础上研制开发的新一代数字化教学软件系统。它是教师与学生为了便于更好地开展教与学活动，运用现代信息技术及其教学信息资源，根据教与学的实际需要而设计的兼具可分可合、灵活应用功能的数字化教学软件系统。这个数字化教学软件系统，与传统的CAI、MCAI课件最大的区别在于：它是一种既融合了数据库技术、也包含了数据运行平台的、由积件库和积件平台两部分所组成的系统，因此学界习惯把它称为积件系统，本书称为积件式数字化教学软件系统。积件库在本质上是一个数据库，一种教学信息资源及其表达或呈现方式的集合库。"包括多媒体教学资料库、微教学单元库、资源呈现方式库、教与学策略库和网上环境积件资料库"是积件库的基本构成要素[2]。此中，前四者一般分为实库和虚库两部分。实库包括多媒体教学资料库、微教学单元库两个库，它们是表达课程与教学内容的知识库。此库以知识点为基础，按检索和分类规则组织文本、图片、音频、视频等教学素材。虚库包括资源呈现方式库、教与学策略库，它们是一种获取知识、呈现方式及表达运用的形式。积件组合平台是积件库的应用和共享平台，这种平台可供教师与学生选择、拆分、重组、调试积件库，其目的也是用于实际课程与教学需要而使用的教学软件环境。[3]一般来说，积件平台软件不需要复杂的

---

[1] 黎加厚：《积件的组成、特点及开发》，《计算机世界》1997年第10期。
[2] 雷进生等：《基于积件设计思想的土木工程专业课程体系整合》，《教育教学论坛》2015年第5期。
[3] 黎加厚：《从课件到积件：我国学校课堂计算机辅助教学的新发展（上）》，《电化教育研究》1997年第3期。

程序设计；可以方便地组合积件库里的多媒体资源；主要面向普通教师，易学易用。在当今的教育学界普遍认为，除了在技术上把教学资源素材库和多媒体制作平台两者进行简单的叠加，更重要的，积件系统做到了积件库和积件平台的有机结合。

依照积件思想，积件系统的结构可划分为五个层次。第一是核心层：由教师和学生组成，学生是主体，教师起主导作用。积件系统的建构、运作是以教师教与学生学的最优化为出发点和归宿。第二是平台层：它是连接两个实库（多媒体教学资料库、微教学单元库）和两个虚库（资料呈现方式库、教与学策略库）以及一个环境资源库（网上环境积件资源库）的重要纽带和桥梁，也是教师和学生存储、选取、加工和处理教学信息资源，开展教学活动的操作平台。第三是实库层：由多媒体教学资料库、微教学单元库两部分组成。第四是虚库层：由资料呈现方式库、教与学策略库两部分组成。第五是环境层：包括由校园局域网、省市城市网、国家地区网、国际互联网等多层次、远距离网上积件资源库组成。环境层充分体现了积件思想及其系统的开放性和自组织性。

在积件系统中，教师和学生可以在教学过程中实时调用浩瀚的世界知识宝库，师生们甚至可以将积件库与组合平台打包外挂，供异地的师生下载使用[①]。国内教育技术界普遍认为，积件思想作为一种关于CAI、MCAI课件发展的系统思路，是继承自第一代教学软件课件的基础之上出现的新一代教学软件系统和教学媒体理论。同时积件思想的提出标志着建设教育教学资源观念的重大转变，这是关于现代教育教学信息资源建设的崭新理论与实践。

因此，本章提出社会主义核心价值体系优质教育教学资源的建设，必须以积件思想为导向，但不能全盘照搬、沿袭积件的一般理论，而应密切结合社会主义核心价值体系融入国民教育全过程的性质及其融入特点和规律，借鉴、扬弃积件库、积件组合平台的技术思路和构想，通过研发积件式数字化教学软件系统来研究社会主义核心价值体系融入国民教育全过程的资源建设

---

① 黎加厚：《从课件到积件：我国学校课堂计算机辅助教学的新发展（下）》，《电化教育研究》1998年第1期。

方案。

三、社会主义核心价值体系积件式优质教学资源的研发

如果没有丰富的高质量的社会主义核心价值体系教育教学资源，那么教师主宰课堂、学生被动接受社会主义核心价值体系教育的状态就难以改变，也很难构建新型课堂教学结构，更加难以让学生自主地在国民教育全过程中学习到社会主义核心价值观融入，更不可能让学生进行自主发现和自主探索。因此，构建现代教育教学资源体系，开发积件式数字化教学软件系统，形成社会主义核心价值观教学优质数字化教育教学资源，是推进社会主义核心价值体系融入国民教育全过程的一项关键性的基础工程。

社会主义核心价值体系优质教育教学资源的研发，包括积件库、积件组合平台建设两个部分，合称积件式数字化教学软件系统。此中，积件库是社会主义核心价值体系教育数字化优质教学资源的主要来源，包括社会主义核心价值体系多媒体教学内容资源库和社会主义核心价值体系多媒体微教学单元库。积件组合平台是积件库的应用和共享平台，是社会主义核心价值体系数字化资源建设的必要内容。具体如下：

（一）社会主义核心价值体系多媒体教学内容资源库

习近平总书记指出："要运用新媒体新技术使工作活起来，推动思想政治工作传统优势同信息技术高度融合，增强时代感和吸引力。"[①]多媒体教学内容资源库是社会主义核心价值体系数字化资源建设的首要内容，其着眼点是对教学资源和学习资源进行有效集成。多媒体教学内容资源库建设，一方面要结合社会主义核心价值体系的性质、特点并符合社会主义核心价值体系教育教学的实际需要。高校社会主义核心价值体系教育是对大学生进行知识教育、能力教育和价值观教育的综合体现，多媒体教学内容资源库的建设需要面向马克思主义理论与思想政治教育知识的传授、大学生能力的提升和大学生价值观的培育。另一方面，数字化教学内容以文本、声音、图片、视频等

---

① 《习近平在全国高校思想政治工作会议上强调把思想政治工作贯穿教育教学全过程开创我国高等教育事业发展新局面》，《人民日报》2016年12月9日。

多种形式呈现，具有明显的超文本性，体现出直观性、交互性和灵活方便的特征。具体来说，社会主义核心价值体系多媒体教学内容资源库是以课程与教学内容中的概念、命题、原理和理论等"知识点"或问题为基础的素材资料。从媒体形态及其符号表征来看，包括文本、图片、声音、动画、视频等多维信息资源的教学素材库。多媒体教学内容资源库建设的技术路径是：首先，以课程章节内容为主要依托；其次，聚焦课程与教学中的问题；再次，从概念、命题、原理等为切入点；最后，以多维信息资源的教学素材库，形成构成多媒体教学内容资源库的基本要素。

例如：讲述"为什么说自强不息是中华民族精神的重要内涵？"问题时，以"自强不息"为切入点，如下资源构成了多媒体教学内容资源库的核心内容：

（1）文本（DOC）：2014年5月4日，习近平总书记在考察北京大学时谈到，中华文化强调"天行健，君子以自强不息"。梁启超在清华大学任教时，曾给学生作了《论君子》的演讲，并且引用了《易经》上的"自强不息""厚德载物"等。

（2）文本（PDF）：2009年9月，国土资源局的郭图平在《国土资源通讯》第9期发表《见证自强不息的民族精神——写在"5·12"汶川地震周年之际》一文。2022年3月24日，《人民日报》发表《自强不息写就"极限人生"》一文，暖闻热评感动中国人物朱彦夫自强不息的人生。[①]

（3）图片（JPG）：上海大学校训——"自强不息；先天下之忧而忧，后天下之乐而乐"。东北大学校训——"自强不息，知行合一"。厦门大学校训——"自强不息，止于至善"。

（4）图片（BMP）：2016年8月中国女排夺得第31届奥林匹克运动会女排比赛冠军后，中国文明网刊登了《深刻理解女排精神才是最好的致敬》一文中，称赞："女排精神不是国人暂时的精神助力剂……更应成为我们每个人自强不息的精神动力"[②]。

[①] 《自强不息写就"极限人生"（暖闻热评）》，《人民日报》2022年3月24日。
[②] 黄超：《深刻理解女排精神才是最好的致敬》，中国文明网，http://www.wenming.cn/wmpl_pd/yczl/201608/t20160821_3607293.shtml。

（5）网页（HTML）：同济大学的"同舟共济、自强不息"精神。2013年4月四川芦山地区发生地震后，中国共产党新闻网于4月23日以"四川日报评论员：自强不息 战胜灾难"为标题，转载了《四川日报》关于"芦山地震抢险救援工作"的新闻报道。兰州大学的"自强不息 独树一帜"精神。2019年9月17日，人民网以《兰州大学：自强不息 独树一帜》为标题发表新闻报道。

（6）讲话音频（WAV）：2007年10月15日，胡锦涛在党的十七大上所作政治报告：中国共产党人和中国人民"谱写了中华民族自强不息、顽强奋进新的壮丽史诗"①。2008年5月8日，胡锦涛在日本早稻田大学的部分演讲内容："中华民族以勤劳智慧的民族品格、不懈进取的创造活力、自强不息的奋斗精神创造了辉煌的中华文明，为人类文明进步作出了重大贡献"②。2020年9月8日，习近平在全国抗击新冠疫情表彰大会上的讲话中指出："天行健，君子以自强不息。一个民族之所以伟大，根本就在于在任何困难和风险面前都从来不放弃、不退缩、不止步，百折不挠为自己的前途命运而奋斗。"③习近平在2021年新年贺词中强调："我为伟大的祖国和人民而骄傲，为自强不息的民族精神而自豪。"④

（7）音乐音频（MP3）：《天亮了》，由中国大陆歌手韩红作词、作曲并演唱；日本指挥家小泽征尔指挥、NHK交响乐团演奏的贝多芬C小调第五交响曲《命运》；中国港台歌手郑智化发行的歌曲《水手》。

（8）MV/MTV视频片段（WMV）：《蜗牛》——1999世界展望会主题曲、周杰伦原唱，中国台湾地区歌手许茹芸、齐秦、动力火车、熊天平等合唱MV/MTV。《风雨无阻》——大型纪录片《同心战"疫"》主题曲，由安

---

① 人民网：《胡锦涛在党的十七大上的报告》，http://politics.people.com.cn/GB/1024/6429094.html。
② 新华网：《胡锦涛在日本早稻田大学的演讲》，http://news.xinhuanet.com/newscenter/2008-05/08/content_8131916.htm。
③ 央视网：《习近平总书记在全国抗击新冠疫情表彰大会上的讲话》，http://news.cctv.com/2020/09/08/ARTIHDcawJNXJpZdD7d6fmjq200908.shtml?spm=C96370.PsikHJQ1ICOX.EgdIq9。
④ 央视网：《国家主席习近平发表二〇二一年新年贺词》，http://tv.cctv.com/2020/12/31/VIDEGtchF5YHqZZgSEthKh6b201231.shtml。

均作词、广乔作曲，韩磊演唱的MV。

（9）动画片段（GIF）：根据日本柊葵的同名漫画改编，由多次在宫崎骏作品中出任作画监督的近藤喜文担任导演的《侧耳倾听》《夸父逐日》《精卫填海》《愚公移山》。

（10）电影视频片段（AVI）：《焦裕禄》——王冀邢导演、李雪健主演，获1991年百花奖最佳影片。《革命者》《1921》《长津湖》《浴血无名川》《绝地狙杀》等2021年上映的爱国主义红色电影，鲜明再现了民族危亡面前，吾辈当自强。

（11）纪录片视频片段（MPEG）：2010年10月，中央电视台（CCTV-1）综合频道开播的，介绍"国家杰出贡献科学家"荣誉称号获得者钱学森生平的人物传记片《钱学森》（六集）；由中国延安精神研究会和中央电视台军事节目中心联合拍摄的，一部宏大的历史与现实题材的纪录片《中国精神》（12集）；由中共中央宣传部、中央广播电视总台联合制作的大型纪录片《同心战"疫"》（共六集），展现中国人民自强不息、艰苦卓绝的抗疫斗争等。

（12）歌剧视频片段（WMV）：2016年5月，国家大剧院推出的由田沁鑫导演的纪念红军长征胜利80周年原创歌剧《长征》；北京电影学院教授侯克明担任导演，中国交响乐团团长关峡担任音乐总监的，采用全新3D技术的歌剧《白毛女》等。

（13）电视视频（ASF）：关于"自强不息"的出处和含义的诠释——2007年，厦门大学易中天教授、河南大学王立群教授分别在中央电视台《百家讲坛》栏目讲述系列节目《我读经典》之《我读先秦诸子》《孟子：强势由人》等。

（14）微视频（MP4）：2020年11月30日，光明日报平台发布微视频《这就是中国人写下的"自强不息"》。2022年2月18日，新华社新媒体发布微视频《习近平讲述的故事|自强不息 大地清华》。

综上所述，这些文本（DOC、PDF）、图片（JPG、BMP）、网页（HTML）、音频（MP3、WAV）、视频（GIF、MV、ASF、WMV、MPEG、AVI、MP4）所承载的内容及其表达方式，共同构成了多媒体教学内容资源库的教学素材库。

从上述案例中,我们可以得知:多媒体教学内容资源库中的数字资源是经过加工处理过的格式化的教学素材(即符合计算机进行数字化处理要求)与教学课件(即适用于课堂教学的要求)之间的中介产品(即人工制品)。从教学资源的视角看,上述人工制品可视为已经结构化了微教学单元课件,也可视为积件式课件的半成品。

(二)社会主义核心价值观微教学单元库

微教学课件,是指对人工制品进行选择、排列,组合成用于教学的小课件,也称微型课件。此类微型课件的主要目的是用于帮助教师讲授某个"知识点"(概念、命题、原理、法则)或问题(是什么?为什么?如何?)等。一个微型课件通常只讲一个"知识点"或问题;一个"知识点"或问题也只用一个微型课件表达。它可以表现为一个概念的讲解,一个问题的解答等。微教学单元课件包括若干微型课件,形成一个微型课件群,构成微教学单元库。微教学单元课件是积件式课件的主体内容,它是可供教师与学生在教与学过程中直接应用或重组的优质数字资源。对于思想政治理论课教学来说,教师可以充分利用微型课件,并结合教与学的策略与方法,设计制作一个自己可以满足实际教学需要的微教学单元课件。这类微教学单元课件既可以针对同一门课程不同的授课对象,也可以在涉及同一内容或相似内容的不同课程中使用。

以中华民族精神"自强不息"的教学内容,在"中国近现代史纲要""思想道德修养与法律基础"等不同课程教学中的实际应用情况为例。

例1 《中国近现代史纲要》教材"辉煌的中国古代文明"中有这么一段话:"中华文明尽管也历尽沧桑,却始终绵延发展、传承不绝,表现出顽强的生命力。这体现了中华民族的凝聚力和以爱国主义为核心的民族精神"[①]。例1内容都蕴含了"什么是自强不息?""为什么说自强不息是中华民族精神的重要内涵?"等问题。如前所述,针对某一教学阶段和特定的教学目标,教师可以在多媒体教学内容资源库中选取、合成新的人工制品,即制成微型课

---

① 本书编写组:《中国近现代史纲要》,高等教育出版社2015年版,第8页。

件,并在此基础上,应用微教学单元库内的微教学单元课件,面对不同的教学对象开展教学。

例2 《思想道德修养与法律基础》教材在讲述"中华民族精神"时,有这么一段话:"继承中华民族创造的一切精神财富,不断增强团结一心的精神纽带、自强不息的精神动力"[①]。同样可以采用上述方法,阐释"自强不息是中华民族精神的重要内涵",具体体现为:坚贞、刚毅的品质,不屈不挠的精神和与时俱进的精神。

(三)社会主义核心价值观教育积件组合平台

社会主义核心价值体系优质教学资源应用和共享机制的平台建设,是数字化资源应用到教学实践的一项重要举措,也是社会主义核心价值观数字化资源建设的一项必要内容。积件式数字化教学软件系统的应用、共享机制平台的建设既要面向教师的教,又要面向学生的学,同时要兼顾共享机制和应用平台的可操作性。平台建设需要考虑四个方面的因素:一是社会主义核心价值观的性质和特点;二是社会主义核心价值观教学的特性和规律;三是教师与学生熟悉、操作的简易性和适用性;四是平台的兼容性和实用性。基于上述几个因素的综合考量,本书建议,采用Microsoft office Powerpoint(演示文稿,或称幻灯片)作为社会主义核心价值观积件式优质资源的组合平台。其特点如下:

第一,使用、操作的简易性。Microsoft office办公软件系统,主要包括Word、Excel、Outlook、PowerPoint、Access、Publisher、Infopath等软件工具,前三者是计算机用户常用来处理文档、收发邮件、使用率极高的必备工具,尤其是Word这个文字处理器应用程序。对于不熟悉PowerPoint工作原理的教师来说,如果能熟练使用文字处理器的话,那么他进入PowerPoint工作的程序就比较简单。因为,PowerPoint的工作窗口、界面环境与Word基本类似。PowerPoint的操作界面所包含的菜单栏、标题栏、状态栏、常用工具栏、格式工具栏、工作区和任务窗口等内容几乎与Word相同。用PowerPoint创建一个幻灯片和用Word做一个电子文档,制作方法和原理是极其相似的。

---

① 本书编写组:《思想道德修养与法律基础》,高等教育出版社2015年版,第39页。

演示文稿中所包含的一些基本元素，不仅容易识别，而且容易学习和掌握。PowerPoint相对技术含量比较低，对于大部分教师来说都可以在短期内掌握。

第二，修改、更新的便捷性。PowerPoint与Word，都是处理文件的办公软件，其编辑功能十分强大。既可使用默认设置建立新的幻灯片，也可修改为使用内容提示向导或者调整为使用设计模板创建新的幻灯片。幻灯片工具栏内的背景、图表、文本框等可根据制作的需要随时调整；剪贴画、Word表格、Excel表格等既方便插入，也便于删除。虽然用Authorware、Flash等软件也可作积件组合平台或教学课件，但成品后的课件一是很难修改。如果需要作一些修改，那就相当于重新做一个微型课件。课件经常需要即时增添或删减内容，这时PowerPoint的优势就马上显现出来了。此外，还有一个很重要的一个原因，那就是PowerPoint所谓的制作成本很低。

第三，PowerPoint所具有的上述优点，还不完全能胜任社会主义核心价值观教学资源应用和共享平台。是以，必须在PowerPoint内置功能开发的基础上，借助一些常用编辑工具，如图像编辑器、图片处理器、音频制作软件、视频编辑工具等，主要包括Photoshop、Foxit PDF Edit、GoldWave、Adobe Premiere Pro CS等。与此同时，还需要通过Flash、Photostory等插件，借助"宏"定义、"插入对象"选择、"控件工具箱"控件等，克服PowerPoint自身的弊端，充分发挥现代信息技术带来的冲击力和感染力。有时，甚至还需要一些外挂软件支撑其平台功能。

总之，以微软的PowerPoint为积件组合平台是积件式数字化教学软件系统的一个重要组成部分，它与多媒体教学内容资源库一起，构成了社会主义核心价值观积件式优质教育教学资源。

四、社会主义核心价值体系积件式数字化教学软件系统的应用模式

社会主义核心价值体系积件式数字化教学软件系统的应用模式主要有三种：辅助型、整合型和深度融合型。

（一）辅助型模式

这里的辅助包括两个方面：一是作为社会主义核心价值观教学内容的

补充、拓展和深化;二是作为教师教与学生学的辅助工具和手段。积件式数字化教学软件系统在技术上有三个平台:"前台""后台"和"操作平台"。"前台",也叫界面环境,是教学内容表述的呈现平台。"后台",也称数据库,它由社会主义核心价值观的多媒体教学内容资源库和多媒体微教学单元库组成。若是要连接"前台"和"后台",则需要操作平台这一积件组合平台。"前台"的意义在于其有两种表述方式:其一是呈现教材的章、节、目标题及主要内容的叙述性表述;其二是调用"后台"数据库作为教学内容的补充、拓展和深化。前者,由于章、节、目一目了然,教学的逻辑层次清晰明了,有助于教师把握教学进度、学生了解教学的进程。对教学中重点、难点、疑点的叙述性表述,有助于师生更明确教学目的和学习要求。思政课教学中常见的"教材搬家式"呈现方式,事实上违背了"前台"的设计原则,也达不到多媒体教学的效果。习近平总书记在中国人民大学考察时提出,"思政课的本质是讲道理,要注重方式方法,把道德讲深、讲透、讲活"①。如果我们"前台"当作"论点","后台",作为"论据",那么论证的方法就是调用"后台"数据库的过程。此时,社会主义核心价值观多媒体教学内容资源库和多媒体微教学单元库就成为补充、拓展和深化教学内容的数据库。如前所述,"为什么说自强不息是中华民族精神的重要内涵?"就是根据上述技术路径实现的。

(二)整合型模式

整合型模式,也称融入型模式,工具、手段和方法等教学媒体融入教学内容,成为彼此的有机组成部分。从教育传播学的视角,思想政治理论课教学首先是一个传播过程,其主要特征是"一"对"多",或称"点"对"众"传播。大多数学者都会把这种课堂教学方法称为"传递—接受"模式。这个传播过程有三个环节:传递、接收和接受、反馈。要传播获得效果,教师就需要对传递的内容进行编码,编码的实质就是整合内容和媒体的过程。教学内容作为一种信息,传递时必须借助一定的介质作为载体,如,口语需要

---

① 《习近平在中国人民大学考察时强调 坚持党的领导传承红色基因扎根中国大地 走出一条建设中国特色世界一流大学新路》,《人民日报》2022年4月26日。

声波、演示需要设备等。这个介质载体就是我们常说的教学媒体（或称为教学媒介）。积件式课件中包含着文本、视频等多种教学媒介，而且其格式也不尽相同。学生接收、接受社会主义核心价值观教学内容的效果很大程度上取决于这些教学媒介的特性与功能。[①]因此，整合型模式的要求就是一定要根据教学内容来选择与此相适应的媒体表达方式，把工具、手段和方法等融入教学内容，同时又要遵循教学媒介的传播规律。为此，在进行多媒体教学内容资源库、多媒体微教学单元库设计时，必须考虑清楚这些问题。如前所述，"为什么说自强不息是中华民族精神的重要内涵？"的多媒体教学内容资源库和多媒体微教学单元库建设，要遵循上述要求。

（三）融合型模式

融合型模式，就是我们倡导的"深度融合"模式。即积件式数字化教学软件系统和社会主义核心价值观教学双向融合、相互促进和相得益彰。积件式数字化教学软件系统不仅承载社会主义核心价值观教学内容，而且演绎社会主义核心价值观教学过程，同时成为社会主义核心价值观教学的重要信息源和影响源。这种模式可以配置社会主义核心价值观教学过程设计的结构和过程，对传统教学结构中的各个要素和环节产生重大影响。在资源方面，积件式数字化教学软件系统是一种内外部支持条件，对于影响和改变人们认知结构和促进人们的认知结构变化有独特的作用。它既可以成为促使学习者认知结构发生变化的新的教学内容，又可以促进和影响学习者的认知结构发生变化的一系列行为[②]。这也对教师在新的教学模式下提出了更高的要求：一方面需要熟练掌握现代信息技术，尤其是积件式数字化教学软件系统及其运行机制；另一方面需要准确把握社会主义核心价值观的性质、特点，吃深吃透教学内容，善于把教材体系转换成教学体系。同时需要了解当代大学的志趣、爱好及其认知结构的特点。

总而言之，运用积件式数字化教学软件系统，形成积件式优质教育教学资源能增强社会主义核心价值观教育的针对性和实效性，促进社会主义核心

---

① Denis McQuail & Sven Windahl, *Communication Model for the Study of Mass Communication*, New York: Longman Publishing Group, 1995, p.85.
② 顾小清：《信息技术与课程整合教程》，华东师范大学出版社2008年版，第164—165页。

价值观融入国民教育全过程。

第二节 社会主义核心价值体系融入思政课建设的数据集成和模式建构

数据集成主要是指运用现代信息技术，在社会主义核心价值体系优质教育教学资源研发的基础上，在数据挖掘技术的支持下，建造数据集成中心系统，为社会主义核心价值观教学提供丰富、全面的数据应用和共享。模式建构主要是指在数据集成中心系统的支持下，构建社会主义核心价值观师生交互型教学模式，转变传统社会主义核心价值体系教学方式方法，优化教学结构要素，夯实教育教学过程，从而真正实现社会主义核心价值体系融入思政课的目标。

一、建造基于数据挖掘技术的社会主义核心价值体系数据集成中心系统

在过去的数年间，数据挖掘（Data Mining）作为一门面向应用的新兴学科分支，在许多领域得到了成功应用[1]。建造基于数据挖掘技术支持下的社会主义核心价值体系教育教学的数据集成中心系统（以下简称"数据集成中心系统"），使之成为社会主义核心价值体系教学体系的技术支撑、课程与教学内容与时俱进的数据载体、应用程序以及社会主义核心价值观优质教育教学资源应用、共享平台，有助于进一步推进社会主义核心价值体系融入国民教育全过程。

（一）数据挖掘的基本概念和主要特点

数据挖掘，也称数据挖掘技术（或数据挖掘理论、数据挖掘思想）。数据挖掘，英文为Data Mining。Mining一词，常译为采矿或采矿业。数据挖

---

[1] 胡可云、田凤占等：《数据挖掘理论与应用》，清华大学出版社、北京交通大学出版社2008年版，第4页。

掘本意为数据采矿，引申为资料挖掘。近年来，数据挖掘逐渐成为一门新兴学科的分支，不仅被广泛应用到自然科学领域，如物理学、人工智能、计算机数据库；而且在人文科学领域，如社会学、政治学、地理学等方面，也取得了不俗的成绩。

自1995年在美国计算机年会（ACM）上提出了数据挖掘的概念（即从数据库中抽取隐含的、未知的、具有潜在使用价值的信息的过程）[1]之后，关于数据挖掘的定义众说纷纭。有学者认为，"数据挖掘是通过自动半自动化的工具对大量的数据进行探索和分析的过程，其目的是发现其中有意义的模式和规律"[2]。也有学者指出，"数据挖掘是识别出存于数据库中有效的、新颖的、具有潜在效用的、最终可理解的模式的非平常过程"[3]。从信息技术的视角看，它是一种对信息进行分析、加工和处理的技术，即对信息进行采集、加工、存储、传播、访问、决策、应用的技术方法[4]。目前，学界比较一致的看法是：数据挖掘是从大量、未知的数据中，发现、抽取其隐含的有意义、有规律的信息符号和知识表征，用于咨询、判断和决策的过程和程序。为此，数据挖掘具有如下五个主要特点：一是大量的、真实的数据；二是未知的、有用的数据；三是体现为一个过程和程序；四是作为一种技术、理论或思想；五是挖掘出来数据的是可接受、可理解、可运用的。

数据挖掘是知识产生（创造）或问题发现（解决）的一种有效技术手段。从数据库知识发现（Knowledge Discovery in Database, KDD）视角理解，数据是由文本、图片、音频、视频等组成，可以广泛收集、可被量化的一系列信息符号。数据可以表示为具体的信息符号，数据本身并没有多大实际意义，但当信息符号在一定语境之下被分析与表征后才会产生意义和影响。此时的数据（信息符号）就转化成讯息——讯息是信息符号的具体内容，可以回答一些问题，如"是什么？""怎么样？"等。当讯息一旦被用于分析、理

---

[1] 姚家奕：《数据仓库与数据挖掘技术原理及其应用》，电子工业出版社2009年版，第14页。
[2] 转引自胡可云等：《数据挖掘理论与应用》，清华大学出版社、北京交通大学出版社2008年版，第2页。
[3] 转引自胡可云等：《数据挖掘理论与应用》，清华大学出版社、北京交通大学出版社2008年版，第2页。
[4] 姚家奕：《数据仓库与数据挖掘技术原理及其应用》，电子工业出版社2009年版，第5页。

解并指导人们完成某项工作和任务时,讯息就转化为具体的知识。从学科教育的角度来看,知识一般可分为两类:一类是专门化的知识;一类是一般化的知识。有鉴于社会主义核心价值观性质和特点,相对其他学科的专门化知识而言,教师传授给学生的知识不仅仅局限于理论知识,更重要的是蕴含在整个知识体系中的世界观、价值观和方法论,更确切地说是一种关乎信仰体系的知识。为此,教师就需要知识表征技术、知识管理水平,乃至知识创新能力。这种技术、水平和能力的综合体,我们称之为智慧。简而言之,智慧就是指使用知识来作出正确选择与判断的能力。智慧一直是哲学探索的本质问题,它可以回答"为什么"的问题。随着数据向信息、知识和智慧的不断发展,人类认识、理解世界的广度在不断拓展、深度在不断深化。正是在这一背景下,数据挖掘支持下的社会主义核心价值观数据集成中心系统的建造,被提高到社会主义核心价值体系教学改革的议事日程上来。

(二)数据集成中心系统的结构和架构

社会主义核心价值观数据集成中心系统,是针对社会主义核心价值体系教学开发、设计和应用的软件系统和操作系统,它是社会主义核心价值观教学体系的技术支撑、内容载体以及优质教学资源的共享平台。其建造逻辑有以下几个特点:一是以基于问题逻辑的社会主义核心价值体系教学体系建构为理论基础;二是以学界提出的积件理论及实践为基本导向;三是以社会主义核心价值观积件式优质教育教学资源为实践依托;四是以计算机支持下的数据挖掘作为教学支撑。数据中心系统从本质上来说,重点要解决三个问题:第一是教学逻辑结构、情景分析系统与数据集成中心系统的关系问题。社会主义核心价值体系教学体系的基础是问题逻辑,既包括教师"教什么"与"如何教"以及学生"学什么"与"如何学"的教学逻辑结构,又包括教师"问什么"与"怎么问"以及学生"答什么""怎么答"的情景分析系统。为此,数据中心系统不仅要满足于教学逻辑结构与情景分析系统的存储性要求,而且更需要具备整合功能,以便于检索、选用、合成和有效应用,这样才能真正成为基于问题逻辑的思想政治理论课教学体系的技术支撑。第二是思想政治理论课积件式优质教育教学资源中的积件库、积件组合平台与数据集成中心系统的关系问题。从信息科学的视角讲,两者的相似性大于差异性。从数据库技术来看，数字化教学软件系统更像一个数据库，而数据集成中心系统属于数据仓库范畴。在大致特征、存储内容、用户使用等方面，数据仓库和传统数据库之间也有不少差异。从社会主义核心价值观教学的角度，一个最简单的区别方法是：积件式数字化教学软件系统适合于单机版使用，而数据集成中心系统则是以网络版的形式呈现。从计算机技术角度看，数据集成中心系统是在积件库、积件组合平台基础上，对其补充、拓展、深化而开发、设计的应用性操作系统。数据集成中心系统不仅要兼容积件式课件，而且要对多媒体教学信息资源库、为教学单元库进行集成或表现集成，实现数据集成中心系统与数字化教学软件系统之间的交叉调用和融合。第三个问题是数据集成中心系统与师生、生生之间的交互型问题。"人—机"交互是师生间的交流的基础。社会主义核心价值体系教学的本意就在于师生之间的交流。为此，数据集成中心系统的特点应是开放性的、自组织性的。

基于此，从数据库技术视角开发、设计的社会主义核心价值体系数据集成中心系统，在逻辑上有三个层次：一是系统平台层（积件式数字化教学软件系统称为"前台"）；二是系统核心层（积件式数字化教学软件系统称为"后台"）；三是系统操作层（积件式数字化教学软件系统称为"操作平台"）。第一层次，即系统平台层，由两部分构成：一是关于社会主义核心价值观基于教材体系的教学问题库（简称教材体系问题库）；二是关于学生问题的信息库。前者是根据教学目标和学习要求，经教师梳理、整合而成的，以多媒体方式呈现的反映基于教材体系的教学问题库。即在基于问题逻辑的教学体系建构之后，通过研发基于积件思想的优质教学资源，依照积件式数字化教学软件系统的应用模式而开发的资源库。后者是教师通过课内外收集学生的思想认识问题，对其进行分析、整理而成、以多媒体形式呈现的来自学生的信息库。第二层次，即系统核心层，是思想政治理论课数据仓库。数据仓库由两部分构成：一是关于思想政治理论课教学体系的"问-答"问题库；二是关于教学应用的"问-答"开源库。前者，是在对问题库实施细分、关联并解答的基础上，把"问-答"内容转换成教学所需要的多媒体格式，或与之前提到的来自学生问题的信息库之间进行逻辑关联，形成可操作性的开展思想政治理论课教学的"问-答"问题库。后者，是借助Authorware、Flash、

PowerPoint等软件工具，在"问-答"问题库的基础上，采用了一种把抽象概念化作具体、逻辑概念化入情景、理论化为形象的方式，帮助教师讲授某个理论问题，或学生学习某个教学重点的"问-答"开源库。社会主义核心价值观数据仓库不同于传统数据库理论中的数据库，它实际上是一个可以随时充实、调整的动态数据库。第三层次，即操作层，或称"网络综合操作平台"。它是供师生"教"与"学"使用的软件环境和技术平台，也是社会主义核心价值观数据仓库的技术支撑。通过开发思想政治理论课"数据操作平台"，即利用动态网站技术、net.网站编程方式和程序，实现社会主义核心价值观教学体系的"问-答"问题库和教学应用的"问-答"开源库之间动态或静态的调用，形成一个开放、互动的自组织操作体系。

二、社会主义核心价值观数据集成中心系统的技术路径

习近平指出，当今世界，科技进步日新月异，互联网、云计算、大数据等现代信息技术深刻改变着人类的思维、生产、生活、学习方式，深刻展示了世界发展的前景[①]。科技推动下社会生产生活的转变，造成数据处理需求的攀升，数据挖掘这种新型的数据分析技术也应运而生，而它的出现也是经历了一个进化过程。

（一）数据挖掘的进化历程及其主要特点

数据挖掘技术的发展历程告诉我们，从最初的数据收集以及数据处理手段开始，一直到现在的数据挖掘，历经了一个既不漫长但也并不短暂的历史过程。姚家奕在《数据仓库与数据挖掘技术原理及其应用》一书中曾以图表的方式向我们展示了这一历史发展过程[②]——大致历经了四个阶段：第一阶段出现在20世纪60年代，主要表现为数据收集；第二阶段是20世纪80年代，以应用性的数据访问为主；第三阶段是20世纪90年代，发展到数据仓库与决策支持系统等；第四阶段就是目前正在流行的数据挖掘，包括多处理器计算机、海量数据库等。

---

① 《习近平致信祝贺国际教育信息化大会开幕　让亿万孩子同在蓝天下共享优质教育》，《中国教育网络》2015年第6期。
② 姚家奕：《数据仓库与数据挖掘技术原理及其应用》，电子工业出版社2009年版，第15页。

从20世纪60年代至今，数据挖掘不断进化发展。从信息技术的发展历程看，数据挖掘产生与发展的这四个阶段，也是与以机械、电信为主要特征的近代信息技术时期转向以计算机技术、网络技术为主要特征的现代信息技术的过程同步的，信息技术发展历程中所表现出的一些显著特征，在数据挖掘产生与发展过程中留下了深深的烙印和痕迹。从信息技术与教育教学融合的视角看，数据挖掘产生与发展的历程，也从一个侧面反映出了信息技术在教育领域产生影响、发挥作用并走向融合等各阶段的技术诉求和融合特点。从信息技术在社会主义核心价值观教育教学中应用历程看，数据挖掘产生与发展的历程，从另一个侧面揭示了社会主义核心价值观教学从以录像、磁带、电教片等视听媒体为代表的电化教育阶段，发展到当今以计算机技术、网络技术为代表的现代信息技术时期，并与之深度融合的发展趋势。数据挖掘产生与发展的过程中，形成的一系列关于数据挖掘的手段、步骤、方法、路径等模型。为此，比较数据挖掘技术发展各阶段的产品特点及技术路径，对于建造社会主义核心价值观数据集成中心系统，具有重要的现实意义。

（二）数据集成中心系统的技术路径依赖

如前所述，从20世纪60年代开始，数据挖掘技术就表现为数据收集和数据处理手段，这条技术路径一直延续至今，成为数据挖掘的首要任务。数据收集阶段，其支持技术是计算机、磁带和磁盘等，所提供的产品是"具有历史性的、静态的数据信息"[①]特点。这些数据信息，通过决策者分析、甄别、处理、选择后用于决策程序。对于思想政治理论课教育教学而言，数据收集（尤其是来自学生方面的）和数据处理是一项十分重要而且非常艰巨的工作。社会主义核心价值体系数据集成中心系统内反映教材体系的问题库、关于学生问题的信息库和社会主义核心价值体系教学体系的"问-答"问题库以及教学应用的"问-答"开源库；还有积件式数字化教学软件系统中多媒体教学信息资源库、微教学单元库等，以及与之相关的设计、应用，其本质上就是一个数据收集和处理的过程，并充分体现了数据挖掘技术的价值意蕴。

---

① 姚家奕：《数据仓库与数据挖掘技术原理及其应用》，电子工业出版社2009年版，第15页。

第六章 社会主义核心价值体系融入思政课一体化的多媒体支撑

如，在数据收集的初始阶段，数据挖掘提供的产品是具有"历史性的、静态的数据信息"的特点[①]。在社会主义核心价值观教学领域，数据收集也可以遵循这一思路，指向"历史性的、静态的数据"[②]。英国哲学家R. G.柯林伍德（Robin George Collingwood）在《历史的观念》一书中，把历史视为一条充满了问题与回答的河流[③]。从历时性角度出发，中华人民共和国成立70余年来，特别是改革开放40多年间，梳理了各种历史和阶段提出的各种问题及解答方式，吸收了思想政治理论体系和教材的演进，就可以形成若干个思想政治理论课基于教材体系的教学问题库。改革开放40多年，高校思想政治理论课经历了从"85"课程方案、"98"课程方案直至"05"课程方案的不断调整。通过收集历时性数据，我们会发现：无论是"85"课程方案，还是"98"课程方案，还是今天的"05"课程方案，所有课程、教材所提出的问题也基本相同，如："为什么只有社会主义才能救中国？""为什么必须坚持马克思主义在意识形态领域的指导地位？""为什么必须坚持人民代表大会制度？"等。通过对上述问题及其解答的纸质媒体、磁带、数据库等历时性数据的收集、存储和加工，并进行梳理、归纳、整合，就可成为教学体系的"问-答"问题库的基本内容之一。

数据挖掘的进化阶段显示，由数据收集这一阶段所获得的一些基础数据，可以作为数据访问（其产品特点是在"记录级提供历史性的、动态数据信息"[④]）和数据仓库、决策支持（其产品特点是"在各种层次上提供回溯的、动态的数据信息"[⑤]）。例如，"中国近现代纲要"课第六章解答"中国人民抗日战争胜利的伟大意义是什么？"这个问题时，从历时性这个维度出发，在数据收集这一阶段，可以通过反映中国共产党对这一问题的认识过程为主题，即抗日战争胜利结束至今，中国共产党对抗日战争胜利意义的历史认识过程，展开数据收集工作。数据访问所需的"记录级提供历史性的数据信

---

① 姚家奕：《数据仓库与数据挖掘技术原理及其应用》，电子工业出版社2009年版，第15页。
② 姚家奕：《数据仓库与数据挖掘技术原理及其应用》，电子工业出版社2009年版，第15页。
③ 〔英〕柯林伍德：《历史的观念》，尹锐等译，光明日报出版社2007年版，第13页。
④ 姚家奕：《数据仓库与数据挖掘技术原理及其应用》，电子工业出版社2009年版，第15页。
⑤ 姚家奕：《数据仓库与数据挖掘技术原理及其应用》，电子工业出版社2009年版，第15页。

息",侧重点是从国家重大纪念活动时的媒体报道、领导人讲话等获取。这些数据如下:

（1）1945年8月25日,《新华日报》刊登《中共中央发表对目前时局的宣言》;《解放日报》于1945年8月28日发表的社论《新时期的路标》;《解放日报》于1945年9月5日发表的社论《庆祝抗战最后胜利》[①]。（2）1985年9月3日,彭真在《在首都各界人民纪念抗日战争和世界反法西斯战争胜利四十周年大会上的讲话》。（3）1995年9月3日,江泽民《在首都各界纪念抗日战争暨世界反法西斯战争胜利五十周年大会上的讲话》[②]。（4）2005年9月3日,胡锦涛《在纪念中国人民抗日战争暨世界反法西斯战争胜利60周年大会上的讲话》。（5）2014年9月3日,习近平《在纪念中国人民抗日战争暨世界反法西斯战争胜利69周年座谈会上的讲话》[③]。（6）2015年7月30日,习近平在中共中央政治局就中国人民抗日战争的回顾与思考进行第二十五次集体学习的重要讲话[④]。（7）2015年9月3日,习近平总书记在纪念中国人民抗日战争暨世界反法西斯战争胜利70周年大会上的讲话[⑤]。（8）2020年9月3日,习近平在纪念中国人民抗日战争暨世界反法西斯战争胜利75周年座谈会上发表重要讲话[⑥]。通过对上述一组数据信息采用"数据访问",我们可以发现:中国共产党对于抗日战争胜利的意义的认识,在不同的历史阶段以及国家面临的主要任务发生变化时不尽相同。同时通过"提供回溯的、动态的数据信息"的数据仓库、决策支持阶段分析,我们进一步了解了为什么会"不尽相

[①] 孟国祥:《中国共产党对抗战胜利意义的认识》,《南京医科大学学报》（社会科学版）2005年第9期。

[②] 中共中央台办、国务院台办:《江泽民在首都各界纪念抗日战争暨世界反法西斯战争胜利五十周年大会上的讲话（节录）》,《人民日报》1995年9月4日。

[③] 习近平:《在纪念中国人民抗日战争暨世界反法西斯战争胜利69周年座谈会上的讲话》,人民出版社2014年版。

[④] 人民网:《中共中央政治局就中国人民抗日战争的回顾与思考进行第二十五次集体学习》,http://www.gwytb.gov.cn/zlzx/jhzl/201101/t20110123_1725443.htmhttp://tv.people.com.cn/n/2015/0801/c61600-27395276.html。

[⑤] 共产党员网:《纪念中国人民抗日战争暨世界反法西斯战争胜利70周年大会在京隆重举行 习近平发表重要讲话并检阅受阅部队》,http://www.12371.cn/special/kangzhan70year/jiniandahui/。

[⑥] 习近平:《在纪念中国人民抗日战争暨世界反法西斯战争胜利75周年座谈会上的讲话》,《人民日报》2020年9月4日。

同",同时从1945年抗日战争胜利结束时发表的三篇文章的主要观点:抗日战争胜利,是反侵略战争的胜利,是民族解放战争的胜利,是世界反法西斯的胜利,为中国的和平与进步创造了条件,在全人类面前展开了和平发展的前途等,可以推算出,此后的关于"抗日战争胜利的伟大意义"的表述范围"无出其右",只是突出的重点略有不同而已。如,习近平在2015年9月3日的讲话,基本体现了2015年7月30日时的讲话精神。

总而言之,当今的数据挖掘是一个多学科交叉应用的技术,它也正在各行各业中扮演着以分析和处理为基础的决策系统活动的角色[1]。社会主义核心价值体系教学领域同样也不例外。

三、社会主义核心价值体系数据集成中心系统的运行模式

采取什么样的步骤、步骤的具体内容、最终目标是如何这三点是实施数据挖掘的前提。数据挖掘并不是一次完成的,是一个不断循环的过程,一个逐步求精的过程。

(一)数据挖掘的步骤和特点

数据挖掘的定义中,包含了数据挖掘的内容、特点、步骤等要素,由此我们可以理解数据挖掘的基本过程,首先是问题定义,然后是数据收集与处理,再进行数据对比,最终对问题作出解释[2]。四个步骤具体如下:一是问题定义(Task Definition);二是数据准备和预处理(Date Preparation and Preprocessing);三是数据挖掘;四是结果的解释和评估(Interpretation and Evaluation)。

习近平总书记在网络安全和信息化工作座谈会上的讲话中指出:"互联网是一个社会信息大平台,亿万网民在上面获得信息、交流信息,这会对他们的求知途径、思维方式、价值观念产生重要影响,特别是会对他们对国家、对社会、对工作、对人生的看法产生重要影响。"[3]学界普遍认为,数据挖掘

---

[1] 姚家奕:《数据仓库与数据挖掘技术原理及其应用》,电子工业出版社2009年版,第13页。
[2] 姚家奕:《数据仓库与数据挖掘技术原理及其应用》,电子工业出版社2009年版,第130页。
[3] 《习近平关于网络强国论述摘编》,中央文献出版社2021年版,第69页。

的目的是在大量数据中发掘出对决策有用的相关信息。因此，第一个也是最重要的一个阶段，就是要确定问题，即定义问题。对社会主义核心价值观教学来说，问题定义在社会主义核心价值观数据集成中心系统内表现为社会主义核心价值观基于教材体系的教学问题库和来自学生问题的信息库。数据准备和预处理阶段，就是在问题定义的基础上形成的社会主义核心价值观教学体系的"问-答"问题库与教学应用的"问-答"开源库。在数据挖掘阶段，通过网络综合操作平台，形成数据集成中心系统的运行机制。最后是对结果的解释和评估，即对问题的解答，释疑解惑。

（二）数据集成中心系统运行的实例

下面以《中国近现代史纲要》课"第一章　反对外国侵略的斗争"教学为例：

1. 问题定义阶段

针对"第一章　反对外国侵略的斗争"的教学要求，设计"近代中国为什么要开展反对外国侵略的斗争？"教材体系的问题库。"近代中国为什么要开展反对外国侵略的斗争？"这个问题，通过问题定义可以转化为"西方列强侵略中国，究竟给中国带来了什么？"然后我们把"西方列强侵略中国，究竟给中国带来了什么？"设置为一级层次问题，根据教材体系，把这个一级层次问题细化为四个二级层次问题，（1）"军事侵略"给中国带来了什么？（2）"经济掠夺"给中国带来了什么？（3）"政治控制"给中国带来了什么？……第一个二级层次问题"军事侵略"又可以细化为三个三级层次问题：① 是发动侵略战争，屠杀中国人民吗？② 是勒索赔款、抢掠财富还是帮助中国发展？③ 迫签不平等条约，破坏中国的领土主权给中国带来了什么影响？这样，就形成了一个关于"西方列强侵略中国，究竟给中国带来了什么？"教学体系的问题库。在收集学生问题的过程中，我们发现，在《中国近现代史纲要》"第一章　反对外国侵略的斗争"中，学生关注的问题是"西方列强的侵略对中国的影响"方面。大致有三种观点：第一种观点认为，西方列强的侵略对中国具有积极作用。如，促进了中国资本主义的发展等。第二种观点认为西方列强的侵略对中国起着消极作用。如，破坏中国领土的完整等。第三种观点认为西方列强的侵略对中国既有积极作用，也产生了消极影响。

根据教材的体系问题与来自学生问题的信息库,我们把"西方列强侵略中国,究竟给中国带来了什么?"这个问题最终定义为"西方列强侵略中国是有功还是有罪?"。

2. 数据准备和预处理阶段

在具体的教学过程中,以"军事侵略"(二级层次问题)的"是抢掠财富还是帮助中国发展?"(三级层次问题)为例,这一阶段主要是建立教学体系的"问-答"问题库和教学应用的"问-答"开源库。数据准备与处理如下:(1)文本:流失海外的中国古代绘画精品;乾隆款酱地描金粉彩镂空六方套瓶;(2)图片:流落到大英博物馆的中国国宝;法国枫丹白露宫中国馆陶器;(3)视频:故事片《火烧圆明园》、纪录片《圆明园》。上述数据,对于常规教学来说,都是基本数据,尽管属于数据挖掘的一部分,但还无法真正体现数据挖掘所反映的价值所在,即从大量数据中提取隐含在其中的,但又是潜在有用的、真实的数据信息和知识。为此,预处理阶段还应包括准备以下内容:(1)文本:2009年江西高考作文题——你对蔡铭超的行为有什么看法?请据此写成一篇文章。(2)视频:2009年2月26日,佳士得拍卖公司在法国拍卖圆明园兔首、鼠首事件。(3)文本:竞买人蔡铭超以1 400万欧元拍得兔首、鼠首后表示不付款。(4)文本:2009年3月4日至5日,印度强烈抗议甘地遗物在美国遭拍卖。(5)视频:2009年3月16日东方卫视《杨澜访谈录》播出"兽首拍卖中的蔡铭超"专访视频。(6)网页:2009年3月13日新华网报道——国家文物局局长就圆明园兽首拍卖答记者问。(7)视频:2009年3月2日,在全国政协新闻发布会上,新闻发言人赵启正回应拍卖兽首事件剖析法国文化。(8)文本:拍卖品拥有者皮埃尔·贝杰、佳士得拍卖行的最大股东弗朗克斯·皮诺特(Francois Pinault)、法国总统萨科齐相关介绍。(9)图表:皮诺特位列2007年《福布斯》全球亿万富豪排行榜第34位,2008年位列第39位。(10)图片:2013年4月26日,随法国总统奥朗德访华的法国皮诺特家族的代表亨利·皮诺特宣布将向中方无偿捐赠流失海外的青铜鼠首和兔首。将上述数据围绕"拍卖什么?""为什么要拍卖?""拍卖结果如何?"进行集成,建立教学体系的"问-答"问题库,形成教学应用的"问-答"开源库。

3. 据挖掘阶段

这一阶段基本思路是以印度强烈抗议甘地遗物在美国遭拍卖与圆明园兽首拍卖相对照,围绕"拍卖什么?""为什么要拍卖?""拍卖结果如何?"等设计"问-答"问题链,贯穿整个教学过程。先从江西省高考题目,引出圆明园兔首、鼠首拍卖事件,竞买人蔡铭超不付款,导出拍卖品是西方列强在第二次鸦片战争中抢劫的中国财富,国家文物局局长(历数西方从中国通过战争掠夺的财富)与赵启正对西方的行为进行谴责,接着从藏品委托人的身份、拍卖行的大股东所拥有的财富量及法国总统对此事的态度,说明西方中心论在近代西方发动侵华战争的影响以及落后要挨打的历史事实。

4. 对问题的解答

"西方列强侵略中国是有功还是有罪?"答案是后者。结论是西方列强侵略是近代中国贫困和落后的总根源。西方列强"侵略中国的目的,是要把它变成自己的殖民地……列强并不容许中国成为独立的资本主义国家"[1],从而揭示了课程的教学目的与学习要求。最后,皮诺特宣布将向中方无偿捐赠流失海外的青铜鼠首和兔首预示着中国的强大与崛起,历史不会重演。

数据挖掘的过程不仅是一个不断反馈的过程,而且在本质上更是一个动态的变化过程[2]。随着时间的推移,数据也在不断发生变化。社会主义核心价值观数据集成中心系统的动态数据信息,既来自教师,也来自学生。因此,需要通过不断丰富教学体系的"问-答"问题库、教学应用的"问-答"开源库,实现社会主义核心价值观数据集成中心系统的与时俱进及动态平衡。如前所述,有学生在"西方列强侵略中国是有功还是有罪?"问题上,赞同前一种观点。针对学生的这种观点,教师在数据准备阶段,需要不断收集数据信息,丰富数据中心系统,增强思想政治理论课说理的有效性。如(1)图片(BMP):《云南十八怪》明信片集中的"第六怪:火车不通国内通国外"、图书封面《云南十八怪图典》;(2)图片(GIF):列强在中国划分势

---

[1] 本书编写组:《中国近现代史纲要》,高等教育出版社2015年版,第12—13页。
[2] 胡可云等:《数据挖掘理论与应用》,清华大学出版社、北京交通大学出版社2008年版,第10页。

力范围图（地图）、中国近代时事漫画的杰作《时局图》（漫画）；（3）文本（DOC）：法国修筑的滇越铁路轨距1 000毫米；英国修筑的京奉、津浦、沪宁、京九铁路轨距4英尺8英寸；俄国修筑的宽轨铁路5英尺；日本修筑的南满铁路3英尺6英寸（1英尺等于12英寸，1英尺等于0.304 8米）；（4）文本（PDF）：詹天佑修筑的京张铁路轨距1 435毫米；德国与清政府商定德国人修筑的铁路两边15公里的森林砍伐权、矿山开采权等德国优先；（5）图片（BMP）：2010年上海世博会之中国铁路馆展出的京张铁路、滇越铁路照片……对上述内容进行预处理，形成思想政治理论课"问-答"开源库的基本内容。在教学过程中阐明：20世纪的头50年里，西方各国在中国修筑了大量的铁路，这些铁路从沿海深入到内地，但在铁路轨距的尺寸方面沿用了本国的标准，表面上看是给中国的基础设施打下来良好的基础，实质上他们是通过铁路从中国大肆搜刮财富，并且更加进一步加剧了中国的四分五裂。这个解答问题的路径是从"'经济掠夺'给中国带来了什么？"这个二级层次问题层面来分析"西方列强侵略中国是有功还是有罪？""西方列强侵略中国，究竟给中国带来了什么？"。通过这种解答问题的路径，同样也回答"近代中国为什么要开展反对外国侵略的斗争？"这个一级层次问题。

总之，信息技术促进了教育创新，构建数据挖掘技术支持下的数据集成中心系统，是增强社会主义核心价值体系融入国民教育全过程的有效策略与方法。

结束语
CONCLUSION

从社会主义核心价值体系提出开始,推动社会主义核心价值体系融入思政课建设就成为一个重要课题。社会主义核心价值体系融入思政课的实践已推进多年,特别是在社会主义核心价值体系基础上提炼的社会主义核心价值观,在融入教材、融入课堂、融入社会实践等各方面,取得了巨大成就,在前进的道路上,要继续推进社会主义核心价值体系融入思政课一体化建设,着力提高社会主义核心价值观融入大中小学思政课的质量。

推进社会主义核心价值观融入思政课应着力把握整体性。思政课是一个整体,社会主义核心价值观也是一个整体,社会主义核心价值观融入思政课,从教材设计上看,要把握整体性。就社会主义核心价值观融入思政课应该达到一个什么样的目标有待站在更高层次上进行把握,进而既能体现社会主义核心价值观融入思政课的整体性,又能体现社会主义核心价值观融入每一门课的整体性。

社会主义核心价值观融入思政课要讲层次性。没有层次性就难以解决内容重复、论述累赘等问题。推动社会主义核心价值观融入思政课,最难的是层次性把握问题。比如中小学如何讲,讲到什么程度;大学本科如何讲,讲到什么程度;研究生如何讲,讲到什么程度,要体现思想的层次性、理论的层次性、内容的层次性等。

社会主义核心价值观融入思政课应着力把握创造性。要避免社会主义核心价值观融入大中小学思政课"话语上下一样粗"的现象，就必须要增强话语创造性转化。即推动社会主义核心价值观融入思政课中要更加注重话语的创造性转化，更好地展现社会主义核心价值观话语的亲和力、穿透力、吸引力。

在"百年未有之大变局"中，国际国内形势发生深刻变化，价值观的较量也愈演愈烈，价值观教育越来越显得重要。要持续抓好社会主义核心价值观融入思政课，引导学生"扣好人生第一粒扣子"，用社会主义核心价值观凝心聚力。

| 附录一 |

社会主义核心价值观学生问卷
（低年级问卷）[1]

亲爱的同学：

  为了了解小学低年级学生对社会主义核心价值观的认识，明确社会主义核心价值观融入小学教育的主要抓手，更好地开展德育工作，我们特此开展相关调查活动。本次问卷为不记名的形式，请按照实际情况填写。感谢你的支持与配合！

社会主义核心价值观课题组

2014年1月

一、选择题

1. 我国的首都是_____。

  A. 北京   B. 上海   C. 重庆

2. 我国的端午节是_____。

  A. 农历正月初一   B. 农历五月初五   C. 农历八月十五

3. 我国第一任国家主席是_____。

  A. 习近平   B. 胡锦涛   C. 毛泽东

---

[1] 该问卷的设计、发放、回收和调查说明由上海市教委教研室的叶伟良、上海市虹口区第三中心小学王莉韵负责。

4. 小学一年级时我会戴上_____，二年级时我会戴上_____。儿童团和少先队都是由_____领导的。

   A. 红领巾　　　　B. 绿领巾　　　　C. 共青团　　　　D. 共产党

5. 10月1日是我国的_____。

   A. 儿童节　　　　B. 元旦　　　　　C. 春节　　　　　D. 国庆节

6. 绿色出行现在得到大家越来越多的拥护，出行方式不利于环保的是_____。

   A. 搭乘公共汽车和地铁出行

   B. 骑自行车或步行前往

   C. 开着高排量的汽车外出

7. 我的同桌不会跳绳，我_____。

   A. 不和他玩，去找别的同学玩

   B. 对他说"你真笨"

   C. 教给他方法，帮他学会了

8. 答应别人的事情你有没有做到？_____。

   A. 一直都说到做到

   B. 偶尔有做不到的时候

   C. 经常有做不到的时候

9. 升旗仪式上要做到_____。（多选）

   A. 向国旗行礼　　　B. 戴好领巾　　　C. 东张西望

10. 看书的时候，我会_____。

    A. 在书上又写又画

    B. 为了看着方便使劲折一下

    C. 仔细整理好书角

11. 做游戏时，我会做到_____。

    A. 只要能赢，可以不遵守游戏规则

    B. 不在乎输赢，一定要遵守游戏规则

12. 你会通过看电视新闻、阅读报纸杂志、收听广播、上网浏览等方式来了解和关注国家大事吗？_____。

A. 经常　　　　　B. 很少　　　　　C. 从不

13. 你在双休日要参加各种补习班,很辛苦。这不,刚想回家玩玩游戏放松一下。可是,爸爸却要带你去奶奶家,看望老人,你会怎么做呢?_____

    A. "烦死了,打个电话问候一下,不就行了吗?"
    B. 两个星期没见奶奶了,奶奶一定很想我们,去看看她吧。
    C. 没办法,只好听爸爸的。

14. 每年,我们过生日时,大人们总会精心安排,还会送上生日礼物。那么,你记得爸爸妈妈的生日吗?_____。

    A. 我知道爸爸妈妈的生日
    B. 我记得不太清楚
    C. 我不知道

15. 你去楼下倒垃圾时,看见走道里有一包垃圾,会拿起来,一起扔了吗?_____。

    A. 会　　　　　B. 不会　　　　　C. 当没看见

16. 妈妈说:"宝贝,你长高了,上车要买票了。不过,乘地铁时,没人验票,你就钻过去吧,混一混。"你觉得妈妈说的有理吗?_____。

    A. 妈妈说的没错,没人检查的,可以混
    B. 不行,不管有没有人检查,都得买票
    C. 能混就混,不能混再买票也不迟啊

17. "神十"上天了,此刻,你怎么想?_____。

    A. 我为自己是中国人而骄傲
    B. 没什么了不起
    C. 不关心

18. 学校开展"爱心义卖"啦。红红想把家中新买的兔子玩偶带去,可妈妈却要红红将准备扔掉的毛绒玩具带去。如果是你,该怎么做呢?_____。

    A. 听妈妈的　　　B. 同意红红的　　　C. 随便

19. 你最喜欢过什么节?最多选3个:_____。

A. 圣诞节	B. 愚人节	C. 中秋节	D. 端午节
E. 春节	F. 复活节	G. 儿童节	H. 国庆节
I. 清明节	J. 重阳节	K. 万圣节	L. 感恩节

20. 好朋友被选上光荣升旗手了，此刻，你会怎么想？_____。

    A. 真羡慕，我也要争取

    B. 没什么了不起了

    C. 无所谓，没想法

21. 明明已经有好几个铅笔盒了，可是，他又央求妈妈给他买新的，因为上面有他喜欢的图案。你会这样做吗？_____。

    A. 会的

    B. 不会，太浪费了

    C. 对铅笔盒没要求

22. 一个人在家，要注意安全，我会这样做（可多选）：_____。

    A. 自己烧水，做饭　　　　　B. 坐在窗台前，看风景

    C. 不触碰电线及插座　　　　D. 不给陌生人开门

    E. 不玩火

23. 和家人逛商场，不小心走散了，我要这样做（可多选）：_____。

    A. 随便问路人借手机打电话给妈妈　　B. 去找保安帮忙

    C. 在原地不动，等家长来　　　　　　D. 跑到商场门口等

    E. 自己一个人回家

24. 每次老师总喜欢叫小明发作业本，时间一长，有时会影响小明做功课。如果你是小明，会怎么做？_____。

    A. 直接告诉老师，让别人发

    B. 心中不愿意，但没办法，还是做

    C. 很愿意为大家服务，发本子花不了多少时间

    D. 很愿意为大家服务，忙不过来，会请其他同学帮忙

25. 妈妈的表姐从外地来了，小明第一次见到，应该很有礼貌地称呼她为（　　）。

    A. 舅妈　　　　B. 阿姨　　　　C. 表姨　　　　D. 婶婶

26. 我是小学生啦，我会帮妈妈做家务（可多选）：_____。
    A. 洗碗　　　　B. 倒垃圾　　　　C. 擦桌子　　　　D. 摆碗筷
    E. 扫地　　　　F. 拖地　　　　　G. 什么也不会

27. 每年要有1亿条鲨鱼会为鱼翅捞饭、燕翅鲍这些昂贵菜肴付出生命的代价，对此你的看法是_____。
    A. 鱼翅是财富、身份和地位的象征，不应该从餐桌上消失
    B. 拒绝食用鱼翅，保护濒临灭绝的野生动物
    C. 我不知道该怎样对待这个问题

二、判断题

1. 上海是国际大都市，兴建绿地价值不大，应该造更多的高楼大厦。（　　）

2. 苏州河治理是市政府的事情，我年纪还小，帮不上什么忙。（　　）

3. 路上遇到老奶奶摔倒了，我不用去帮助他，因为我太小了。（　　）

4. 我国的国歌是《义勇军进行曲》。（　　）

5. 3月8日这一天，我可以做贺卡送给妈妈、奶奶和外婆，表表心意。（　　）

6. 马上要来检查卫生了，为了班级能获得流动红旗，赶快把垃圾踢到隔壁教室的门口去。（　　）

7. 钓鱼岛自古以来就是中国的固有领土。（　　）

8. 弄坏公共设施不要紧，会有人来修的。（　　）

9. 妈妈给我买了一本童话书，我怕别人给我弄坏了，不想向外借。（　　）

10. 我在家做航模，怎么也做不好，我想：算了，太难了，我不做了。（　　）

11. 全家人在一起吃饭，我看到自己喜欢的菜，就端到自己面前吃个够。（　　）

12. 在公共汽车上，我会主动为老爷爷让座。（　　）

13. 清明节的时候大家会吃月饼。（　　）

14. 手工课后，地面上的东西可以不收拾。（　　）

三、简答题

1. 自从进入小学以后,你养成了哪些好习惯?请说2个或3个。

2. 我国的国名全称是_____,国旗的名称是_____。

| 附录二 |

社会主义核心价值观学生问卷（高年级问卷）[①]

亲爱的同学：

为了了解高年级的小学生对社会主义核心价值观的认识，更好地开展德育工作，我们特此开展相关调查活动。本次问卷为不记名的形式，请按照实际情况填写。感谢你的支持与配合！

社会主义核心价值观课题组

2014年1月

一、填空题

1. 中国古代的四大发明是＿＿＿＿、＿＿＿＿、＿＿＿＿、＿＿＿＿。
2. 2012年"诺贝尔文学奖"授予中国作家＿＿＿＿。
3. 2003年10月15日，中国第一艘载人飞船"神舟五号"成功发射。中国首位航天员＿＿＿＿成为浩瀚太空的第一位中国访客。
4. 2010年上海世博会的主题是＿＿＿＿。
5. 习近平在参观《复兴之路》展览时强调："每个人都有理想和追求，都有自己的梦想。现在，大家都在讨论中国梦，我以为，实现中华民族＿＿＿＿，就是中华民族近代以来最伟大的梦想。"

---

① 该问卷的设计、发放、回收和调查说明由上海市教委教研室的叶伟良、关月梅负责。

二、选择题

1. 1935年1月的遵义会议，确定了以_____为代表的党中央的正确领导。

   A. 周恩来　　　　B. 毛泽东　　　C. 邓小平

2. 改革开放推动了经济的发展，也改善了人民的生活，使国家更快地发展。中国改革开放的总设计师是_____。

   A. 毛泽东　　　　B. 邓小平　　　C. 胡锦涛

3. 我国最长的河流是_____。

   A. 黄河　　　　　B. 长江　　　　C. 珠江

4. 中华民族是由汉族和_____个少数民族共同组成的多民族大家庭。

   A. 54　　　　　　B. 55　　　　　C. 56

5. 根据目前GDP排名，中国已成为世界_____大经济体。

   A. 第一　　　　　B. 第二　　　　C. 第三

6. 你会通过看电视新闻、阅读报纸杂志、收听广播、上网浏览等方式来了解和关注国家大事吗？_____。

   A. 经常　　　　　B. 很少　　　　C. 从不

7. 我国是联合国安理会的_____。

   A. 会员国　　　　B. 非常任理事国　C. 常任理事国

8. 答应别人的事情你有没有做到？_____。

   A. 一直都说到做到

   B. 偶尔有做不到的时候

   C. 经常有做不到的时候

9. 外国侵略者强迫清政府签订的第一个不平等条约是_____。

   A.《南京条约》　 B.《北京条约》　 C.《天津条约》

10. 我们国家的国家权力机关是_____。

    A. 国务院　　　　B. 人民代表大会　C. 人民政协

11. 你知道韩国节日端午祭源于中国端午节，并且申报世界人类非物质文化遗产成功的事情吗？_____。

    A. 知道，无所谓

    B. 知道，很气愤

C. 知道，我们更要过好自己的传统节日

D. 不知道

12. 今天，许多外国品牌涌入中国市场，使得中国本土品牌生存产生压力，面对这一情况我们应该_____。

   A. 禁止外国品牌进入，大力发展中国本土品牌

   B. 外国品牌已经能满足市场需求，本土品牌存亡并不重要

   C. 本土品牌向洋品牌学习先进经营模式，力争在市场占有一席之地

13. 2008年5月12日，在中国_____发生里氏8.0级地震，为新中国成立以来国内破坏性最强、波及范围最广、总伤亡人数最多的地震之一。为了表示沉痛哀悼，国务院决定，自2009年起，每年5月12日为全国防灾减灾日。

   A. 四川汶川、北川

   B. 青海省玉树藏族自治州玉树县

   C. 四川雅安

14. 外出旅行入住宾馆房间时，你认为首先关注的应是房间内的_____。

   A. 室内装饰　　　　　　　　B. 窗户外的风景

   C. 房门背后的紧急逃生指示图　　D. 床的舒适度

15. 一个人在家使用燃气不当，发生泄漏时应_____。

   A. 立即打电话告知家长　　　　B. 跑进自己的房间，关紧房门

   C. 打开门窗，关闭开关　　　　D. 立即拨打急救电话120

16. 看中一套心仪很久的电子产品，但是价格昂贵遭到家长拒绝，你会_____。

   A. 千方百计缠着父母一定要买下来

   B. 心里很抱怨，生闷气，不理睬他们

   C. 想想也不是生活的必需品，的确太贵，以后再说吧

17. 超市购物时，看到一包大白兔糖散落在地上，有几个小朋友偷偷往嘴里塞，你会_____。

   A. 我也喜欢吃糖，趁机拿一粒尝尝

   B. 不多管闲事，当作没看见走开了

C. 把他们哄走,把剩下的糖放在货架上

D. 劝阻小朋友,并告知超市工作人员

18. 爸爸要开车去离家不远的超市买点零食,你认为_____。

　　A. 超市有停车场,开车购物方便

　　B. 那么近不用开车,节能减排

　　C. 无所谓,反正大家都开车

19. 如果需要一个人去离家不远但比较陌生的地方,你会_____。

　　A. 查找地图方位,确定路线后前往

　　B. 一定要求家长陪同

　　C. 害怕独自外出,拒绝

20. 社区开展卫生清扫工作,动员居民积极参与,你会_____。

　　A. 作为社区一员,义不容辞,积极参加

　　B. 参加,主要清扫自己家门口

　　C. 不去没关系,当作不知道

　　D. 下雨天不方便,找个借口推脱

21. 暑期到了,面对炎热的天气,你会_____。

　　A. 躲在空调房间里,足不出户

　　B. 喜欢在阳光下运动,尽情流汗

　　C. 运动休息相结合,避开正午时间运动

22. 过年长辈给的压岁钱,你会_____。

　　A. 全部给爸爸妈妈,反正他们会给我买东西的

　　B. 自己保管,想怎么用就怎么用,家长从不过问

　　C. 银行开账户,需要时再取出用

　　D. 其他(请说明)_____

23. 在班干部评选中你落选了,你会_____。

　　A. 选上的同学都拍老师马屁,有什么了不起

　　B. 无所谓,选不上就不做事,管好自己的学习就可以了

　　C. 寻找落选的原因,在下阶段努力改正

24. 看到有游客在文物、建筑物上刻字，你会_____。

　　A. 害怕报复，不敢制止

　　B. 会有管理人员制止，管我什么事

　　C. 及时上前劝阻，并报告管理人员

三、判断题

1. 当今世界科学技术发展成为引领社会发展的先导力量和国际竞争的核心要素，中国为了跻身世界先进水平，不宜与其他国家交流合作。（　　）
2. 中国用世界7%的耕地养活世界22%的人口，是一项了不起的成就。（　　）
3. 中国地大物博，人口众多，所以我们必须节约使用资源。（　　）
4. 钓鱼岛自古以来就是我国的领土。（　　）
5. 既然上海的人口比较多，所以上海的建设只需要上海本地人就行了。（　　）
6. 现在中国的经济发展了，稍微浪费一些没关系。（　　）
7. 现在我还是小学生，所以建设国家和我无关，那是大人的事。（　　）
8. 中国的加工业很发达，但是我觉得"中国制造"还应该发展为"中国创造"。（　　）

四、简答题

1. 中华民族有许多传统美德，在我们的日常生活中应该大力提倡。请你写一个自己或身边的人践行传统美德的事例。

2. 请介绍一下自己班级选举学生干部的基本程序。

五、辨析题

1. 有的同学认为：我们还是小学生，不需要有什么理想。你同意这种说法吗？请说说你的理由。

2. 有人认为如果别的同学打了我,我也一定要设法打回他,损害到个人利益就是要用武力解决。你同意这种说法吗?请说说你的理由。

3. 有人觉得反正网络上谁也不认识谁,自己可以随心所欲地表达自己的看法。你同意这种说法吗?请说说你的理由。

4. 现在家里经济条件好了,很多事情都可以请阿姨(钟点工)做,我就不用动手做家务了。你同意这种说法吗?请说说你的理由。

后记
POSTSCRIPT

推动社会主义核心价值体系融入大中小学思政课一体化是当前思政课建设守正创新的重要课题。本书是忻平教授主持国家社会科学基金教育学重点项目"社会主义核心价值体系融入国民教育全过程研究"（AEA120001）课题结项成果基础上的精简和提炼，主要是聚焦社会主义核心价值体系融入大中小学思政课一体化这一主题展开研究。在课题研究的过程中课题组成员发表了一系列的研究成果，先后在《哲学研究》《哲学动态》《学术月刊》《思想教育研究》《思想理论教育》等刊物发表论文20余篇。

本书是课题组集体合作的成果，主要分工如下：前言、第一章、结束语、后记由忻平、邱仁富撰写；第二章由陈新汉撰写；第三章由周丽昀撰写；第四章由刘次林撰写；第五章由王天恩撰写；第六章由李梁撰写。全书由忻平起草写作提纲，负责统稿、定稿工作。姜楠、张辉、任金叶、李雅蒙、邢林艳、邹武龙、钱浩予、杨阳等研究生参与了书稿的修改、校对等工作。

本书是社会主义核心价值体系融入大中小学思政课一体化的一点尝试，文中涉及的相关论述、关注问题还有待深入研究，不当之处，恳请专家、学者批评指正。

作　者